A1

On y va !

Der Französischkurs

Lehr- und Arbeitsbuch

Birgit Bernstein-Hodapp
Nicole Laudut
Catherine Patte-Möllmann

A1

HUEBER

Impressum

Beratende Mitarbeit:
Isabelle Dunand, Dozentin an der VHS Berlin
Dominique Kerschbaumer de Valon, Fachgruppenleiterin für Französisch an der VHS Wien
Benoît Marchal, Dozent an der VHS Köln
Véronique Marquet, Dozentin an der VHS Regensburg
Erika Vogt, Dozentin an der VHS Main-Taunus-Kreis

Eingetragene Warenzeichen oder Marken sind Eigentum des jeweiligen Besitzers, auch dann, wenn diese nicht gekennzeichnet sind. Es ist jedoch zu beachten, dass weder das Vorhandensein noch das Fehlen derartiger Kennzeichnungen die Rechtslage hinsichtlich dieser gewerblichen Schutzrechte berührt.

Das Werk und seine Teile sind urheberrechtlich geschützt.
Jede Verwertung in anderen als den gesetzlich zugelassenen
Fällen bedarf deshalb der vorherigen schriftlichen
Einwilligung des Verlags.

Hinweis zu § 52a UrhG: Weder das Werk noch seine Teile dürfen ohne eine solche Einwilligung überspielt, gespeichert und in ein Netzwerk eingespielt werden. Dies gilt auch für Intranets von Firmen und von Schulen und sonstigen Bildungseinrichtungen.

5.	4.	3.			Die letzten Ziffern
2017	16	15	14	13	bezeichnen Zahl und Jahr des Druckes.

Alle Drucke dieser Auflage können, da unverändert,
nebeneinander benutzt werden.
1. Auflage
© 2009 Hueber Verlag, 85737 Ismaning, Deutschland
Umschlaggestaltung: Lea-Sophie Bischoff, München
Titelfotos: Metro © bildunion/Joanna Nottebrock; Boot © Getty Images/Glowimages;
Frau © Getty Images/Digital Vision
Redaktion: Agnès Roubille, Elke Haag, Hueber Verlag, Ismaning
Zeichnungen: Bettina Kumpe, Braunschweig
Gestaltung aller Realien: Lea-Sophie Bischoff, München
Layout und Satz: Lea-Sophie Bischoff, München
Druck und Bindung: Himmer AG, Augsburg
Printed in Germany
Schulbuchausgabe Österreich
ISBN 978–3–19–093325–9

Vorwort

Liebe Lernerin, lieber Lerner,

On y va ! (*Auf geht's!*) sagt man in Frankreich, wenn man etwas Neues beginnt.

Mit *On y va !*, unserem dreibändigen Französischlehrwerk für Erwachsene, können Sie die französische Sprache in kleinen Schritten (aber voller Schwung) entdecken und erlernen. In Alltagssituationen trainieren Sie gezielt die vier Kompetenzen *Hören*, *Sprechen*, *Lesen* und *Schreiben*, wobei besonderer Wert auf die mündliche Kommunikation und die Interaktion im Kurs gelegt wird.
Der erste Band führt Sie zum Niveau A1 des Gemeinsamen europäischen Referenzrahmens und bereitet Sie optimal auf die entsprechende Prüfung vor (siehe auch Modelltest A1 im Anhang).

On y va ! wurde konsequent gemäß den Richtlinien des Gemeinsamen europäischen Referenzrahmens für Sprachen erarbeitet und setzt dessen Empfehlungen sichtbar um:

▸ **Lernerautonomie:** In *On y va !* können Sie Ihren Lernweg selbst mitbestimmen. Das *Journal d'apprentissage* (Lerntagebuch) fasst die wesentlichen Lernziele jeder Lektion zusammen und gibt Ihnen die Möglichkeit, Ihren Lernfortschritt eigenständig zu überprüfen, sowie gezielt zu wiederholen. Mithilfe der Rubrik *Nachdenken über das Lernen* können Sie sich Ihre persönlichen Ziele und Lernstrategien bewusst machen. Viele Aktivitäten werden zudem von konkreten Lerntipps begleitet, die Sie sofort im Kontext der jeweiligen Aufgabe ausprobieren können.

▸ **Selbstentdeckendes Lernen:** Was man selbst erarbeitet, prägt sich meist am besten ein. In *On y va !* haben Sie deshalb Gelegenheit, alle relevanten Grammatik- und Ausspracheregeln selbst zu erschließen. Eine Grammatikübersicht im Anhang bietet Ihnen noch einmal eine Gesamtdarstellung im Überblick.

▸ **Handlungsorientierung:** *On y va !* bereitet Sie durch vielfältige authentische Sprechanlässe realitätsnah auf die Verwendung des Französischen ausserhalb des Unterrichts vor. Die interaktiven Übungen (wie z. B. eine gemeinsame Unternehmung, Stadtbesichtigung oder einen Brunch mit der Gruppe planen), sind so angelegt, dass Sie sich von Anfang an mit den anderen Kursteilnehmern in der Fremdsprache austauschen können.

On y va ! A1 enthält 9 Lektionen, die wie folgt gegliedert sind:

▸ Die Einstiegsseite nennt die Lernziele der Lektion und führt Sie mit einem ansprechenden Bild in das jeweilige Thema ein: Hier erleben Sie Frankreich live.

▸ Lebendige, authentische, oft auch humorvolle Texte und Dokumente bilden den Kern der Lektion.

▸ Die Grammatikseiten sind nach Bedarf einsetzbar: Die Grammatik begleitet Ihr Lernen, bestimmt es aber nicht.

▸ Besonderheiten der französischen Aussprache können Sie im Abschnitt *Prononciation* üben.

▸ Die Rubrik *Info-zapping* bietet Ihnen wichtige, aber auch unterhaltsame interkulturelle Informationen.

▸ Mithilfe der Seite *Objectif profession* können Sie einen ersten Kontakt zur französischen Arbeitswelt knüpfen.

▸ Ein Übungsteil (*Cahier d'exercices*) schließt jede Lektion ab: Er dient der Vertiefung des Gelernten, im Kurs oder auch zu Hause.

▸ Das *Journal d'apprentissage* greift die Lernziele der Einstiegsseite nochmals auf und ermöglicht Ihnen einen klaren Überblick über Ihre Lernfortschritte.

▸ Im *Coin perso* können Sie schließlich Ihre ganz persönliche Wahl treffen und festhalten, was Ihnen besonders gefallen hat.

▸ Die *Post-its* sind als Hilfe gedacht und enthalten kurze Informationen zu Strukturen, die für die vorgesehene Aktivität besonders wichtig sind.

Vorwort

Nach Lektion 3, 6 und 9 haben Sie jeweils die Möglichkeit, kurz Bilanz zu ziehen (*Avant d'aller plus loin...*). Die beiden ersten Wiederholungspausen sind spielerisch-kommunikativ, die dritte als Projekt angelegt.

Der Serviceteil im Anhang bietet Ihnen:

- weitere interessante Lesetexte im *Coin lecture*,
- einen Modelltest *telc Français A1*,
- eine systematische Darstellung der in *On y va ! A1* behandelten Grammatik,
- eine zweisprachige Auflistung aller Arbeitsanweisungen aus den Lektionen,
- eine Übersicht über die französischen Laute mit graphischer Umsetzung und Beispielen,
- den Wortschatz, geordnet nach Lektionen, mit phonetischer Transkription,
- eine zweisprachige alphabetische Wortliste.

Mit der Verbtabelle in der hinteren Umschlagseite haben Sie außerdem alle (unregelmäßigen) Verben aus *On y va ! A1* immer rasch zur Hand.

Wir wünschen Ihnen viel Spaß und viel Erfolg beim Französischlernen! *On y va !*

Autorinnen und Verlag

Bedeutung der Piktogramme:

 Sie arbeiten mit einem Partner oder in der Kleingruppe.

 Zu dieser Übung gibt es einen Hörtext auf der CD.

 Diese Aufgabe eignet sich besonders für Ihre Französischmappe. (Bestandteil des europäischen Sprachenportfolios)

 Die drei Farben des *Journal d'apprentissage* entsprechen den Farben einer Ampel: Grün: weiterfahren, gelb: Vorsicht, langsamer werden, rot: stehen bleiben und wiederholen (siehe Rückverweis auf die jeweilige Aktivität bzw. Seite).

Inhalt

1 On y va ! — 9

Situation	▸ erste Begegnung
Lernziele	▸ sich begrüßen und verabschieden ▸ Namen, Beruf, Nationalität und Herkunft erfragen ▸ sagen, welche Sprache/n man spricht ▸ zwei Personen einander bekannt machen
Handlungsorientierte Aufgaben	▸ sich in einer Gruppe kurz vorstellen ▸ ein Formular ausfüllen

Sprachliche Mittel

Wortschatz:	▸ Berufe ▸ Nationalitäten ▸ Sprachen ▸ Grußformeln ▸ Zahlen von 1 bis 20
Grammatik:	▸ das Verb *être* ▸ persönliche Fürwörter (*je, tu, il...*) ▸ betonte Personalpronomen (*moi, toi, vous*) ▸ maskulin und feminin ▸ das Fragewort *d'où*
Aussprache:	▸ stumme Buchstaben am Ende eines Wortes
Lerntipps	▸ sich Namen merken ▸ die Transparenz der Wörter nutzen ▸ die CD oft hören ▸ Globalverständnis
Nachdenken über das Lernen	▸ Warum lerne ich Französisch? ▸ Erklärungen zum Portfolio

2 Comment allez-vous ? — 23

Situationen	▸ sich näher kennen lernen ▸ im Kursraum
Lernziele	▸ nach dem Befinden fragen ▸ von seiner Familie sprechen ▸ Alter und Familienstand angeben
Handlungsorientierte Aufgabe	▸ eine Telefonkette für den Kurs erstellen

Sprachliche Mittel

Wortschatz:	▸ Grußformeln ▸ Familie ▸ Familienstand ▸ Alter ▸ Gegenstände im Kursraum ▸ Zahlen von 20 bis 100
Grammatik:	▸ das Verb *avoir* ▸ der unbestimmte Artikel (*un, une, des*) ▸ einige Possessivbegleiter (*mon, ma, mes...*) ▸ das Fragewort *où*
Aussprache:	▸ die Intonationsfrage ▸ die *liaison*
Interkulturelles	▸ Téléphoner en France
Lerntipps	▸ beim Hören auf Geräuschkulisse und Stimmen achten ▸ von Anfang an auf Französisch denken ▸ Wort mit unbestimmtem Artikel lernen ▸ Zahlen besser verstehen
Nachdenken über das Lernen	▸ Welche Ziele möchte ich erreichen? ▸ Das Lehrwerk entdecken

3 Un café, s'il vous plaît ! — 37

Situationen	▸ im Café ▸ Vorlieben und Abneigungen
Lernziele	▸ im Café bestellen und bezahlen ▸ um eine Erklärung bitten ▸ sagen, was man mag oder nicht mag
Handlungsorientierte Aufgaben	▸ Interview im Kurs: den Geschmack der anderen Kursteilnehmer ermitteln ▸ buchstabieren (Namen, Wörter, E-Mail-Adressen) @ per E-Mail einen Seminarraum reservieren

Sprachliche Mittel

Wortschatz:	▸ Getränke ▸ Aktivitäten ▸ Verben des Mögens oder Nichtmögens
Grammatik:	▸ der bestimmte Artikel (*le, la, les*) ▸ die Verben auf *-er* ▸ die Verneinung (*ne... pas*)
Aussprache:	▸ Nasallaute [ã] und [õ]
Interkulturelles	▸ Au café, en France
Lerntipps	▸ sich beim Hören auf das Wesentliche konzentrieren ▸ Französisch verstehen / Französisch sprechen ▸ Standardsätze automatisieren
Nachdenken über das Lernen	▸ Was mache ich gern, wenn ich Französisch lerne?

Avant d'aller plus loin... I — 53

Inhalt

4 Le temps libre, c'est quand ?   57

Situationen ▸ Sport ▸ Freizeitgestaltung

Lernziele ▸ über Sport- und Freizeitaktivitäten sprechen ▸ nach dem Grund fragen und begründen ▸ die Uhrzeit erfragen ▸ sagen, was man bevorzugt @ die Tagesordnung eines Seminars verstehen

Handlungsorientierte Aufgaben
▸ ein Freizeit-Profil für den Französischkurs erstellen ▸ eine gemeinsame Unternehmung planen

Sprachliche Mittel

Wortschatz: ▸ Sportarten und Freizeitaktivitäten ▸ Wochentage ▸ Uhrzeit
Grammatik: ▸ das Verb *faire; faire du / de la / des* ▸ das Fragewort *quel* ▸ die Verben *prendre* und *préférer*
Aussprache: ▸ die gebundene Aussprache ▸ der Nasallaut [ɛ̃]

Interkulturelles ▸ Quelques sports bien français

Lerntipps ▸ regelmäßig üben ▸ in Wortgruppen sprechen

Nachdenken über das Lernen
▸ Wie merke ich mir am besten Vokabeln?

5 Le marché, c'est loin ?   75

Situationen ▸ auf dem Markt ▸ unterwegs in einer französischen Stadt

Lernziele ▸ ein Einkaufsgespräch führen ▸ eine Stadt kurz vorstellen ▸ nach dem Weg fragen @ sich in einem Betrieb zurechtfinden

Handlungsorientierte Aufgaben
▸ einen Brunch für den Kurs organisieren ▸ eine Stadtbesichtigung planen

Sprachliche Mittel

Wortschatz: ▸ Lebensmittel ▸ Geschäfte ▸ städtische Gebäude und Einrichtungen ▸ einige Ortsadverbien (*tout droit, à droite*...) ▸ Ordnungszahlen (*premier, deuxième*...) ▸ die Zahlen ab 100 ▸ einige Zeitadverbien (*d'abord, puis*...)
Grammatik: ▸ der Teilungsartikel (*du, de la, de l'*) ▸ Mengenangaben und Nullmenge ▸ die Präposition *à* und der bestimmte Artikel ▸ die Präpositionen *à* und *chez* ▸ das Verb *aller*
Aussprache: ▸ die Betonung

Interkulturelles ▸ Qui suis-je ? Zwei europäische Städte

Lerntipps ▸ beim Lesen die Schlüsselwörter beachten ▸ mit Ordnung lernen ▸ mit Farben lernen

Nachdenken über das Lernen
▸ Wie verbessere ich meine mündliche Kommunikation?

6 Sept jours sur sept   93

Situationen ▸ der Alltag ▸ vom vergangenen Wochenende erzählen

Lernziele ▸ über den Alltag sprechen ▸ Ereignisse chronologisch wiedergeben ▸ von vergangenen Ereignissen und Aktivitäten berichten @ den Arbeitsalltag beschreiben

Handlungsorientierte Aufgaben
▸ Ratespiel ▸ einen Bericht über eine vergangene Kursstunde schreiben

Sprachliche Mittel

Wortschatz: ▸ Verben zum Tagesablauf ▸ Tageszeiten ▸ Zeitangaben
Grammatik: ▸ die Verben auf *-ir* ▸ das *passé composé* (Perfekt) mit *avoir* und *être*
Aussprache: ▸ die Laute [ə] und [e]

Interkulturelles ▸ Les Français en chiffres

Lerntipps ▸ Lernen nicht nur am Schreibtisch ▸ Mit Farbe Grammatikstrukturen sichtbar machen ▸ Verben auf *-ir*: 1. Person Singular und Plural lernen ▸ Verben immer mit dem Partizip der Vergangenheit lernen ▸ Verben mit *être* im *passé composé*

Nachdenken über das Lernen
▸ Was bedeutet Grammatik für mich?

Avant d'aller plus loin... II   109

Inhalt

7 On sort, ce soir ? — 113

Situationen ▸ im Restaurant ▸ eine schriftliche Einladung ▸ am Telefon

Lernziele ▸ sich über ein Restaurant informieren ▸ ein Restaurant empfehlen ▸ im Restaurant bestellen und reklamieren ▸ eine Einladung schreiben und beantworten @ Standardsätze am Telefon

Handlungsorientierte Aufgaben
▸ ein Restaurant in seiner Gegend empfehlen ▸ auf eine Einladung per Mail reagieren

Sprachliche Mittel
Wortschatz: ▸ einfache französische Gerichte ▸ Adjektive zum Thema *Essen*
Grammatik: ▸ der Imperativ ▸ die Verben *vouloir, pouvoir, devoir* ▸ die Frage mit *est-ce que* ▸ die Adverbien *assez* und *trop*
Aussprache: ▸ die Aussprache von *s*

Interkulturelles ▸ L'apéritif dînatoire

Lerntipps ▸ Lesen in Wortgruppen ▸ Standardsätze auswendig lernen

Nachdenken über das Lernen
▸ Wie lese ich französische Texte?

8 Vivre ensemble — 129

Situationen ▸ Anzeigen lesen ▸ Personen beschreiben ▸ Wohnen: Nachbarn und Umgebung

Lernziele ▸ eine Person beschreiben (Kleidung /Aussehen) ▸ über Nachbarn sprechen ▸ den eigenen Wohnort beschreiben

Handlungsorientierte Aufgaben
▸ ein Selbstporträt verfassen ▸ Umfrage zum Thema *Wohnsituation*

Sprachliche Mittel
Wortschatz: ▸ Kleidung ▸ Farben ▸ Materialien ▸ Adjektive zur Personen- und Wohnortbeschreibung ▸ Wohnen @ Computer
Grammatik: ▸ das Verb *mettre* ▸ das Adjektiv: unregelmäßige Formen und Stellung im Satz ▸ die Possessivbegleiter
Aussprache: ▸ das stumme *e*

Interkulturelles ▸ Vos gestes parlent pour vous

Lerntipps ▸ die Melodie der Sprache auf sich wirken lassen … ▸ Wörter in Verbindung mit anderen lernen ▸ vorangestellte Adjektive auswendig lernen

Nachdenken über das Lernen
▸ Wie arbeite ich mit der CD?

9 Week-end évasion — 147

Situationen ▸ Wochenende in einer europäischen Stadt ▸ im Hotel ▸ Postkarten schreiben

Lernziele ▸ sagen, in welchen Ländern man schon gewesen ist ▸ sich über ein Hotel informieren ▸ einen Städte-Trip planen ▸ telefonisch ein Hotelzimmer reservieren ▸ eine Postkarte aus dem Urlaub schreiben ▸ das Wetter kurz beschreiben @ per E-Mail ein Hotelzimmer vorbestellen

Handlungsorientierte Aufgaben
▸ ein gemeinsames Wochenende planen ▸ gemeinsam eine Postkarte schreiben

Sprachliche Mittel
Wortschatz: ▸ Ländernamen ▸ touristische Aktivitäten ▸ Verkehrsmittel ▸ das Wetter ▸ die Monatsnamen ▸ das Datum ▸ Hotel und Hotelzimmer
Grammatik: ▸ *à* und *en* vor Städte- und Ländernamen ▸ die zusammengesetzte Zukunft ▸ die reflexiven Verben im Präsens
Aussprache: ▸ die Laute [ʒ] und [ʃ]

Interkulturelles ▸ Se débrouiller en France

Lerntipps ▸ beim Schreiben Wörter und Wendungen aus dem Text benutzen ▸ wiederholen, wiederholen …

Nachdenken über das Lernen
▸ Welche Schreibgewohnheiten habe ich?

Avant d'aller plus loin... III — 163

Inhalt

Coin lecture	167
Modelltest telc Français A1	173
Partnerseite (L 9)	178
Grammatikübersicht	179
Wortschatz der Arbeitsanweisungen	197
Die Laute des Französischen	198
Wortschatz nach Lektionen	199
Alphabetischer Wortschatz	214
Quellenverzeichnis	226
Europakarte	227
Inhalt der CDs	228

Leçon **1**

On y va !

In dieser Lektion lernen Sie ...
- jemanden zu begrüßen
- jemanden vorzustellen
- sich vorzustellen
- zu sagen, welche Sprache(n) Sie sprechen
- die Transparenz internationaler Wörter zu nutzen
- zu fragen, wie ein Wort auf Französisch heißt
- sich zu verabschieden

neuf | 9

1 Bonjour, je m'appelle...

 a Ecoutez. Hören Sie die CD. Welcher Dialog passt zu welchem Foto?

 b Ecoutez de nouveau les dialogues et lisez. Hören Sie die Dialoge noch einmal und lesen Sie mit.

1 ● Bonjour, je m'appelle Anne. Et toi ?
  ● Moi, c'est Eric.

2 ● Bonjour, je suis votre professeure de français.
    Je suis Mme Lebec. Et vous ?
  ● Moi, je m'appelle Bremer.

3 ● Salut Michel.
  ● Salut Marc… C'est Alice, une amie. Marc… Alice…
  ● Bonjour.

c Lisez. Lesen Sie die Dialoge. Jede/r übernimmt abwechselnd eine Rolle.

d Ecrivez. Wie stellen sich die Personen vor – wie werden sie vorgestellt?
Hat Ihr/e Nachbar/in dasselbe geschrieben?

1 _____   3 _____

2 _____

 →Ü1, Ü2   A vous ! Tragen Sie ein, wie Sie heißen: *Je*

e Présentez-vous. Gehen Sie auf die anderen Teilnehmer zu und stellen Sie sich vor.

Mit *Et vous ?* und *Et toi ?* können Sie eine Frage immer weitergeben. Das ist sehr praktisch.

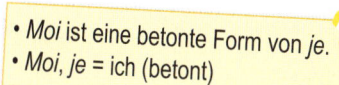
Leçon

f Jeu des présentations – Kettenspiel

> **TIPP!**
> Wollen Sie sich Namen besser merken? Dann verbinden Sie jeden Namen mit einer für Sie passenden Vorstellung (Bild, Bewegung oder Klang) und wiederholen Sie diese Vorstellung oft. So sollten Sie es auch mit französischen Wörtern oder Wendungen machen: Nehmen Sie sich Zeit zu visualisieren. Probieren Sie es doch gleich bei diesem Spiel.

Teilnehmer 1 stellt sich vor: Je suis… / Je m'appelle…
Teilnehmer 2 stellt Teilnehmer 1 und dann sich selbst vor. C'est… et moi, je suis… / je m'appelle…
Teilnehmer 3 stellt Teilnehmer 1, Teilnehmer 2 und dann sich selbst vor usw.

- *Moi* ist eine betonte Form von *je*.
- *Moi, je* = ich (betont)

2 Je suis *professeur*. Et vous ?

a Soulignez les professions. Unterstreichen Sie die Berufe, die Sie hören.

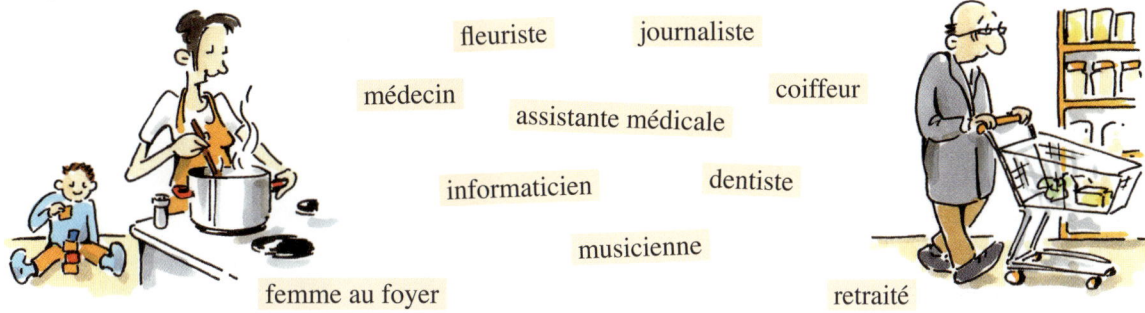

fleuriste   journaliste   médecin   coiffeur   assistante médicale   informaticien   dentiste   musicienne   femme au foyer   retraité

b Complétez. Füllen Sie die Sprechblasen aus.

Ihren Beruf können Sie so erfragen:
Comment on dit **Notar** *en français ?*

c Continuez. Nennen Sie Ihren Beruf und fragen Sie Ihre Nachbarn:
Je suis journaliste. Et vous ? Et toi ?

A vous ! Tragen Sie ein, was Sie beruflich machen: *Je*

→Ü3

onze | 11

3 Vous êtes d'où ?

  a Ecoutez et cochez. Hören Sie die Dialoge und kreuzen Sie an:

Le dialogue 1 est ○ privé. ○ professionnel.
Le dialogue 2 est ○ privé. ○ professionnel.

  b Ecoutez et complétez. Hören Sie die Dialoge ein zweites Mal und füllen Sie die Lücken aus. Vergleichen Sie dann mit Ihrem Nachbarn.

> êtes   suis   appelle   est   es   suis   est   suis

1 ● Bonjour, je _____ Michel Abadie de France Info.
   ● Alain Tournier, France Télécom. Et voici ma collègue Madame Kern, Deutsche Telekom.
   ● Enchanté ! Vous _____ d'où, Madame Kern ?
   ● De Berlin.

2 ● Salut, je m'_____ Céline !
   ● Moi, c'_____ Loïc, Loïc Leguennec.
   ● Ah, c'_____ breton, ça !
   ● Oui je _____ breton.
      Je _____ de Concarneau. Tu connais ?
   ● Concarneau, oh oui, je connais bien.
   ● Et toi, tu _____ d'où ?
   ● De Bordeaux, de Bègles exactement.

c Complétez. Wie fragen Sie jemanden, aus welchem Ort er ist? Vervollständigen Sie die Sätze. Fragen Sie dann Ihre Nachbarn, woher sie sind.

| **vous** | → Vous _____ ? |
| **tu** | → Tu _____ ? |

→Gr.1
→Ü4 – Ü6   A vous ! Schreiben Sie, woher Sie sind: *Je*

  d Présentez-vous. Sie nehmen an einem Seminar teil. Stellen Sie sich in der Kleingruppe vor. Sagen Sie Ihren Namen, Ihren Beruf und woher Sie sind.

> Mit *je suis* können Sie viel über sich sagen, z. B.:
> ▸ ... wer Sie sind: *Je suis...*
> ▸ ... was Sie beruflich machen: *Je suis...*
> ▸ ... und woher Sie kommen: *Je suis de...*

Leçon 1

4 Mots internationaux

a Soulignez les mots transparents. Sehen Sie sich die Plakate an und unterstreichen Sie alle transparenten Wörter.

TIPP! Sie können mehr verstehen als Sie annehmen! Nutzen Sie die Transparenz der Wörter oder den Kontext, um die Bedeutung unbekannter Vokabeln zu erschließen.

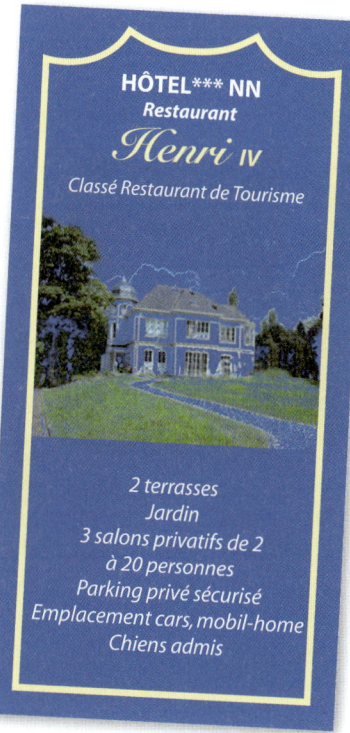

b Comparez avec votre voisin/e. Hat Ihr/e Nachbar/in die gleichen Wörter markiert?

 c Ecoutez. Hören Sie die Ansagen und kreuzen Sie an, worum es geht.

	sport	gastronomie	concert
1			
2			
3			

TIPP! Verlieren Sie nicht die Geduld, wenn Sie am Anfang viele Wörter nicht verstehen. Versuchen Sie zunächst herauszufinden, **worüber** gesprochen wird.

 d Auf Plakaten, in Anzeigen, in der Werbung etc. sind oft französische Wörter zu sehen / zu hören. Schreiben Sie einige auf, die Ihnen im Lauf der Woche begegnen und bringen Sie sie in die nächste Kursstunde mit.

→Ü7

5 Vous parlez français ?

a Drapeaux et langues. Verbinden Sie die Flaggen mit den Sprachen.

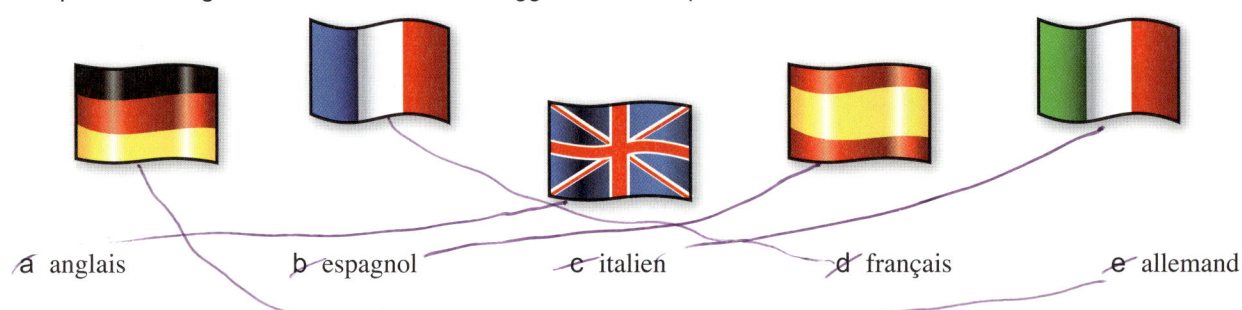

a anglais   b espagnol   c italien   d français   e allemand

b Ils parlent quelles langues ? Welche Sprache sprechen diese Personen?

1 Tom Benett :
I speak English.

2 Chiara Scorta :
Parlo italiano e un poco francese.

3 Pilar Luz Bolivar :
Hablo español.

4 Céline Brossard :
Je parle français.

5 Stefan Wagner :
Ich spreche Deutsch.

Tom parle _anglais_.   Pilar parle _espagnol_.
Céline parle _français_.   Chiara parle _italien_.
Stefan parle _allemand_.

→Ü8

parler
je parle
tu parles
vous parlez

c A vous ! Fragen Sie Ihre Nachbarn. Wechseln Sie zwischen *tu* und *vous* ab.

- Et vous, vous parlez anglais ? / Et toi, tu parles anglais ?
- Oui, je parle anglais et un peu espagnol.
- Non, je parle seulement allemand.

→Ü9   A vous ! Schreiben Sie, welche Sprache(n) Sie sprechen: _Je parle allemand_

6 Il ou elle ?

a Deux textes. Hier sind zwei Texte durcheinander geraten. Sortieren Sie sie und kontrollieren Sie Ihre Ergebnisse mithilfe der CD.

> Léa est de Paris. Bonjour, je m'appelle Max Manzoni, je suis de Salzbourg. Elle est drôle et très sympa. Elle est française. Je suis autrichien. Elle est opticienne. Je parle allemand. Je parle aussi italien et un peu français. Au bureau, je parle surtout anglais. Elle parle français, bien sûr, et un peu allemand. Je travaille chez Ford. Je suis informaticien.

Leçon 1

b Vrai ou faux ? Richtig oder falsch? Kreuzen Sie an.

	Vrai	Faux
1 Léa est française.	☒	○
2 Elle parle français, anglais et espagnol.	○	☒
3 Max est allemand.	○	☒
4 Max parle un peu français.	☒	○
5 Léa travaille chez Ford.	○	☒

langue	nationalité ♂	♀
français	français	française
allemand	allemand	allemande
	autrichien	autrichienne
italien	italien	italienne
espagnol	espagnol	espagnole

→Gr.2
→Ü10, Ü11

c Présentez Max. Schreiben Sie einen kurzen Text über Max.

C'est Max. Il... est autrichien et il parle allemand. Il parle aussi un peu français et italien. Il travaille chez Ford, il est informaticien. Au bureau il parle surtout anglais.

d Complétez le formulaire. Füllen Sie dieses Formular aus.

Nom, prénom	*Stulz* / *Fabienne*
Profession	.... Ville d'origine *Tofos Fribourg*
Langue(s)	*allemand* Nationalité *suisse*

7 Nombres de 0 à 20

a Ecoutez. Hören Sie die Zahlen und lesen Sie leise mit. Hören Sie sie ein zweites Mal und sprechen Sie nach.

0	zéro						
1	un	6	six	11	onze	16	seize
2	deux	7	sept	12	douze	17	dix-sept
3	trois	8	huit	13	treize	18	dix-huit
4	quatre	9	neuf	14	quatorze	19	dix-neuf
5	cinq	10	dix	15	quinze	20	vingt

b Comptez avec le groupe. Zählen Sie laut in der Gruppe ab. Wenn jemand eine falsche Zahl nennt, geht es wieder bei Null los.

→Ü12, Ü13

quinze | 15

Grammaire

1 Das Verb *être* und die Personalpronomen

Vous regardez. Lesen Sie die Sätze und ergänzen Sie dann die Verbformen von *être*. Prüfen Sie Ihre Ergebnisse anhand der CD.

Je suis journaliste.
Vous êtes professeur ?
Tu es d'où ? Je suis de Concarneau.
Mme Kern est française ? Non, elle est allemande.

être	
je	suis
tu	es
il/elle/on	est
c'	est
nous	sommes
vous	êtes
ils/elles	sont

Vous comprenez. Stimmen die folgenden Aussagen? Kreuzen Sie an.

	Oui	Non
1 Das Verb *être* hat für jede Person (1. 2. und 3.) eine andere Form.	⊘	○
2 Die Formen *es* und *est* werden gleich ausgesprochen.	⊘	○

Vous pratiquez.

a Unterstreichen Sie in den oben aufgeführten Beispielen alle Personalpronomen!

b Spielen Sie zu zweit mit einem Würfel. Jede Zahl entspricht einem Personalpronomen:
1 = *je*, 2 = *tu*, 3 = *il/elle/c'*, 4 = *nous*, usw. Bilden Sie Sätze mithilfe der angebotenen Elemente.
Sie würfeln z. B. eine 2 und sagen: *Tu es sympa.*

→Ü4 – Ü6   drôle – sympa – journaliste – femme au foyer – professeur – snob – chic – dynamique – de Berlin

2 Maskulin / feminin : Adjektive (Eigenschaftswörter) und Berufe

Vous regardez. Ergänzen Sie die fehlenden Formen.
Nehmen Sie die Texte von *Max* und *Lea* (S. 14) zu Hilfe.

maskulin ♂	feminin ♀
Il est français.	Elle est française.
Il est opticien.	Elle est opticienne.
Il est autrichien.	Elle est autrichienne.
Il est drôle.	Elle est drôle.
Il est informaticien.	Elle est informaticienne.

Grammaire & Prononciation — Leçon 1

Vous comprenez. Ergänzen Sie nun die folgenden Regeln zur Bildung der Femininform.

1 Die feminine Form wird meist durch Anhängen von _e_ an die maskuline Form gebildet:
   Marc est anglais. → Philippa est _anglaise_.

2 Adjektive und Berufsbezeichnungen auf *-e* haben nur eine Form für beide Geschlechter:
   Peter est drôle. → Martina est _drôle_.

3 Adjektive und Berufsbezeichnungen auf *-en* bilden die feminine Form auf _enne_:
   Max est informaticien. → Petra est _informaticienne_.

Vous pratiquez. Ergänzen Sie die Tabelle. Fügen Sie zwei weitere Beispiele hinzu.

maskulin ♂	feminin ♀
Il est allemand.	Elle est _allemande_.
Il est moderne.	Elle est _moderne_.
Il est _élégant_.	Elle est élégante.
Il est italien.	Elle est _italienne_.
il est français.	_elle est française_.

→Ü10, Ü11

Prononciation

Stumme Buchstaben am Ende eines Wortes

a Hören Sie, wie die folgenden Wörter gesprochen werden und sprechen Sie sie nach.

TIPP! Hören Sie die CD oft, vor allem am Anfang. So gewöhnen Sie sich gleich an die Sprachmelodie. Sprechen Sie, wenn Sie laut lesen, das, was Sie gehört haben und nicht das, was geschrieben steht.

élégant   alphabet   blond   parlement   trois   faux   espagnol
Paris   allemand   français   chic   souvenir   restaurant   deux

b Markieren Sie die richtige Aussage:

1 Im Französischen werden *alle* / *nicht alle* Buchstaben gesprochen.
2 Der Konsonant am Ende eines Wortes wird *immer* / *selten* gesprochen.
3 Die Buchstaben *d*, *s*, *t* und *x* sind am Wortende meistens *hörbar* / *stumm*.

→Ü14

c Hören Sie noch einmal und streichen Sie die Buchstaben durch, die nicht gesprochen werden.

Cahier d'exercices

0 Dialoge mit Nachsprechpausen (s. Lektionsteil 3b)

1 Was sagen diese Personen? Trennen Sie die Sätze und füllen Sie die Sprechblasen aus.

Bonjour je m'appelle Christine et toi Moi c'est Christian

Bonjour je suis votre professeur je suis Madame Richard et vous Moi je suis Isabelle Bremer

2 Vervollständigen Sie.

1 Salut, Christine !
_____, Robert.
_____ Jacques, un ami.
_____.

2 _____ Madame Lebec !
Bonsoir, Monsieur Richard.
C'est Madame Durand, _____.
Bonsoir _____

Bonsoir   une collègue   Salut   Madame   Bonjour   C'est

3 Transparente Berufsbezeichnungen

a Ein Beruf in jeder Zeile passt nicht zu den anderen. Unterstreichen Sie ihn.

1 journaliste / mannequin / photographe / reporter
2 chirurgien / psychiatre / couturier / dermatologue
3 chauffeur de taxi / styliste / pilote / chauffeur de bus

b Ordnen Sie die Berufe einer Kategorie zu.
Welcher Oberbegriff aus der vierten Spalte trifft jetzt auf die übrig gebliebenen Berufe zu?

médecine	information	transports	technique/tourisme/mode

4 Ergänzen Sie.

Vous
Bonjour, je m'appelle Anne. Et vous ?
Vous êtes ingénieur ?
_____ _____ d'où ?

Tu
→ Salut, je m'appelle Anne. _____ _____ ?
→ _____ _____ ingénieur ?
→ Tu es d'où ?

Cahier d'exercices Leçon 1

5 Diese Sätze sind durcheinander geraten. Korrigieren Sie sie!

1 Je   a sont de Berlin.   5 C'   e êtes d'où ?
2 Tu   b est sympathique.   6 Nous   f est de Nantes.
3 Elle   c suis allemand.   7 Vous   g est Monsieur Martin.
4 Ils   d es opticien.   8 Il   h sommes de Toulouse.

6 Was sagen Sie, wenn Sie …

… sich vorstellen? → _____

… jemanden fragen, woher er kommt? → _____

… Ihren Beruf angeben? → _____

… jemanden vorstellen? → _____

7 Markieren Sie die Wörter, die Sie auf der CD hören …

restaurant   hôtel   week-end   stress   yoga   massages   aromatiques   masques   cosmétiques   bio

8 Aus welcher Sprache stammen diese Wörter?

Trottoir, c'est *français*.

1 Pizza, c'est _____.
2 Paëlla, c'est _____.
3 Flirt, c'est _____.
4 Kitsch, c'est _____.

*italien   espagnol   français
anglais   allemand   russe*

5 Chanson, c'est _____.
6 Bistrot, c'est _____.

9 Hören Sie die CD und ergänzen Sie die Formulare.

Legrand   Hélène
David   Thomas
     Luc   Anne

Nom, prénom :
Ville d'origine :
Langue(s) :
Profession :

Nom, prénom :
Ville d'origine :
Langue(s) :
Profession :

Nom, prénom :
Ville d'origine :
Langue(s) :
Profession :

dix-neuf | 19

Cahier d'exercices

10 Schreiben Sie Text 1 für eine weibliche, Text 2 für eine männliche Person um.

1 Adrien est belge. Il est retraité. Il est drôle, sympathique mais un peu autoritaire.
Louise est _____ .

2 Hannah est autrichienne. Elle est intelligente, dynamique et très élégante.
Richard est _____ .

11 Mit *sein* kann man viel ausdrücken.

a Machen Sie 4 Aussagen über sich mit *être* (sein).

b Bilden Sie nun 4 Sätze mit *C'est*... (das ist)

C'est Monsieur Lepré.

12 Mots croisés. Kreuzworträtsel. Schreiben Sie die Zahlen aus. Die bunten Buchstaben ergeben, senkrecht gelesen, das Lösungswort.

Important pour apprendre une langue ! Wichtig für das Sprachen lernen. _____

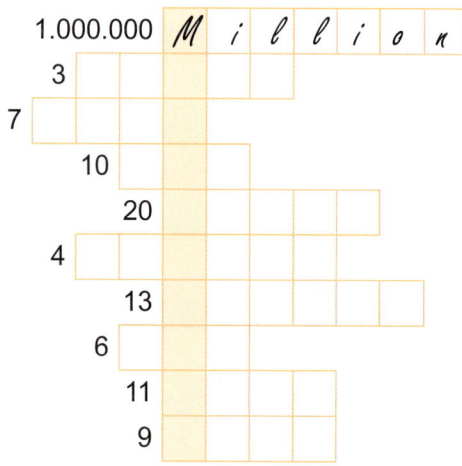

1.000.000 *Million*

Online-Übungen zu dieser Lektion finden Sie im Internet unter:

www.hueber.de/onyva

Cahier d'exercices **Leçon 1**

13  Wetterbericht. Hören Sie die CD und tragen Sie die Temperaturen in den folgenden Städten Europas ein.

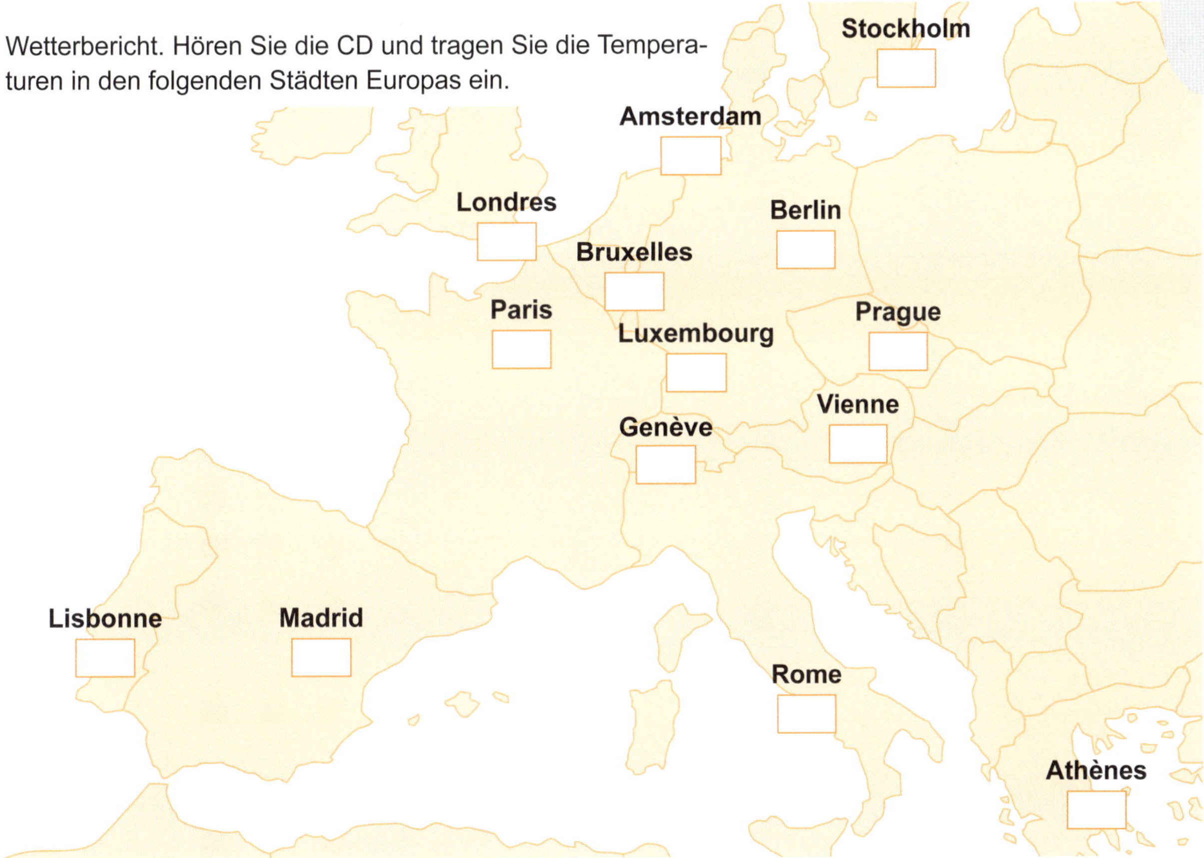

Stockholm · Amsterdam · Londres · Berlin · Bruxelles · Paris · Luxembourg · Prague · Genève · Vienne · Lisbonne · Madrid · Rome · Athènes

14  Bei welchen Wörtern wird der Endkonsonant nicht gesprochen? Überlegen Sie kurz und sprechen Sie dann die Wörter laut. Prüfen Sie Ihre Ergebnisse mithilfe der CD.

| sport | boulevard | bonjour | deux | trois | allemand |
| climat | trottoir | français | hôtel | chanteur | au revoir |

Portfolio

Nachdenken
über das Lernen – Warum lerne ich Französisch?

 Was trifft auf Sie zu? Kreuzen Sie an.
Sie können auch Ihren eigenen, persönlichen Grund angeben.

Ich lerne französisch, weil …

○ ich die Sprache schön finde.
○ ich das Land interessant finde (Urlaub, Einkaufen, Kultur).
○ ich französische Verwandte, Freunde oder Bekannte habe.
○ ich Französisch für meinen Beruf brauche.
○ meine Kinder in der Schule Französisch lernen.
○ ich geistig fit bleiben möchte.
○ ich nette Leute treffen möchte.
○ der Italienischkurs ausgefallen ist.
○ ich mit meinem/r Partner/in oder Freund/in etwas unternehmen möchte.

vingt et un | 21

Portfolio — Journal d'apprentissage

Ich kann jetzt ...

▶ jemanden begrüßen:
Bonjour !   ● ● ●   S. 10

▶ jemanden vorstellen:
C'   ● ● ●   S. 10

▶ mich vorstellen, z. B.
   meinen Namen sagen: *Je*   ● ● ●   S. 10
   meinen Beruf nennen: *Je*   ● ● ●   S. 10
   sagen, aus welchem Ort ich bin: *Je*   ● ● ●   S. 10
   sagen, welche Sprache(n) ich spreche: *Je*   ● ● ●   S. 10
   meine Nationalität angeben: *Je*   ● ● ●   S. 10

▶ fragen, wie ein Wort auf Französisch heißt:
Comment   ?   ● ● ●   S. 11

▶ mich verabschieden: _____   ● ● ●   S. 17

Ich kann auch ...

▶ das Verb *être* im Präsens konjugieren: ● ● ●   S. 16
   Je suis, tu ____, il / elle ____, c' ____, nous ____, vous ____, ils sont.

▶ bis 20 zählen.   ● ● ●   S. 15

▶ das Adjektiv angleichen: Il est élégant. → Elle est ____.   ● ● ●   S. 17

Üben möchte ich noch ...

_____
_____
_____

Portfolio

Mein Dossier – Legen Sie sich eine Französischmappe an!

Diese Mappe soll Ihren Lernweg dokumentieren. Sie wird Ihnen auch helfen, Ihr Lernen zu organisieren und zu optimieren.

Was kommt in diese Mappe?
Sie können z. B. Texte darin aufheben, die Sie im Kurs oder zu Hause verfassen. Diese können Sie, bevor Sie sie in Ihrer Mappe ablegen, Ihrem/er Kursleiter/in zeigen. Anhand dieser Texte können Sie Ihre Fortschritte erkennen und zurückverfolgen. Folgendes Piktogramm 📁 in den Lektionen erinnert Sie daran.
Am Ende dieser Lektion können Sie Ihren ersten Text über sich schreiben: Wie Sie heißen, was Sie beruflich machen, woher Sie sind und welche Sprachen Sie sprechen. Legen Sie diesen Text doch gleich in Ihre Mappe.

Sie können auch andere Dokumente darin aufbewahren, wie z. B. Prospekte, Broschüren oder interessante Texte, die mit dem Land, der Sprache oder der Kultur zu tun haben.

Leçon

2

Comment allez-vous ?

In dieser Lektion lernen Sie ...
- weitere Begrüßungs- und Abschiedsformeln
- nach dem Befinden zu fragen und auf diese Frage zu antworten
- über Ihre Familie zu sprechen
- Ihren Familienstand anzugeben
- nach dem Alter zu fragen und Ihr Alter zu nennen
- jemanden nach einem Gegenstand zu fragen
- jemanden nach seiner Telefonnummer zu fragen und Ihre Telefonnummer anzugeben
- um Wiederholung zu bitten

1 Ça va ?

a Ecoutez et numérotez les dessins. Hören Sie die Dialoge und nummerieren Sie die Zeichnungen.

TIPP! Achten Sie beim Hören auch auf die Geräuschkulisse und die Stimmen. Es hilft Ihnen, die Situation zu verstehen.

b Ecoutez de nouveau et complétez. Hören Sie die Dialoge noch einmal und ergänzen Sie die Fragen. Kontrollieren Sie anhand der CD.

1 ● Bonsoir Madame Merle.
  ○ Bonsoir Monsieur.
  ● _____
  ○ Très bien, merci. _____

2 ○ Salut Sabine, _____
  ● Oui, oui, ça va. _____
  ○ Hm... Ça va.

3 ○ Bonjour Madame. _____
  ● Très bien.
  ○ _____
  ● Ça va, ça va !
  ○ Allez… au revoir et bonne journée !
  ● Merci. A vous aussi ! Au revoir Monsieur.

4 ○ Allez… Salut Eric, _____
  ● D'accord, ciao, à la semaine prochaine !

Et vous ?
Et toi ?
à la semaine prochaine ?
Et la famille ?
ça va ?
Vous allez bien ?
Comment allez-vous ?

Wenn Sie einen Wunsch erwidern möchten, sagen Sie ganz einfach: *A vous aussi !* oder *A toi aussi !*

c Prenez des notes. Notieren Sie. Wie begrüßen und verabschieden sich diese Personen? Wie fragen sie den anderen nach seinem Befinden?

	begrüßen	nach dem Befinden fragen	sich verabschieden
vous	_____	_____	_____
tu	_____	_____	_____

Leçon 2

d Lisez les dialogues. Lesen Sie nun die Dialoge zu zweit. Jede/r übernimmt abwechselnd eine Rolle.

> Sie können eine Aussage zu einer Frage machen, wenn Sie mit der Stimme am Satzende nach oben gehen.
>
> Ça va. → Ça va ? ↗ Vous allez bien ? ↗ Et la famille ? ↗

e Jouez la scène à deux. Spielen Sie die verschiedenen Begrüßungsszenen zu zweit.

→Ü1 – Ü3

2 Les nombres de 20 à 69

Zahlen S.30

a Ecoutez et répétez. Hören Sie die Zahlen von 20 bis 30, lesen Sie mit und sprechen Sie nach.

b Ecoutez et répétez. Hören Sie nun die folgenden Zahlen bis 63 und sprechen Sie sie in Zehnerschritten nach.

c Entraînez-vous. Üben Sie die Zahlen. Nennen Sie eine Zahl auf Französisch. Ihr Partner sagt sie dann auf Deutsch. Wechseln Sie sich ab.

→Ü4

3 Ma famille et moi

a Formez des paires. Bilden Sie Paare.

hommes ♂	↔	femmes ♀
mari		*femme*
compagnon		compagne
père		*mère*
frère		sœur
fils		fille
grand-père		*grand-mère*
petit-fils		*petite-fille*
oncle		tante

~~frère~~   ~~mère~~   ~~femme~~   ~~compagnon~~
~~grand-mère~~   ~~oncle~~   ~~petite-fille~~   ~~fils~~

b Et vous ? Und Sie? Überlegen Sie, was Sie innerhalb Ihrer Familie alles sind. Sprechen Sie in Gedanken die Möglichkeiten, die für Sie in Frage kommen, durch:
Je suis fils / fille...

TIPP!
Denken Sie von Anfang an auf Französisch so oft Sie können. Fangen Sie gleich damit an!

→Ü5

c Ecoutez et surlignez les mots. Hören Sie, was Catherine von ihrer europäischen Familie erzählt. Markieren Sie in der Tabelle (Aufgabe a) alle Wörter, die Sie hören.

vingt-cinq | 25

d Vrai ou faux ? Richtig oder falsch? Hören Sie die CD noch einmal und kreuzen Sie die jeweils richtige Aussage an.

1 Mon mari est	○ espagnol.	○ portugais.
2 Mon père habite à	○ Bonn.	○ Munich.
3 Ma sœur est	○ mariée.	○ célibataire.
4 Mon frère a	○ un enfant.	○ deux enfants.
5 Patrick est	○ célibataire.	○ divorcé.

Zahlen S.30

 e Ecoutez et cochez. Hören Sie die CD ein drittes Mal und kreuzen Sie das richtige Alter der jeweiligen Personen an:

Ma grand-mère a	○ 69 ans.	○ 83 ans.
Ma sœur a	○ 35 ans.	○ 37 ans.
Lilly a	○ 5 ans.	○ 7 ans.

→Gr.1
→Ü6

f A vous ! Skizzieren Sie auf ein Blatt Ihre Familie und unterhalten Sie sich über die verschiedenen Familienmitglieder.

● Là, c'est mon père/Voici ma mère. Il/Elle s'appelle...
● Il/Elle a quel âge ?... Il/Elle habite où ?

→Ü7 – Ü9

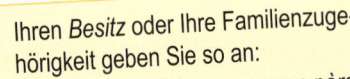

Ihren *Besitz* oder Ihre Familienzugehörigkeit geben Sie so an:
père (♂) → mon père
mère (♀) → ma mère
père + mère (♂+♀) → mes parents

4 Qu'est-ce qu'il y a dans la *classe* ?

a Reliez dessins et mots. Verbinden Sie die Zeichnungen mit den Gegenständen.

un tableau   un dictionnaire   une chaise
une gomme
un cahier   un livre

                                                         des lunettes
un CD

                                                         des clés
un crayon

                                                         un stylo
un ordinateur

                                                         un lecteur de CD
un agenda

                                                         une table
une feuille

26 | vingt-six

Leçon 2

b Enumérez. Zählen Sie die Gegenstände auf, die in Ihrem Klassenzimmer sind.
Dans ma classe, il y a...

> **TIPP!**
> *Un* oder *une* ? Das ist immer die Frage ... Oft stimmt der deutsche Artikel mit dem französischen nicht überein. Lernen Sie deshalb immer Artikel und Wort zusammen. Im Plural stellt sich die Frage nicht mehr: Es heißt einfach immer *des* → *des livres*

→Gr.2

c Vous avez... ? / Tu as... ? Fragen Sie Ihre Nachbarn, ob sie Ihnen etwas leihen können.

- Vous avez une feuille, s'il vous plaît ? Tu as une feuille, s'il te plaît ?
- Oui, voilà.
- Merci.

→Ü10, Ü11

5 Quel est votre numéro de téléphone ?

> Anders als in Deutschland werden Telefonnummern in Frankreich paarweise angegeben: 05 / 55 / 67 / 13 / 48
> *zéro cinq / cinquante-cinq / soixante-sept / treize / quarante-huit*

a Notez les numéros de téléphone. Schreiben Sie (mithilfe der Tabelle auf S. 30) die folgenden Telefonnummern in Ziffern.

1 zéro / six / vingt et un / trente et un / quarante et un / soixante-dix → _____

2 zéro / cinq / cinquante-sept / quatre-vingt-trois / soixante et onze / soixante-seize → _____

3 zéro / trois / quatre-vingt-neuf / quinze / soixante-dix-huit / quatre-vingt-dix-sept → _____

b Vous entendez quel nombre ? Kreisen Sie die Zahl ein, die Sie in jeder Serie hören.

Série 1 : 73, 87, 98   Série 6 : 38, 75, 85
Série 2 : 76, 94, 89   Série 7 : 44, 66, 88
Série 3 : 99, 16, 80   Série 8 : 38, 49, 87
Série 4 : 35, 99, 27   Série 9 : 29, 92, 59
Série 5 : 65, 98, 67

> **TIPP!**
> Wenn Sie eine Zahl hören, versuchen Sie zunächst, sie im Kopf zu behalten. Wiederholen Sie sie mehrmals leise ... so haben Sie Zeit, sie zu verstehen.

c Une chaîne téléphonique pour le cours de français. Erstellen Sie eine Telefonkette für den Kurs. Notieren Sie zuerst Ihre Telefonnummer.

Mon numéro de téléphone, c'est le   .

> Wenn Sie wollen, dass Ihr Gesprächspartner etwas wiederholt, sagen Sie einfach:
> *Vous pouvez répéter, s'il vous plaît ?*
> *Tu peux répéter, s'il te plaît ?*

Fragen Sie Ihre zwei unmittelbaren Nachbarn nach ihrer Telefonnummer. Quel est votre numéro de téléphone ?

Nom, prénom	Numéro de téléphone
1	
2	

Contrôlez. Überprüfen Sie im Plenum, ob die Telefonkette funktioniert. Sagen Sie, wen Sie anrufen können.
J'ai le numéro de téléphone de Birgit et d'Andreas. Et toi ? / Et vous ?

Grammaire

1 Das Verb *avoir*

Vous regardez. Lesen Sie die Sätze und ergänzen Sie dann die Konjugation von *avoir*. Prüfen Sie anschließend Ihre Ergebnisse mithilfe der CD.

J'ai aussi un frère.
Ma sœur a 35 ans.
Vous avez une fille ?

avoir			
j'	_____	nous	avons
tu	as	vous	_____
il/elle	_____	ils/elles	ont

Vous comprenez. Ergänzen Sie:

Mit dem Verb *avoir* wird der Besitz (*J'ai un livre*) und auch das _____ (*J'ai 32 ans*) angegeben.

Vous pratiquez. Bilden Sie Sätze mit *avoir*.

1 Vous / avoir / des enfants → _____ ?
2 Pierre et Christine / avoir / un fils → _____ .
3 Je / avoir / un CD-ROM → _____ .
4 Tu / avoir / 16 ans → _____ ?
5 Sofia / avoir / un compagnon anglais → _____ .
6 Nous / avoir / un problème → _____ .

→Ü6, Ü7

2 Der unbestimmte Artikel (ein / eine)

Vous regardez. Lesen Sie die Sätze und achten Sie auf den unbestimmten Artikel.

1 J'ai un livre.   2 J'ai une feuille.   3 J'ai des livres et des feuilles.

Vous comprenez. Der unbestimmte Artikel hat im Französischen 3 Formen:

Vor maskulinen Substantiven steht ____ → ____ livre
Vor femininen Substantiven steht ____ → ____ feuille
Im Plural steht ____ und das Substantiv erhält ein ___ : → ____ livre ___ et ____ cassette ___ .

Vous pratiquez. *Un*, *une* oder *des*? Tragen Sie die passende Form des unbestimmten Artikels ein. Vergleichen Sie mit Ihrem Nachbarn.

____ table   ____ fille   ____ crayon   ____ dictionnaires   ____ enfants   ____ clés
____ dictionnaire ____ crayons ____ ordinateur ____ retraitée   ____ chaise   ____ agendas

→Ü11

28 | vingt-huit

Prononciation & Info-zapping — Leçon 2

 ### *Prononciation*

Die *liaison*

Ein stummer Konsonant am Wortende wird hörbar, wenn das nachfolgende Wort mit Vokal oder stummem *h* beginnt. Er wird dann mit dem nächsten Wort „verbunden".

Vous‿allez bien ?   Comment‿allez-vous ?   Un‿hôtel de luxe

Nach et (und) wird niemals die liaison gemacht.

 a Hören Sie die CD und lesen Sie mit.

1. Vous êtes français ?
2. Nous avons des amis français.
3. Ma grand-mère est allemande.
4. J'ai un fils et une fille.

 b Hören Sie noch einmal zu und markieren Sie die *liaisons*, so wie im Beispiel: J'ai un‿ami belge.

 c Fügen Sie die *liaisons* ein und lesen Sie die Sätze laut. Kontrollieren Sie mithilfe der CD.

1. Vous êtes Monsieur Lebon ?   3. Mon ami est ingénieur.
2. Ils ont trois enfants.   4. Mon mari est espagnol.

→Ü12

 ### *Info-zapping*

Conseils pratiques pour téléphoner en France

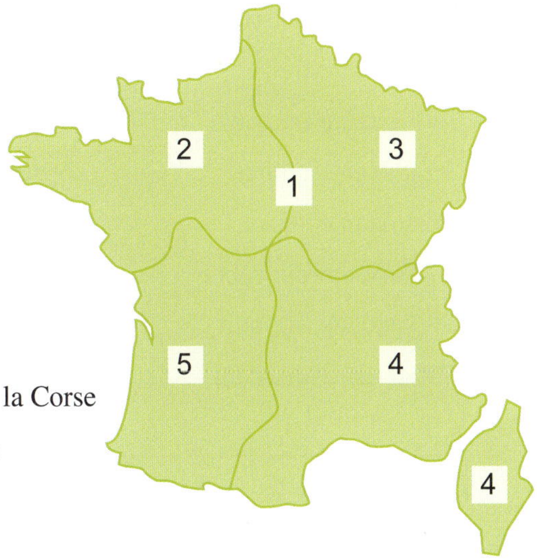

a Lisez le texte, regardez la carte et complétez. Lesen Sie den Text, betrachten Sie die Karte, und ergänzen Sie die Aussagen.

Pour le téléphone, la France a cinq zones géographiques.
Chaque zone a un numéro particulier (un indicatif) :

0 _____ pour Paris et la région parisienne   04   pour le sud-est et la Corse

02   pour le nord-ouest   _____ pour le sud-ouest

_____ pour le nord-est   06   pour un portable

b Regardez la carte de France sur la couverture et complétez.
Ergänzen Sie die Vorwahlnummern der verschiedenen Städte:

Nantes : _____ – 40 – 67 – 74 – 32   Mulhouse : _____ – 89 – 51 – 61 – 05

Toulouse : _____ – 61 – 65 – 87 – 45   Bastia : _____ – 95 – 66 – 09 – 73

Paris : _____ – 45 – 81 – 22 – 49

Pour la France, l'indicatif c'est le 00 33, et pour l'Allemagne ?   C'est le _____.

Les nombres de 20 à 100

1 Les nombres de 20 à 69

20 vingt	30 trente	40 quarante	50 cinquante	60 soixante
21 vingt et un	31 trente et un	41 quarante et un	51 cinquante et un	61 soixante et un
22 vingt-deux	32 trente-deux	42 quarante-deux	52 cinquante-deux	62 soixante-deux
23 vingt-trois	33 trente-trois	43 quarante-trois	53 cinquante-trois	63 soixante-trois
24 vingt-quatre	34 trente-quatre	44 quarante-quatre	54 cinquante-quatre	64 soixante-quatre
25 vingt-cinq	35 trente-cinq	45 quarante-cinq	55 cinquante-cinq	65 soixante-cinq
26 vingt-six	36 trente-six	46 quarante-six	56 cinquante-six	66 soixante-six
27 vingt-sept	37 trente-sept	47 quarante-sept	57 cinquante-sept	67 soixante-sept
28 vingt-huit	38 trente-huit	48 quarante-huit	58 cinquante-huit	68 soixante-huit
29 vingt-neuf	39 trente-neuf	49 quarante-neuf	59 cinquante-neuf	69 soixante-neuf

2 Les nombres de 70 à 100

70 soixante-dix	80 quatre-vingts	90 quatre-vingt-dix	100 cent
71 soixante et onze	81 quatre-vingt-un	91 quatre-vingt-onze	
72 soixante-douze	82 quatre-vingt-deux	92 quatre-vingt-douze	
73 soixante-treize	83 quatre-vingt-trois	93 quatre-vingt-treize	
74 soixante-quatorze	84 quatre-vingt-quatre	94 quatre-vingt-quatorze	
75 soixante-quinze	85 quatre-vingt-cinq	95 quatre-vingt-quinze	
76 soixante-seize	86 quatre-vingt-six	96 quatre-vingt-seize	
77 soixante-dix-sept	87 quatre-vingt-sept	97 quatre-vingt-dix-sept	
78 soixante-dix-huit	88 quatre-vingt-huit	98 quatre-vingt-dix-huit	
79 soixante-dix-neuf	89 quatre-vingt-neuf	99 quatre-vingt-dix-neuf	

TIPP!

Lernen Sie die letzten Zehnerzahlen einfach wie Vokabeln, ohne sie zu zerlegen:

70 = soixante-dix, 80 = quatre-vingts, 90 = quatre-vingt-dix.

Cahier d'exercices Leçon **2**

0 Dialoge mit Nachsprechpausen, s. Lektionsteil 1

1 Verbinden Sie die zusammengehörigen Äußerungen.

1 Salut ! a Bonjour, Monsieur.
2 Bonjour, Madame. b Très bien, merci.
3 Bonne journée ! c D'accord, à la semaine prochaine.
4 A la semaine prochaine ! d Salut !
5 Ça va ? e Merci, à vous aussi !
6 Comment allez-vous ? f Au revoir !
7 Au revoir, Christine ! g Ça va, et toi ?

Online-Übungen zu dieser Lektion finden Sie im Internet unter:

www.hueber.de/onyva

2 Was sagen diese Personen? Füllen Sie die Sprechblasen aus.

3 Hören Sie die unterschiedlichen Grußformeln auf der CD. Beantworten Sie jeden Gruß mit einer der folgenden Wendungen:

Bonsoir, Madame.   Très bien, merci. Et vous ?
Merci. A vous aussi !   Ça va. Et toi ?   D'accord, à la semaine prochaine !

4 Tragen Sie auf den Lotto-Kugeln die Gewinnzahlen ein und geben Sie auch die Zusatzzahl an.

Numéro complémentaire : ___

Numéro complémentaire : ___

trente et un | 31

Cahier d'exercices

5 Finden Sie in diesem Gitter 14 Wörter zum Thema Familie. Zwei Familienmitglieder fehlen. Welche?

B	P	E	R	E	V	F	U	W	P
H	G	F	M	A	R	I	S	K	J
K	R	E	C	B	Z	L	O	R	U
S	A	M	O	N	C	L	E	H	I
U	N	M	M	Q	J	E	U	A	V
W	D	E	P	H	S	M	R	B	F
V	M	T	A	N	T	E	X	O	R
J	E	Z	G	K	M	R	U	H	E
G	R	A	N	D	P	E	R	E	R
S	E	C	O	M	P	A	G	N	E
R	B	W	N	H	F	I	L	S	J

1 _____   8 _____
2 _____   9 _____
3 _____   10 _____
4 _____   11 _____
5 _____   12 _____
6 _____   13 _____
7 _____   14 _____

6 Ergänzen Sie mit den Formen von *avoir*.

1 Paul _____ un frère ? – Non il _____ une sœur.

2 John et Jane, vous _____ des amis français ? – Oui, nous _____ des amis à Marseille.

3 Alice _____ des enfants ? – Oui elle _____ deux filles.

4 Luc et Daniel _____ un cours d'allemand ? – Non ils _____ un cours d'italien.

5 Tu _____ une fille ? – Non j' _____ un fils.

6 Elodie _____ quel âge ? – Elle _____ quarante ans.

7 Ergänzen Sie die Sätze.

Moi, j'ai *vingt-neuf ans.*

1 Mon frère _____. (31)

2 Mes parents _____. (62 / 63)

3 Ma grand-mère _____. (84)

4 Carla et Marie, mes enfants, _____. (3 / 5)

5 Mon oncle _____. (75)

6 Ma sœur _____. (27)

7 Et vous ? Vous avez quel âge ? _____.

8 Ergänzen Sie die Tabelle.

Mon père est allemand. ♂	Ma mère est allemande. ♀
1 Mon frère habite à Nice.	habite à Nice.
2	Ma grand-mère est française.
3 Mon mari a 45 ans.	a 45 ans.
4	Ma fille parle anglais et français.

Cahier d'exercices — Leçon 2

9 Schreiben Sie einen kurzen Text über Ihre Familie. Verwenden Sie dabei die Possessivbegleiter *mon*, *ma* und *mes*.

10 Sie möchten sich für einen Sprachkurs anmelden. Füllen Sie dieses Anmelde-Formular aus.

Formulaire

Nom, Prénom :
Adresse :
Ville :
Pays :
Nationalité :
Tél :
Mél :
Age :
Situation de famille :

Niveau : ◯ Débutant (A1)   ◯ Intermédiaire (A2)   ◯ Avancé (B1)
Voulez-vous étudier le français, l'anglais ou l'espagnol ?
◯ Français   ◯ Anglais   ◯ Espagnol

11 Gegenstände im Klassenzimmer
a Ordnen Sie die folgenden Wörter dem passenden Igel zu.

agenda, crayon, CD, livres, fenêtres, feuilles, lunettes, chaise, gomme, ordinateur, table, clés, stylo

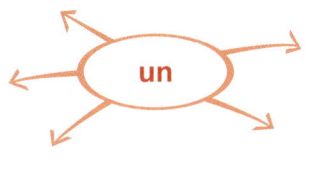

b Was steht auf Ihrem Schreibtisch?

Sur mon bureau, il y a …

Cahier d'exercices

12 Hören Sie die CD und ergänzen Sie. Achten Sie besonders auf die *liaison*.

1 C'_____ ami de mon _____.
2 Ils ____ trois _____,
3 _____ un _____ dans la classe.
4 _____-vous ?

13 **Brèves de conversation.**
Finden Sie die richtige Wendung.

1 Sie wünschen jemandem einen schönen Tag.
2 Sie geben einen Wunsch zurück.
3 Sie sind einverstanden.
4 Sie haben etwas nicht verstanden.

a D'accord.
b Bonne journée !
c Vous pouvez répéter ? / Tu peux répéter ?
d A vous aussi ! / A toi aussi !

TIPP!
Die Wendungen der *Brèves de conversation* sollten Sie auswendig können!

Histoire drôle

Un Allemand à un Français :

● Comment on dit *Ich weiß nicht*. en français ?
● Euh... je ne sais pas !

Portfolio

Nachdenken über das Lernen – Welche Ziele möchte ich erreichen?

Denken Sie über Ihre Ziele nach und erstellen Sie eine Liste. Kreuzen Sie an, was auf Sie zutrifft oder ergänzen Sie die folgende Liste.

Ich möchte ...

○ mich unterhalten können.
○ französisches Radio oder Fernsehen verstehen können.
○ Briefe oder E-Mails schreiben können.
○ telefonieren können.

_____

Wie viel Zeit gebe ich mir, um meine Ziele zu erreichen?

○ Ich habe wenig Zeit und muss schnell vorankommen.

○ Ich passe mich auf jeden Fall dem Lernrhythmus der Gruppe an.
○ Ich habe viel Zeit.

_____
_____

Wie kann ich außerhalb des Kurses lernen?

○ Ich kann mich mit anderen Kursteilnehmern treffen.
○ Ich kann französische Nachrichten hören.

_____

Découvrez *On y va*

A1

Découvrez *On y va* !

Lernen Sie Ihr Buch kennen! Nehmen Sie sich ein wenig Zeit, Ihr Buch zu entdecken. Was steht wo?

1 Wie viele Lektionen hat *On y va ! A1*? _____

Lesen Sie die Überschriften der Lektionen. Welche Themen interessieren Sie besonders?

→ _____
→ _____
→ _____
→ _____

2 Wo werden die Lernziele angekündigt?

3 Wo stehen die Hausaufgaben?

4 Sie suchen nach der Bedeutung eines bestimmten Wortes. Wo und wie können Sie es finden?
   Z. B. *dictionnaire* oder *vacances*

5 Gibt es eine Verbtabelle in *On y va ! A1*? Wenn ja, wo steht sie?

6 Wo finden Sie grammatische Erklärungen?

7 Wie heißt die Rubrik, in der landeskundliche Informationen vermittelt werden?

8 Einige Symbole führen Sie durch die Texte und Übungen. Was bedeuten Sie?

   TIPP!

9 Wo können Sie das, was Sie in der Lektion gelernt haben, überprüfen?

10 An welcher Stelle können Sie über Ihre Lerngewohnheiten nachdenken?

trente-cinq | 35

Portfolio — Journal d'apprentissage

Ich kann jetzt ...

▶ verschiedene Begrüßungs- und Abschiedsformeln: ● ● ●   S. 24
    Bonjour / _____ *. Au revoir /* _____ .

▶ jemandem einen schönen Tag wünschen und einen solchen Wunsch erwidern: ● ● ●   S. 24
    Au revoir et _____ *! Merci* _____ .

▶ jemanden nach seinem Befinden fragen und auf diese Frage antworten: ● ● ●   S. 24
    Comment _____ *? /* _____ *?* _____ *, merci.*

▶ meine Familie kurz vorstellen: ● ● ●   S. 25
    C'est _____

▶ meinen Familienstand angeben: ● ● ●   S. 26
    Je _____ .

▶ jemanden nach dem Alter fragen und mein Alter sagen: ● ● ●   S. 26
    Vous _____ *? / Tu* _____
    J' _____ .

▶ jemanden nach seiner Telefonnummer fragen und meine eigene angeben: ● ● ●   S. 27
    Quel _____ *?*

▶ jemanden bitten, etwas zu wiederholen: ● ● ●   S. 27
    _____ *, s'il vous plaît ?*

▶ jemanden nach einem Gegenstand fragen: ● ● ●   S. 27
    _____ *?*

Ich kann auch ...

▶ das Verb *avoir* im Präsens konjugieren: ● ● ●   S. 28
    J'ai, tu _____ *, il / elle* _____ *, nous* _____ *, vous* _____ *, ils ont.*

▶ bis 100 zählen.   ● ● ●   S. 30

Üben möchte ich noch ...

_____
_____
_____

Coin perso

Les mots ou expressions que vous aimez. Hier haben Sie Gelegenheit, Wörter oder Wendungen zu notieren, die Ihnen besonders gefallen und die Sie sich auf jeden Fall merken möchten.

trente-six

Leçon

3

Un café, s'il vous plaît !

In dieser Lektion lernen Sie …
- ▸ eine einfache Getränkekarte zu lesen
- ▸ einige typische französische Getränke kennen
- ▸ ein Getränk in einem Café zu bestellen
- ▸ nach der Rechnung zu fragen
- ▸ andere nach ihren Interessen und Vorlieben zu fragen und auf diese Frage zu antworten
- @ per E-Mail zu reservieren

1 Un café, s'il vous plaît !

a Lisez la carte des consommations.
Vous connaissez quelles boissons ? Lesen Sie die Karte.
Welche Getränke kennen Sie schon? Markieren Sie sie.

> Die meisten Getränke sind männlich (*un*).
> Auf der Karte sind nur *limonade*, *eau minérale*,
> *infusion* und *bière* weiblich (*une*).

Carte des consommations

Boissons fraîches
Coca cola	3,10 €
Orangina	3,00 €
Limonade	2,40 €
Diabolo	2,70 €
Jus de fruits	2,90 €
Jus de tomate	3,00 €

Eaux minérales
Evian	3,00 €
Badoit	3,00 €
Volvic	3,00 €

Boissons chaudes
Café	1,80 €
Café allongé	2,00 €
Café crème	3,00 €
Café au lait	3,00 €
Déca	2,10 €
Chocolat chaud	2,90 €
Thé	2,90 €
Infusion	2,70 €

Bières pression
Kronenbourg	25 cl	2,60 €
Amstel	25 cl	2,60 €
Stella Artois	40 cl	4,10 €
Monaco		2,80 €
Panaché		2,60 €

Bières bouteille
Kronenbourg sans alcool	33 cl	2,60 €
Heineken	33 cl	4,30 €
Corona	33 cl	4,20 €

Apéritifs
Martini blanc/rouge	3,10 €
Kir vin blanc	3,10 €
Pastis	3,30 €
Perroquet	3,60 €

Vins et cocktails
Pichet rouge/blanc/rosé	3,50 €
Gin Fizz	6,50 €
Bacardi Cuba Libre	6,50 €

Leçon **3**

b Vous ne connaissez pas une boisson ? Demandez.
Sie kennen ein Getränk nicht? Fragen Sie.
Un panaché, qu'est-ce que c'est ? C'est un mélange bière / limonade.

> Sie kennen die Antwort nicht?
> Sagen Sie: *Je ne sais pas.*

c Ecoutez et cochez. Hören Sie den Dialog und kreuzen Sie auf der Karte die Getränke an, die bestellt werden.

TIPP!
Konzentrieren Sie sich beim Hören auf das Wesentliche. Hier geht es darum herauszuhören, welche Getränke erwähnt werden. Sie brauchen also nicht alles zu verstehen.

d Ecoutez de nouveau le dialogue et classez les boissons. Hören Sie noch einmal den Dialog und ordnen Sie nun diese Getränke dem jeweils passenden Artikel zu.

| une ♀ | → | _____ | _____ |
| un ♂ | → | _____ | _____ |

e Und Sie, was nehmen Sie? Fragen Sie die anderen Teilnehmer.
Et vous, qu'est-ce que vous prenez ?

> Wenn Sie bestellen, benutzen Sie einfach das Verb *prendre*:
> *Je prends, tu prends, vous prenez*

→Ü1

2 *Messieurs dames, vous désirez ?*

a Ecoutez les dialogues et numérotez les dessins. Hören Sie die Dialoge und tragen Sie unter jede Zeichnung die Nummer des entsprechenden Dialogs ein.

TIPP!
Sie können mehr Wörter verstehen als aktiv anwenden. Das ist ganz normal. Das, was der Kellner sagt, brauchen Sie nur zu verstehen. Sie sollten aber sagen können, was Sie trinken möchten.

trente-neuf | 39

b Ecoutez de nouveau, puis lisez les trois dialogues et prenez des notes. Hören Sie noch einmal zu und lesen Sie dann die drei Dialoge. Notieren Sie die Wendungen, die Sie als Gast benötigen.

- Serveur
- Julie
- Marie
- Sofia
- Félix
- Ensemble

- Messieurs dames, bonjour, vous désirez ?
- Euh… je voudrais une eau minérale.
- Plate ou gazeuse ?
- Gazeuse.
- Un café, s'il vous plaît.
- Moi, je prends un coca.
- Et pour moi, une pression, s'il vous plaît !

- Le café, c'est pour… ?
- C'est pour moi !
- Et le coca ?
- Pour moi.
- L'eau minérale… et voilà la bière pour Monsieur !
- Où sont les toilettes, s'il vous plaît ?
- Au fond, à droite.
- Merci.

- On y va ?
- D'accord.
- Monsieur, s'il vous plaît ! C'est combien, le café ?
- Laissez, laissez, c'est pour moi. Je vous dois combien ?
- … 10,50 €.
- Voilà.
- Merci, bonne journée !
- Merci, Félix !

1 _____ 2 _____ 3 _____

c A vous ! Bilden Sie zwei Gruppen. Jede Gruppe hat einen Würfel. Jeder würfelt der Reihe nach und liest die der gewürfelten Zahl entsprechende Anweisung vor. Der rechte Nachbar setzt diese sofort auf Französisch um usw.

- ⚀ Rufen Sie den Kellner.
- ⚁ Bestellen Sie.
- ⚂ Fragen Sie jemanden, was er nehmen möchte.
- ⚃ Sagen Sie, dass der Kaffee für Sie ist.
- ⚄ Sagen Sie dem Kellner, dass Sie zahlen möchten.
- ⚅ Fragen Sie nach den Toiletten.

→Ü2, Ü3

TIPP!
Einige Situationen lassen sprachlich kaum Improvisation zu. Hier können Sie einige *typische Sätze* zur Situation *Bestellen im Café* automatisieren. Üben Sie, sprachlich schnell zu reagieren.

3 Qu'est-ce que vous *aimez* ?

a Ecoutez. Hören Sie, was die Personen auf den Fotos sagen. Ein Bild ist ohne Text. Welches? Was könnte diese Person sagen?

Leçon **3**

b Et vous ? Terminez les phrases. Vervollständigen Sie die Sätze.
Sie können die Wörter unten zu Hilfe nehmen.

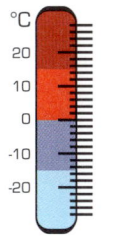

J'adore _____
J'aime _____
Je n'aime pas _____
Je déteste _____

danser   le sport
la bière
       la pizza   le Sudoku   l'aventure
                      l'ordre
les voitures de sport
              regarder la télé   le jus de tomate
    travailler   les chats

> Nach *aimer*, *adorer* und *détester* folgt immer der bestimmte Artikel *le, la, les*:
> J'aime **le** sport.
> J'adore **la** musique.
> Je déteste **les** films d'horreur.
> oder ein Verb im Infinitiv:
> J'aime **danser**.

→ Gr.1 + 2
→ Ü4 – Ü8

c Présentez vos résultats. Stellen Sie dann Ihre Ergebnisse der Kleingruppe vor. Lassen Sie die Gruppe zuerst ein bisschen raten ...

d Préparez trois questions. Sie wollen die Interessen und Vorlieben der anderen Teilnehmer herausfinden. Bereiten Sie drei Fragen vor.

1 _____
2 _____
3 _____

Posez vos questions. Gehen Sie in der Gruppe umher und fragen Sie die anderen.
Mit wem haben Sie Gemeinsamkeiten?
Anna, Peter et moi, nous aimons...

> ∗ J'aime danser. Et toi ?
> • Moi aussi.
> ∗ J'aime la pizza. Et vous ?
> • Moi pas.

quarante et un | 41

4 Portraits

a Lisez les textes et complétez le tableau.
Lesen Sie die Texte und ergänzen Sie die Tabelle.

1 Annie, 44 ans
J'adore mon jardin, la nature, ma maison, mon chat, mon chien et le sport… à la télé. Je n'aime pas les conflits. Je voudrais m'engager, travailler pour les *Restos du Cœur* par exemple.

2 Martine, 52 ans
Je suis caissière. Je prends ma profession, un peu monotone, avec humour. J'aime rire et je suis très spontanée. Je n'aime pas la télé, mais j'adore le cinéma, les films d'amour surtout.

3 Jean-Charles, 35 ans
J'aime le confort et le luxe, c'est vrai : les bons hôtels, les voitures de sport, les produits de marque, le golf… J'aime aussi l'harmonie. Je suis très romantique.

4 Marie-Lou, 22 ans
Ma philosophie : aimer la vie ! J'adore les voyages, l'aventure, le risque. Je ne suis pas compliquée. Je déteste les traditions et la routine. Je suis très indépendante.

5 Joseph, 63 ans
Je suis un homme sans problèmes. J'aime tout : le sport, l'art, le cinéma, la nature… la bonne cuisine, et la spontanéité. Mais je n'aime pas les chats. Je suis allergique.

prénom	âge	aime…	n'aime pas…	caractère
Annie				
Martine	52 ans			spontanée
Jean-Charles		le golf		
Marie-Lou			les traditions	
Joseph				

→ Gr.3
→ Ü9, Ü10

b Qui va avec qui ? Continuez… Wer passt zu wem? Bilden Sie weitere Paare …
Martine va bien avec Joseph : elle aime le cinéma, Joseph aussi.

c Et vous ? Schreiben Sie auf ein Blatt einen kurzen Text über sich.

Mit wem könnten Sie sich gut verstehen?
Avec _____ :

→ Ü11 - Ü13

Grammaire *Leçon* **3**

1 Der bestimmte Artikel

Vous regardez.

Singular	
maskulin ♂	*feminin* ♀
le café	**la** pizza
l' ordre	**l'** aventure
l' hôtel	**l'** harmonie

Plural	
maskulin & feminin ♂♀	
les cafés	**les** pizza**s**
les hôtel**s**	**les** aventure**s**

Vous comprenez. Ergänzen Sie die Regeln.

1 Der bestimmte Artikel hat vier Formen: _____, _____, _____ und _____.

2 Vor maskulinen Substantiven steht _____ oder _____.

3 Vor femininen Substantiven steht _____ oder _____.

4 Vor Substantiven im Plural steht _____ und die Substantive selbst erhalten ein _____.

Vous pratiquez. Finden Sie in den Porträts auf Seite 42 drei Substantive zu den vorgegebenen Kategorien und tragen Sie sie ein.

le	l'	la	les
confort			

→Ü4

2 Die Konjugation der Verben auf *-er*   Alle Verben auf *-er* werden nach diesem Modell konjugiert.

Vous regardez et vous écoutez. Hören und lesen Sie mit.

aimer	
j'	aime
tu	aimes
il/elle	aime
nous	aim**ons**
vous	aim**ez**
ils/elles	aiment

parler	
je	parle
tu	parles
il/elle	parle
nous	parl**ons**
vous	parl**ez**
ils/elles	parlent

Vous comprenez. Markieren Sie nur die Endungen, die Sie hören und leiten Sie die Regel zur Aussprache der Verben auf *-er* ab. Welche der folgenden Aussagen trifft zu?

❍ 1 Alle Endungen sind hörbar.
❍ 2 Nur in der 1. und 2. Person Plural (*nous* und *vous*) sind die Endungen hörbar.
❍ 3 Die 1., 2. und 3. Person Singular und die 3. Person Plural werden gleich gesprochen.

quarante-trois | 43

Grammaire

Vous pratiquez.

a Finden Sie im alphabetischen Wortregister ein Verb auf *-er* und konjugieren Sie es. Lesen Sie es dann vor.

b Setzen Sie die richtige Verbendung ein.

1 Tu aim____ le sport ? – Oui, j'aim____ le sport.

2 Qu'est-ce que vous détest____ ? – Nous détest____ la routine.

3 Nicolas parl____ anglais et allemand.

4 Qu'est-ce que vous aim____ ? – Nous, nous aim____ surfer sur Internet.

→Ü7, Ü8   5 Caroline ador____ le chocolat.

3 Die Verneinung

Vous regardez.

Elle **ne** parle **pas** espagnol.	↔	Elle parle espagnol.
Je **n'**aime **pas** les chats.	↔	J'aime les chats.
Ils **n'**habitent **pas** en France.	↔	Ils habitent en France.

Vous comprenez. Ergänzen Sie die Regeln.

1 Die Verneinung besteht im Französischen aus _____ Wörtern: _____ und _____ .

Die sog. Verneinungsklammer rahmt das _____ ein.

2 Beginnt das Verb mit Vokal oder stummem *h*, steht _____ anstelle von *ne*.

Vous pratiquez.

a Verneinen Sie:

1 Je suis belge. → _____

2 Je sais. → _____

3 Nous aimons le camping. → _____

4 Ils parlent italien. → _____

5 Ça va. → _____

6 Il est sympa. → _____

b Im gesprochenen Französisch fehlt oft der erste Teil der Verneinung *ne*. Sie hören nun vier Sätze. Sprechen Sie die Sätze nach und notieren Sie sie mit der vollständigen Form der Verneinung.

français parlé	français écrit
1 J'aime pas téléphoner.	*Je n'aime pas téléphoner.*
2 Je comprends pas.	
3 Ils habitent pas en France.	
4 Elle parle pas français.	

→Ü9, Ü10

Prononciation & Info-zapping — Leçon 3

Prononciation

Die Nasallaute [ã] und [õ]

Sie kennen bereits Nasallaute aus französischen Fremdwörtern oder Namen wie z. B. *croissant* und *Bertrand* oder *pardon* und *Manon*.

a Hören Sie und sprechen Sie nach.

[ã] comme *croissant*   [õ] comme *pardon*

danser   bonjour
prendre   confort
aventure   tradition

b Hören Sie [ã], [õ] oder keines von beiden? Kreuzen Sie an.

	1	2	3	4	5	6	7	8
A-Nasal *croissant*								
O-Nasal *pardon*								
Kein Nasal								

c Lesen Sie jetzt laut und hören Sie anschließend zur Kontrolle die CD.

1 Nous chantons une chanson française.
2 Nous parlons français, allemand et anglais.

Info-zapping

Au café

Was stimmt? Kreuzen Sie die richtige(n) Alternative(n) an.

En France...

1 Pour appeler le serveur / la serveuse, on dit :
   « Monsieur / Madame / Mademoiselle, s'il vous plaît ! »   ○
   « Excusez-moi ! »   ○
   « S'il vous plaît ! »   ○

2 On peut prendre place à une table déjà occupée.   ○
   On ne prend pas place à une table déjà occupée.   ○

3 Le serveur apporte une addition par client.   ○
   Le serveur apporte une addition pour toute la table.   ○

4 On laisse le pourboire sur la table.   ○
   On donne le pourboire directement au serveur.   ○

Et chez vous ? C'est la même chose ?

Objectif „Profession"

1 Une réservation

Ecoutez et entourez. Hören Sie das Telefonat und kreisen Sie die richtige Lösung ein.

Pierre voudrait réserver *une table au restaurant* / *une salle de séminaire*

pour *vingt* / *quinze* personnes pour le *quinze* / *seize* octobre.

2 Ça s'écrit comment ?

a L'alphabet. Elf Buchstaben des Alphabets heißen im Französischen anders: *h* heißt z. B. „asch" und *y* „i grec". Konzentrieren Sie sich im Folgenden auf diese elf Buchstaben. Hören Sie die Abkürzungen und markieren Sie nur die Buchstaben, die anders als im Deutschen gesprochen werden.

1 **BMW**
2 **JO** (Jeux olympiques)
3 **CD** (compact-disc)
4 **QI** (quotient intellectuel)
5 **CHU** (Centre hospitalier universitaire)
6 **RER** (Réseau express régional)
7 **TGV**

b Notez. Tragen Sie nun diese Buchstaben in das passende Kästchen ein.

			H						Y	Z
[se]	[ə]	[ʒe]	[aʃ]	[ʒi]	[ky]	[y]	[ve]	[dubləve]	[igʀɛk]	[zɛd]

c Adresse mail. Fragen Sie andere Teilnehmer nach ihrer E-Mail-Adresse. Lassen Sie sie, wenn nötig, buchstabieren.
Quelle est votre adresse mail ? Ça s'écrit comment ?

> Um E-Mail-Adressen oder Namen zu buchstabieren:
> @ arobase
> – tiret
> • point
> ´ accent aigu
> ` accent grave
> ^ accent circonflexe
> ¨ tréma
> tt deux t

3 Un formulaire

Complétez. Hören Sie nun noch einmal das Telefonat und füllen Sie das Formular aus.

Réserver une salle
Nom :
Prénom :
Société : Infotec
Téléphone :
E-mail :

Je souhaite réserver une salle de séminaire
Date :
Nombre de personnes :

Cahier d'exercices **Leçon 3**

0 Dialoge mit Nachsprechpausen (s. Lektionsteil 2b)

1 Was steht auf den Tischen?

Table n° 1

1 un café
2 _____
3 _____
4 _____

Table n° 2

1 _____
2 _____
3 _____

2 Bilden Sie mit den folgenden Wörtern vier Sätze, die Sie in einem französischen Café sagen könnten.

| s'il vous plaît | c'est | prends | les toilettes | voudrais | où | je | le café |
| sont | | une pression | qu'est-ce que | | combien | | tu |

1 _____
2 _____
3 _____
4 _____

3 Schreiben Sie in Ihr Heft einen Dialog, der dieser Rechnung vorausgegangen sein könnte.

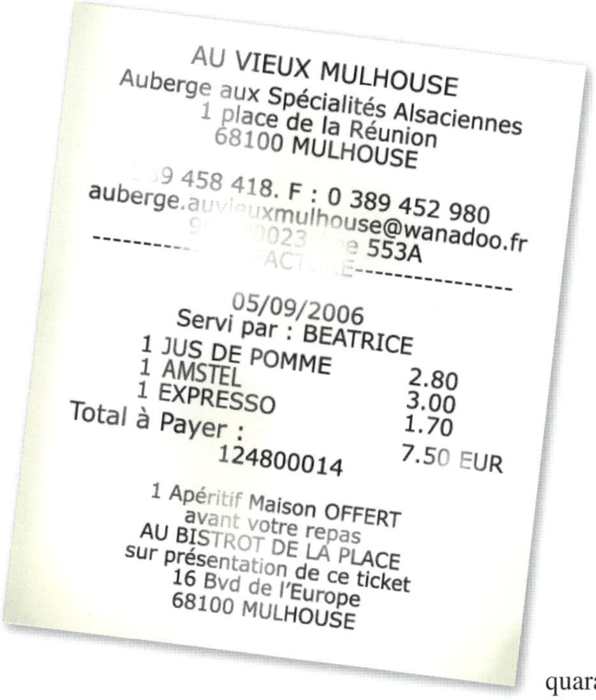

AU VIEUX MULHOUSE
Auberge aux Spécialités Alsaciennes
1 place de la Réunion
68100 MULHOUSE

9 458 418. F : 0 389 452 980
auberge.auvieuxmulhouse@wanadoo.fr
023   e 553A

05/09/2006
Servi par : BEATRICE
1 JUS DE POMME   2.80
1 AMSTEL   3.00
1 EXPRESSO   1.70
Total à Payer :
      124800014   7.50 EUR

1 Apéritif Maison OFFERT
avant votre repas
AU BISTROT DE LA PLACE
sur présentation de ce ticket
16 Bvd de l'Europe
68100 MULHOUSE

A votre santé !

quarante-sept | 47

Cahier d'exercices

4 Bilden Sie Paare mit Wörtern, die gut zusammenpassen.

1 le vin   a la télé   *le vin et la bière*
2 le serveur   b l'anglais
3 le cinéma   c l'eau minérale
4 le thé   d la cliente
5 le vocabulaire   e la bière
6 le français   f la grammaire

5 a Hören Sie das Interview.
Wie oft kommt das Verb *aimer* vor? _____ fois.

b Hören Sie ein zweites Mal zu und notieren Sie zwei Dinge, die M. Longe mag und zwei, die er nicht mag.

Il aime   Il n'aime pas
1 _____   1 _____
2 _____   2 _____

6 Ergänzen Sie die beiden Wortigel. Sie können weitere Pfeile hinzufügen.

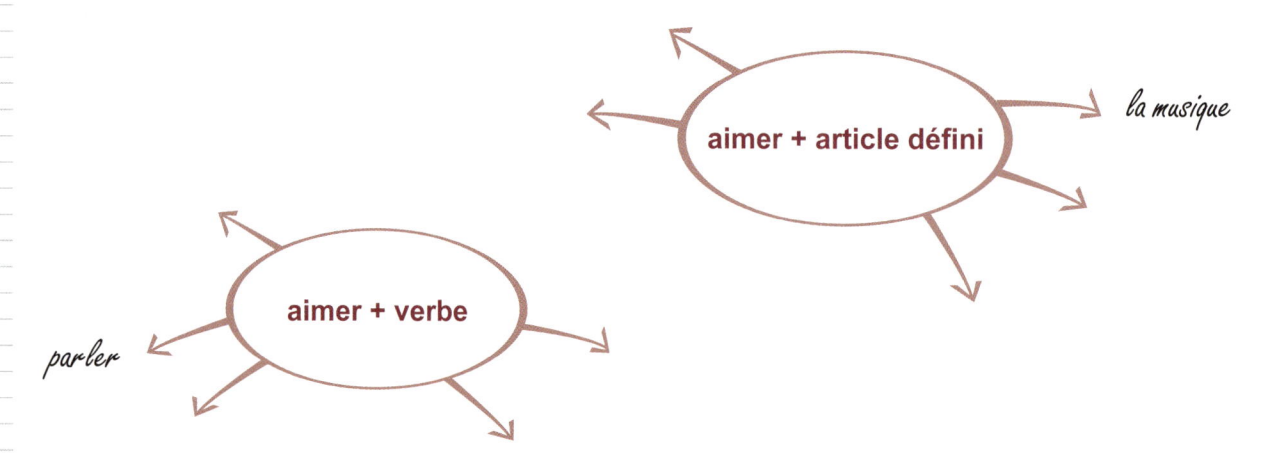

aimer + article défini — *la musique*

aimer + verbe — *parler*

7 Regelmäßige Verben auf -er. Ergänzen Sie die Konjugationstabelle.

travailler	*je travaille*	*tu*	*nous*	*ils*
parler	*je*	*il*	*vous*	*elles*
aimer	*tu*	*elle*	*il*	*vous*
habiter	*j'*	*elle*	*nous*	*ils*
danser	*je*	*tu*	*nous*	*vous*

quarante-huit

Cahier d'exercices — Leçon 3

8 Setzen Sie die richtige Verbendung ein.

1. Vous habit_____ en France ? – Oui, nous habit_____ à La Rochelle.
2. Vous dans_____ ? – Oui, j'ador_____ danser.
3. Anne parl_____ très bien anglais.
4. Qu'est-ce qu'ils aim_____ ? Ils aim_____ l'aventure.
5. Tu regard_____ la télé ? – Non, je travaille.

Online-Übungen zu dieser Lektion finden Sie im Internet unter:
www.hueber.de/onyva

9 a Ordnen Sie die Wörter zu Sätzen.

1. anglais / parle / Lise / ne / pas → _____
2. n' / nous / surfer / aimons / sur Internet / pas → _____
3. pas / je / aime / la télé / regarder / n' → _____
4. habites / tu / en France / n' / pas → _____

b Bereiten Sie nach oben stehendem Modell zwei Sätze vor, die Ihr Lernpartner in der nächsten Unterrichtsstunde in die richtige Ordnung bringen soll.

1. _____
→ _____
2. _____
→ _____

10 a Ergänzen Sie.

Il n'est pas grand

Léo

Il n'est pas grand.
1. Il est riche.
2. Il n'est pas drôle.
3. Il est compliqué.
4. _____
5. Il aime la routine.
6. _____
7. Il est égoïste.

Isabelle

Elle est grande.
Elle n'est _____
Elle _____
_____
Elle aime rire.
_____
Elle aime danser.
_____

Elle est grande

b Beschreiben Sie in Ihrem Heft nun ein gegensätzliches Paar.

quarante-neuf

Cahier d'exercices

11 Beantworten Sie die Fragen. Bilden Sie vollständige Sätze.

1 Vous parlez italien ? → _____
2 Vous aimez les chats ? → _____
3 Vous habitez au centre ville ? → _____
4 Vous êtes professeur ? → _____

12 Premier contact. Sie suchen einen französischen Tandempartner und schreiben eine E-Mail, in der Sie sich kurz vorstellen und von Ihren Interessen erzählen.

```
Nouveau message
Envoyer  Joindre  Adresses  Polices  Couleurs  Enreg comme brouillon

A :
Cc :
Objet :

Bonjour,
Je m'appelle...


Cordialement,
```

13 Hören Sie die CD und ergänzen Sie die Sätze. Achten Sie auf die Singular- und Pluralformen.

1 Annie n'aime pas _____ et Martine adore _____.
2 Joseph n'aime pas _____.
3 Marie-Lou adore _____ et elle déteste _____.
4 Jean-Charles aime _____ et _____.
5 Et vous, vous aimez _____ ?

14 Brèves de conversation

Wann können Sie die folgenden, sehr gängigen „Wendungen" benutzen? Verbinden Sie.

1 Excusez-moi.   2 Voilà.   3 On y va ?   4 Je ne sais pas.

a   b   c   d

Cahier d'exercices **Leçon 3**

Histoire *drôle*

André et Jean transportent un énorme piano.
Au troisième étage, André dit :

- Je déteste le piano.
- Moi aussi, répond Jean, je préfère la flûte !

Portfolio

Nachdenken
über das Lernen – Was mache ich gern, wenn ich Französisch lerne?

Was trifft auf Sie zu? Kreuzen Sie an. Fällt Ihnen noch etwas ein?
Was machen Sie am liebsten?

- ○ mit der CD arbeiten
- ○ Grammatikübungen machen
- ○ sprechen
- ○ mit einem Partner arbeiten
- ○ schreiben
- ○ Vokabeln lernen
- ○ Texte lesen

_____

_____

Wenn Sie wollen, können Sie in der nächsten Stunde Ihre Antworten
mit den anderen Teilnehmern vergleichen.

cinquante et un | 51

Portfolio — Journal d'apprentissage

Ich kann jetzt …

- ▶ eine einfache französische Getränkekarte lesen. 🟢 🟡 🔴 S. 38
- ▶ mir einige typische französische Getränke erklären lassen: 🟢 🟡 🔴 S. 39
  Un perroquet, _____ ?
- ▶ ein Getränk in einem Café bestellen: 🟢 🟡 🔴 S. 40
  Je _____ .
- ▶ nach der Rechnung fragen: 🟢 🟡 🔴 S. 40
  _____ ?
- ▶ sagen, was ich mag und was ich nicht mag: 🟢 🟡 🔴 S. 41
  Je _____ .
- ▶ andere nach ihren Vorlieben und Interessen fragen: 🟢 🟡 🔴 S. 41
  Qu'est-ce que _____ ?
- @ per E-Mail reservieren. 🟢 🟡 🔴 S. 46

Ich kann auch …

- ▶ die regelmäßigen Verben auf *-er* im Präsens konjugieren: 🟢 🟡 🔴 S. 43
  parler : *Je _____*
  aimer : *J' _____*

Üben möchte ich noch …

_____
_____
_____

Coin perso

Les mots ou expressions que vous aimez. Hier haben Sie Gelegenheit, Wörter oder Wendungen zu notieren, die Ihnen besonders gefallen und die Sie sich auf jeden Fall merken möchten.

Avant d'aller plus loin… I

Règle du jeu. *Spielregel*

▶ Sie brauchen für dieses Spiel einen Würfel und einen Spielstein (oder eine Münze) pro Gruppe.

un dé    *un pion*

▶ Sie spielen zu viert (in Zweier-Gruppen).

▶ Es gibt zwei Startfelder. Jede Gruppe setzt ihren Stein auf die entgegengesetzten Felder **A** und **B**.

▶ Sie rücken so viele Felder vor, wie Sie würfeln!

▶ Sie lösen die Aufgabe: Die andere Gruppe entscheidet, ob die Antwort richtig ist.

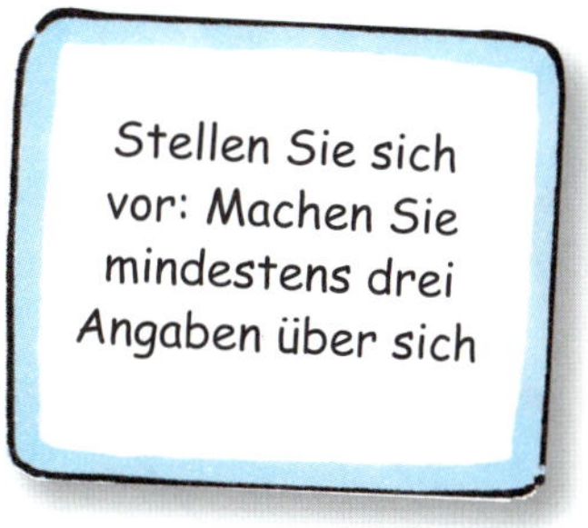

> Stellen Sie sich vor: Machen Sie mindestens drei Angaben über sich

▶ Haben Sie die Aufgabe richtig gelöst, so dürfen Sie auf dem Feld bleiben. Wenn nicht, müssen Sie zwei Felder zurückgehen.

▶ Es gibt zwei Sonderfelder:

Pechfeld

Vous croisez un chat noir.
Setzen Sie einmal beim Würfeln aus.

Glücksfeld

Vous prenez le TGV.
Rücken Sie drei Felder vor.

▶ Gewonnen hat die Gruppe, die als erste das entgegengesetzte Feld **A** bzw. **B** erreicht.

Avant d'aller plus loin… I

A

Nasales. Lesen Sie. Nous parlons français et allemand. Marion prend une infusion.

Sagen Sie, welche Sprachen Sie sprechen und fragen Sie Ihren Nachbarn, ob er Spanisch spricht.

La famille, c'est le père, la mère… Finden Sie fünf weitere Beispiele.

Votre ami français n'aime pas l'alcool. Bieten Sie ihm drei Getränke an.

Répondez. Antworten Sie mit einem Satz. Vous êtes Français ? Vous parlez russe ?

Sagen Sie, aus welchem Ort Sie sind und fragen Sie Ihren Nachbarn.

Sie möchten wissen, wie ein Wort (z. B. Computer) auf Französisch heißt. Was sagen Sie?

Conjuguez le verbe être. Ergänzen Sie die Formen. je ____, tu es, il ____, nous sommes, vous ____, elles sont

Sie sind im Café und möchten bezahlen. Was sagen Sie?

Sie bitten Ihren Nachbarn um Wiederholung.

C'est Jean, il est français. Il est informaticien. Il travaille pour Airbus. Stellen Sie seine Kollegin Christine vor.

Trouvez les professions. Welche Berufe werden hier genannt?
M_D_C_N_
S_CR_T__R_
C_N_C__FF__R
F_MM_ _ _ F_Y_R

un, une ou des ? Ergänzen Sie.
___ bière belge
___ film allemand
___ restaurants italiens

Stellen Sie sich vor: Machen Sie mindestens drei Angaben über sich

Sie sind im Café und fragen Ihre zwei Nachbarn, was sie nehmen möchten.

Conjuguez. Ergänzen Sie die Formen:
j'aime, tu _____,
il aime, nous _____,
vous aimez,
ils _____

54 | cinquante-quatre

Avant d'aller plus loin… I

- Sie sagen, was Sie mögen oder nicht mögen und fragen Ihren Nachbarn nach seinen Vorlieben und Interessen.

- célibataire, élégant, marié, divorcé : Welches Wort passt nicht in die Reihe ?

- Ihr Nachbar wünscht Ihnen einen schönen Tag. Was sagen Sie?

- Conjuguez le verbe avoir. Ergänzen Sie die Formen. j'ai ___, tu ___, elle ___, nous avons, vous ___, ils ont

- Liaisons. Lesen Sie. J'ai des amis en France. Nous avons trois enfants. J'ai un crayon et une feuille.

- Sie verabschieden sich von Ihrem Nachbarn und wünschen ihm einen schönen Tag.

- Stellen Sie zwei Familienmitglieder mit Namen, Alter und Wohnort vor.

- Epelez. Buchstabieren Sie diese E-Mail-Adresse: mathieu@wanadoo.fr

- Geben Sie Ihre Telefonnummer an und fragen Sie Ihren Nachbarn nach seiner Telefonnummer. Notieren Sie sie.

- Dans la classe il y a un tableau, un / une… Nennen Sie fünf weitere Gegenstände.

- Sie wissen etwas nicht. Was sagen Sie?

- 11, 22, 33… Continuez. Machen Sie weiter bis 99.

- Stellen Sie Ihren Nachbarn vor und machen Sie mindestens drei Angaben über ihn.

- Sie möchten wissen, wie man ein Wort (z. B. quinze) schreibt. Was sagen Sie?

B

Avant d'aller plus loin… I

Trouvez quelqu'un qui…

Circulez dans la classe et trouvez quelqu'un qui…

- … parle italien ou espagnol.
  _____

- … a un père ou une mère étrangère (espagnol/e, suisse etc.).
  _____

- … connaît la Belgique.
  _____

- … est artiste.
  _____

- … connaît le numéro de téléphone du professeur.
  _____

- … a votre âge.
  _____

- … adore le chocolat.
  _____

- … est allergique au pollen.
  _____

- … a trois prénoms.
  _____

- … n'aime pas téléphoner.
  _____

- … déteste la bière.
  _____

- … est romantique.
  _____

Leçon 4

Le temps libre, c'est quand ?

In dieser Lektion lernen Sie ...
- ▶ über Sport und andere Freizeitaktivitäten zu sprechen
- ▶ nach dem Grund zu fragen und in einfacher Form etwas zu begründen
- ▶ nach der Uhrzeit zu fragen und die Uhrzeit anzugeben
- ▶ die Wochentage
- ▶ Hauptinformationen aus verschiedenen Anzeigen herauszuholen
- ▶ zu sagen, was Sie bevorzugen
- @ die Tagesordnung eines Seminars zu verstehen

1 Vous faites du sport ?

a Complétez. Tragen Sie die jeweiligen Sportarten unter den Zeichnungen ein.

~~natation~~   ~~roller~~   ~~jogging~~   ~~haltères~~   ~~randonnée~~   ~~danse~~
~~foot~~   ~~escalade~~   ~~marche nordique~~   ~~taï chi~~   ~~fitness~~

le _roller_    la _natation_    le _jogging_    la _danse_

le _fitness_    les _haltères_    le _foot_    la _randonnée_

l' _escalade_    le _taï chi_    la _marche nordique_

TIPP!

Sprachenlernen ist wie *Fitness*. Tut man „nix", fällt man zurück, tut man immer wieder etwas, bleibt man *sprachfit*. Teilen Sie sich den Lernstoff ein: Lieber öfter kleine *Häppchen* als zu viel auf einmal. Zum Beispiel: Nehmen Sie sich erst einmal vor, die Sportarten zu lernen.

b Et vous ? Et toi ? Kettenübung.

- ● Je fais du roller et vous / et toi ?
- ● Moi, je fais du jogging. Et vous / et toi ?
- ● Moi, je fais de la danse.

→Gr.1
→Ü1 - Ü3

(le) yoga → Je fais **du** yoga.   **de + le = du**
(la) gym → Je fais de la gym.
(l')escalade → Je fais de l'escalade.
(les) haltères → Je fais **des** haltères.   **de + les = des**

58 | cinquante-huit

Leçon 4

2 Pourquoi faire du sport ?

a Ecoutez et soulignez. Hören Sie die CD und markieren Sie, welche Berufe die befragten Personen haben.

3 — médecin / professeur / policier
2 — retraité(e) / fleuriste
1 — infirmier(-ière)

b Ecoutez de nouveau. Hören Sie noch einmal die CD und finden Sie heraus, ob die Personen Sport treiben, wenn ja welchen!

c Ecoutez et cochez. Hören Sie die CD ein drittes Mal und kreuzen Sie an, warum die befragten Personen Sport treiben oder nicht.

Je fais du sport / Je ne fais pas de sport parce que…

	Marion	Gisèle	Julien	vous
… c'est bon pour la santé.	○	⊗	○	○
… c'est un plaisir.	○	○	⊗	○
… je n'ai pas le temps.	○	○	○	⊗
… j'aime le contact avec la nature.	○	○	⊗	○
… je n'aime pas ça.	○	○	○	⊗
… j'ai des problèmes de dos.	⊗	○	○	○

d Et vous ? Kreuzen Sie an, was auf Sie zutrifft und vergleichen Sie mit Ihrem Nachbarn. Finden sie Gemeinsamkeiten und Unterschiede.
Verena fait du ski parce qu'elle aime le contact avec la nature.

Pourquoi ? fragt nach dem Grund.
Parce que führt den Grund ein.

→Ü4

cinquante-neuf | 59

3 Il est quelle heure ?

a Ecoutez et numérotez. Hören Sie die CD und nummerieren Sie die verschiedenen Uhren.

03:00 — 2
01:00 — 1
05:00 — 5
09:00 — 3
12:00 — 4

b Lisez et complétez. Lesen Sie und ergänzen Sie die rechte Uhr.

les heures

midi, minuit
onze heures — une heure
dix heures — deux heures
neuf heures — trois heures
huit heures — quatre heures
sept heures — cinq heures
six heures

les minutes

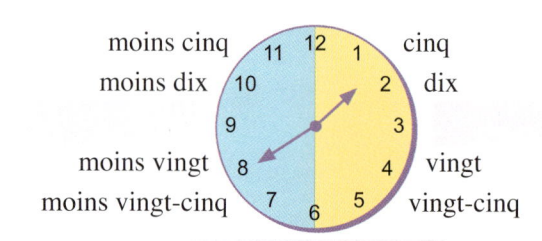

moins cinq — cinq
moins dix — dix
—
moins vingt — vingt
moins vingt-cinq — vingt-cinq

Il est huit heures cinq.
Il est huit heures vingt.
Il est huit heures et quart.
Il est huit heures et demie.
Il est neuf heures moins vingt.
Il est neuf heures moins le quart.
Il est neuf heures moins vingt.

→Ü5

offiziell		umgangssprachlich
seize heures	16 h 00	quatre heures
seize heures quinze	16 h 15	quatre heures et quart
seize heures trente	16 h 30	quatre heures et demie
seize heures quarante-cinq	16 h 45	cinq heures moins le quart

c Travaillez à deux. Fügen Sie zuerst Zeiger in die Uhren ein und fragen Sie dann Ihren Lernpartner nach der Uhrzeit, die auf Ihren vier Uhren angezeigt ist.
Il est quelle heure ? Il est...

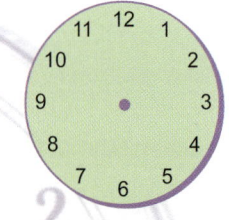

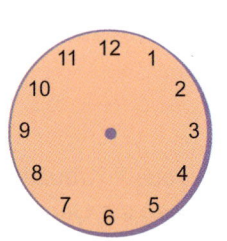

So können Sie nach der Uhrzeit fragen:
Il est quelle heure ?
Quelle heure est-il ?
Vous avez l'heure, s'il vous plaît ?

→Gr.2
→Ü6

60 | soixante

Leçon 4

1 d Complétez les heures d'ouverture. Hören Sie die Ansagen auf den beiden Anrufbeantwortern und ergänzen Sie die Öffnungszeiten.

jours de la semaine	Galerie Nov'Art	cabinet du Dr. Lamy
lundi		8³⁰ – 12⁰⁰
mardi		8³⁰ – 12⁰⁰
mercredi	15⁰⁰ – 17³⁰	8³⁰ – 12⁰⁰
jeudi		8³⁰ – 12⁰⁰ 13³⁰ – 19⁰⁰
vendredi		„ „
samedi	15⁰⁰ – 17³⁰	
dimanche	1⁰⁰ – 6⁰⁰	

→Ü7, Ü8

4 Qu'est-ce que vous faites pendant vos loisirs ?

a Reliez. Verbinden Sie jeweils Text und Zeichnung.

1 Eric, Olivier et Géraldine ont quinze ans. Ils adorent Internet. Ils regardent des films DVD et ont des activités loisirs sur ordinateur : ils scannent des photos, ils font des montages vidéos et des blogues, téléchargent de la musique.

2 Les Moreau sont passionnés de jeux télévisés. Ils aiment le confort et le calme. Bruno adore bricoler. Il répare tout dans la maison : les appareils électriques, la télé en panne et même la voiture. Christine adore tricoter.

3 Elsa et Louise sont très sportives et elles font du jogging trois fois par semaine : le lundi, le mercredi et le dimanche matin. Cette année, elles préparent le marathon de Paris.

4 Antoine et Marie Levert chantent dans une chorale. Souvent, le week-end, ils donnent des concerts dans des églises ou des salles de fête de la région. Une fois par semaine, ils prennent un cours particulier de chant.

5 Les Leduc et les Martin sont amis. Ils font beaucoup de choses ensemble. Ils sont très dynamiques. Le lundi soir, ils font de la danse, le mardi ils prennent un cours d'espagnol, le jeudi ils jouent au scrabble et le weekend ils font souvent des excursions dans la région.

→Gr.3
→Ü9

b Trouvez les activités de loisirs. Lesen Sie den Text noch einmal und markieren Sie alle Freizeitaktivitäten.

soixante et un | 61

c Ecrivez. Schreiben Sie einen kurzen Text über sich: Was machen Sie in Ihrer Freizeit? Und wann? Sie können, wenn Sie möchten, Ihren Text der Gruppe vorlesen.
Verwenden Sie einige Zeitangaben, wie z. B.:

souvent   le week-end   le lundi   une fois par semaine   le dimanche matin

→Ü10

> **Le** lundi, **le** mardi, ... heißt auf Deutsch: montag**s**, dienstag**s**.
> Lundi, mardi, ... bedeutet: **am** Montag, **am** Dienstag ...

d Profil loisirs du groupe. Erstellen Sie eine Hitliste der Freizeitaktivitäten in der Gruppe.

1 _____   _____
2 _____   _____
3 _____   _____

Kommentieren Sie die Ergebnisse.
Dans notre groupe, on aime… , on fait…
→Ü11, Ü12 Dans notre groupe, trois personnes font…

> **On** wird im gesprochenen Französisch anstelle von *nous* (wir) sehr häufig verwendet.
> Nous faisons du jogging. = **On** fait du jogging.
> Nous chantons dans une chorale. = **On** chante dans une chorale.

5 Qu'est-ce que vous *préférez* ?

a Regardez les annonces. Ergänzen Sie die Tabelle mit den Informationen aus den Anzeigen von Seite 63.

domaine	numéro de l'annonce	jour	heure	ville
sport				
danse				
chanson				
vin et gastronomie				

b Quel programme préférez-vous ? Et **pourquoi** ? Welches Programm bevorzugen Sie? Warum?
Je préfère la soirée karaoké **parce que** j'adore chanter.

1 _____
→Gr.3   2 _____

c Et vous ? Et toi ? Vergleichen Sie sich mit den anderen und einigen sie sich auf ein gemeinsames Programm, auf den Tag und die Uhrzeit.
Nous préférons...

Leçon 4

1

Rock 'n Roll Club Varois

**SOIRÉE DANSANTE –
ROCK 'N ROLL ET AUTRES DANSES**

Vendredi 8 décembre

A 21h00 (Accueil jusqu'à 22h30)

LE CAPITOLE à LA SEYNE

Tarifs : 10 € avec une conso – Adhérents : 8 €

Contact : 06.65.50.14.45 (Répondeur) ou rcv83@free.fr

2

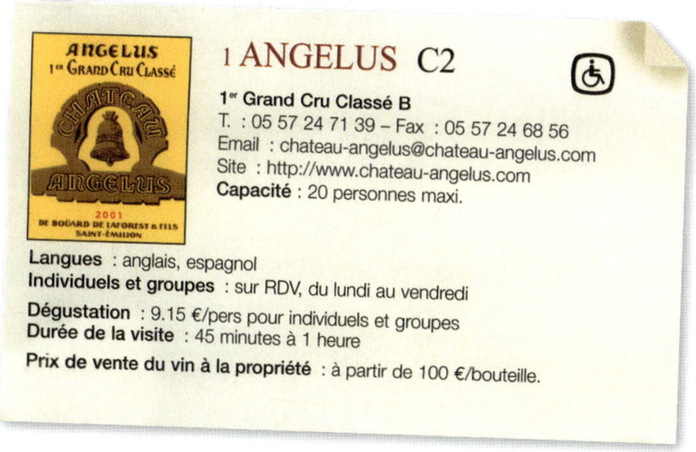

1 ANGELUS C2
1er Grand Cru Classé B
T. : 05 57 24 71 39 – Fax : 05 57 24 68 56
Email : chateau-angelus@chateau-angelus.com
Site : http://www.chateau-angelus.com
Capacité : 20 personnes maxi.

Langues : anglais, espagnol
Individuels et groupes : sur RDV, du lundi au vendredi
Dégustation : 9.15 €/pers pour individuels et groupes
Durée de la visite : 45 minutes à 1 heure
Prix de vente du vin à la propriété : à partir de 100 €/bouteille.

3

La Belle Epoque

KARAOKÉ TOUS LES WEEK-ENDS
Vendredi et samedi à partir de 21h

Petite restauration -- Salle climatisée
Rens. et reservations au 03 89 43 57 52

Venez déguster nos belles coupes de glaces

La Belle Epoque

2-4, rue du Fer – Mulhouse – 03 89 43 57 52
Ouvert tous les jours de 6h30 à 1h30 – dimanche de 8h à 1h30 – (face parking Franklin)

4

Planète Karting

Été : de 10 h à 19 h, 7/7j
Automne, Hiver, Printemps : de 14 h à 18 h
Hors saison : sur réservation

Devenez pilote pour un jour, en couple, en famille ou entre amis pour un moment exaltant.

Tél. / Fax : 05 53 48 97 12
Mobile : 06 08 49 53 81

A 5 minutes de Bergerac, en direction de Périgueux.

Le Bourg – 24330 La Douze

Planète Karting

Grammaire

1 Das Verb *faire*

Hören Sie und sprechen Sie nach.

faire	
je	fais
tu	fais
il/elle/on	fait
nous	fais**ons**
vous	fait**es**
ils/elles	font

→ Ü1 - Ü3

> Mit *faire* können Sie alle Sport- und sehr viele Freizeitaktivitäten benennen.
> Vergleichen Sie beide Sprachen:
> *Je fais du ski.* Ich fahre Ski.
> *Je fais de la couture.* Ich nähe.

Vous pratiquez. Ergänzen Sie das Verb *faire* und die verschiedenen Aktivitäten.

du vélo   de l'escalade   de la photo   de la marche nordique   du karaoké

Vous _____
Elles _____
Nous _____
Tu _____
Il _____
Et moi, je _____

2 Das Fragewort *Quel*

Vous regardez. Hören Sie zu und lesen Sie mit.

Quel est votre nom ?   *Quels* sont vos loisirs ?
Quelle est votre adresse ?   *Quelles* villes françaises aimez-vous ?

Quel nom ? Quel âge ? Quelle race ? Quelle adresse ?

Vous comprenez. Markieren Sie die richtige Aussage.

1 Das Fragewort *quel* ist *veränderlich / unveränderlich*.
2 Die verschiedenen Formen von *quel* werden *gleich / nicht gleich* ausgesprochen.

Vous pratiquez. *Quel, quels, quelle* oder *quelles* ? Ergänzen Sie die Fragen.

1 (jour, *m*)   → Nous sommes _____ jour, aujourd'hui ?
2 (heure, *f*)   → Le cours de français est à _____ heure ?
3 (sport, *m*)   → Vous pratiquez _____ sports ?
4 (activité, *f*) → _____ sont les activités du club ?

→ Ü6, Ü7

Grammaire & Prononciation — Leçon 4

3 Das Verb *prendre* und das Verb *préférer*

prendre	
je	prends
tu	prends
il/elle/on	prend
nous	pren**ons**
vous	pren**ez**
ils/elles	prennent

préférer	
je	préfère
tu	préfères
il/elle/on	préfère
nous	préfér**ons**
vous	préfér**ez**
ils/elles	préfèrent

→Ü9

Prononciation

1 **Gebundene Aussprache**

a Hören Sie zu und sprechen Sie nach.

TIPP! Sprechen Sie wie die Franzosen – in Wortgruppen! Machen Sie nicht nach jedem Wort eine Pause.

1 Quelle heure est-il ? – Il est quatre heures.
2 Je voudrais faire un cours de taï chi.
3 Il adore Internet.
4 Quelle est votre adresse à Paris ?

b Hören Sie die CD und lesen Sie mit. Markieren Sie die gebundene Aussprache. Sprechen Sie die Sätze zunächst langsam und dann immer schneller.

1 J'habite à Nantes.
2 J'habite à Nantes aussi.
3 Je fais du sport avec une amie.
4 Il aime Aline.
5 Ils prennent un cours au club fitness.

2 **Der Nasallaut [ɛ̃] wie Teint**

Sie kennen bereits die Nasallaute [ã] (*enfant*) und [õ] (*bonjour*). Es gibt im Französischen einen dritten Nasallaut: [ɛ̃] wie *teint* oder *cousin*.

Hören Sie die Beispiele und unterstreichen Sie die Silbe, in der der Nasal [ɛ̃] vorkommt.

1 lundi   2 intéressant   3 quatre-vingt   4 Internet   5 cousin   6 sympa

soixante-cinq

Info-zapping

Info-zapping

Quelques sports bien français
Quel est ce sport ?

le rugby
la pétanque
le vélo
le foot
le bowling

1. C'est un sport collectif d'origine anglaise, mais très populaire en France. Il se joue à 7, 13 ou à 15, avec les mains et les pieds. Le ballon est ovale. Quel est ce sport ? C'est _____.

2. C'est un sport olympique. On associe ce sport au Tour de France, mais c'est aussi un sport individuel ou familial très pratiqué en Allemagne.
Et vous, vous faites aussi du _____ ?

3. Ce sport est né en 1910 dans le sud de la France. C'est un jeu de boules : les boules sont en métal et la petite boule est en bois. Quel plaisir de prendre un pastis après une bonne partie de _____ !

Et chez vous ?
On pratique quels sports ?

@ Objectif „Profession" Leçon 4

Séminaire de formation : l'Entreprise *Bio Plus* se présente.

a Lisez l'ordre du jour.
  Sie nehmen an einem Seminar teil.
  Lesen Sie die Tagesordnung.

BioPlus

Ordre du jour
mercredi, 14 mai 2008

9 h 00	Accueil des participants.
9 h 15	Exposé de Matthieu Clément, relations publiques
	L'entreprise Bio Plus – Objectifs et perspectives
10 h 15	Table ronde – questions / réponses
10 h 45	Pause-café
11 h 15	Visite des ateliers de production
12 h 00	Déjeuner au restaurant de l'entreprise
14 h 00	Groupes de travail
15 h 00	Plenum : présentation des résultats et discussion
16 h 30	Verre de l'amitié

b Ecoutez et corrigez. Die Tagesordnung musste kurzfristig geändert werden. Hören Sie die CD und verbessern Sie die oben stehende Tagesordnung.

c Posez des questions. Sie wollen ganz sicher gehen, dass Sie alles verstanden haben und fragen nach:

La visite des ateliers de production, c'est à quelle heure ?
 – C'est à 11h15.

Le plenum, c'est à 15 heures ?
 – Oui, c'est ça.

soixante-sept | 67

Cahier d'exercices

1 Complétez. Ergänzen Sie die Wortigel.

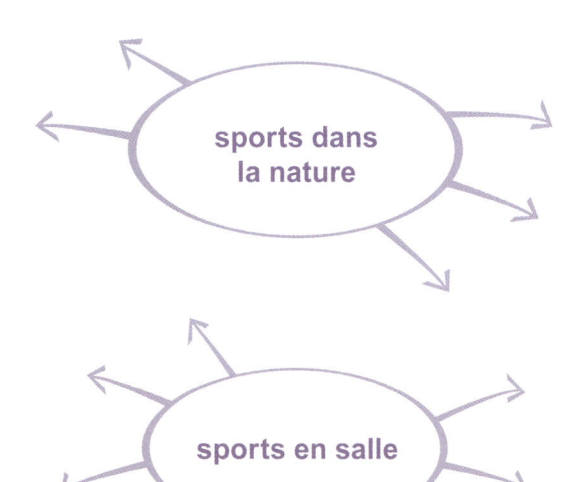

- sports dans la nature
- sports en groupe
- sports en salle

2 Complétez. Ergänzen Sie die passende Aktivität.

a Qu'est-ce qu'ils font ? Was machen sie?

A la montagne, ils font…

(le) snowboard   … du snowboard.
(l') escalade
(le) ski

A la mer, ils font…

(la) voile
(le) surf
(la) natation

A la campagne, ils font…

(le) jogging
(la) randonnée
(le) vélo

A l'université populaire, ils font…

(l') informatique
(le) théâtre
(les) langues

b Et dans votre région ? Qu'est-ce qu'on fait ? Und in Ihrer Gegend?

_____
_____

68 | soixante-huit

Cahier d'exercices — Leçon 4

3 J'aime, donc je fais ! Complétez. Ergänzen Sie die Aktivitäten.

(la) salsa   (la) photo   (le) yoga   (la) sculpture   (la) guitare   (l') escalade *klettern*   (la) bonne cuisine   (le) français

J'aime la nature, je *fais de la photo.*

1 Il aime la musique, il _____ .
2 Elle aime l'art, elle _____ .
3 Nous aimons le risque, nous _____ .
4 Vous aimez les langues, vous _____ .
5 Elles aiment danser, elles _____ .
6 Ils aiment bien manger, ils _____ .
7 Je déteste le stress, donc je _____ .

4 Pourquoi ? Parce que... Begründen Sie Ihre Antworten.

1 Vous faites du français ?
Je fais du français parce que . . .

2 Vous faites du sport ? / Vous ne faites pas de sport ?

3 Vous préférez la mer ou la montagne ?

4 Vous aimez / vous n'aimez pas voyager ?

5 Il est quelle heure ? Notieren Sie die jeweils fehlenden Varianten.

	offiziell	Zahlen	Umgangssprache
Il est...	... seize heures.	... 16 h 00.	... quatre heures.
	... vingt heures quinze.		
		... 12 h 30.	
			... dix heures moins le quart.
	... vingt-trois heures quarante.		
		... 11 h 55.	
	... zéro heure quinze.		

6 Complétez. Ergänzen Sie die entsprechende Form von *quel* und wählen Sie die passende Antwort.

1 _____ est votre numéro de téléphone ?   ⓐ C'est le 05 53 57 82 34.   ⓑ C'est 3, rue du Maine.
2 Vous parlez _____ langues ?   ⓐ La Bretagne et l'Alsace.   ⓑ Le français et l'anglais.
3 Il est _____ heure ?   ⓐ A midi et demi.   ⓑ Trois heures et quart.
4 Vous aimez _____ sports ?   ⓐ J'aime les sports collectifs.   ⓑ J'ai des problèmes de dos.
5 Tu as _____ âge ?   ⓐ Deux heures et demie.   ⓑ Sept ans.

Cahier d'exercices

7 Complétez le tableau. Hören Sie die CD und vervollständigen Sie die Tabelle.

activité	jour(s)	heure
yoga	lundi	9 heures
jogging		
jeux apéritif		
tournoi de foot		
hip hop		
danse		

8 Mettez de l'ordre. Ordnen Sie den Dialog und nummerieren Sie die Sätze. Hören Sie die CD zur Kontrolle.

1 Cabinet du Docteur Sivade, bonjour.
    C'est noté, Madame Gauthier.
    A neuf heures et quart.
    Quel jour ? Demain mercredi, ça va ?
    Gauthier.
    Je vous remercie. Au revoir, Madame.
2 Bonjour, je voudrais prendre un rendez-vous pour mon fils.

    C'est parfait.
    Et votre nom, c'est…
    Au revoir.
    G A U T H I E R
    Très bien et à quelle heure ?
    Ça s'écrit comment ?

9 Ecrivez neuf phrases avec le verbe *prendre*. Bilden Sie neun Sätze mit dem Verb *prendre*.

1 Je _____

2 Ils _____

3 Il _____

4 Tu _____

5 Nous _____

6 Elle _____

7 Vous _____

8 Elles _____

9 On _____

| le bus | une douche | un cognac | un café | une glace au chocolat |
| un taxi | | un rendez-vous | l'autoroute | une aspirine |

Cahier d'exercices — Leçon 4

10 Lisez et trouvez le titre. Lesen Sie den folgenden Text und finden Sie zu den verschiedenen Definitionen die passende Bezeichnung.

> les computéristes   les basiques   les cinéphiles   les joueurs
>
> **Les nouvelles technologies révolutionnent les loisirs des Français**
> Internet, jeux sur ordinateur ou console, DVD, *home-cinéma*, montage photo ou vidéo prennent une place toujours plus grande dans les loisirs des Français.
> 43 % des Français utilisent Internet, 40 % regardent des films sur DVD et 35 % ont des activités de loisirs sur un ordinateur (par exemple, scanner des photos, faire des montages vidéo, télécharger de la musique).

Classification

1 _____ (65 % des Français)
Ils vont au cinéma et / ou regardent des films DVD.

2 _____ (49 % des Français)
Ils surfent sur Internet et / ou ont des activités de loisirs sur ordinateur. Ils aiment les nouvelles technologies : connexion sur Internet, appareil photo numérique, webcam etc.

3 _____ (32 % des Français)
Ils pratiquent des jeux sur ordinateur, sur console de jeux ou au téléphone.
Comme les computéristes, les joueurs adorent les nouvelles technologies.

4 _____ (27 % des Français)
Ils n'aiment pas les nouvelles technologies. Ils téléphonent, regardent la télé et écoutent de la musique.
Ils n'ont pas d'ordinateur, ne surfent pas sur Internet etc.

Et vous ? Zu welcher Kategorie rechnen Sie sich?
Moi, _____ *parce que* _____ .

11 Transformez. Sagen Sie dasselbe mit *on*.

Nous parlons français → *On parle français.*

1 Nous avons rendez-vous à midi. _____ .
2 Nous prenons un apéritif avec des amis. _____ .
3 Nous sommes à Paris. _____ .
4 Nous regardons un film à la télé. _____ .
5 Nous faisons du jogging le lundi. _____ .

Cahier d'exercices

12 Imaginez. Schreiben Sie einen kurzen Text über eine der beiden Personen.
Wer ist sie und was macht sie in ihrer Freizeit?

13 Une partie de pétanque

a Lesen Sie noch einmal den Infozapping-Text auf Seite 66 und finden Sie Wörter, die mit den folgenden Buchstaben beginnen.

P → pratique...
E →
T →
A →
N →
Q →
U →
E →

b Wenn Sie noch Lust haben, können Sie mit anderen Wörtern weiterspielen, z. B. mit *mardi, sport* usw.

14 Brèves de conversation
Reliez. Verbinden Sie. Was sagen Sie, wenn ...

1 Sie nach der Uhrzeit fragen?   a Je n'ai pas le temps.
2 Sie keine Zeit haben?   b C'est ça.
3 Sie sagen, dass etwas gesund ist?   c Il est quelle heure ?
4 etwas stimmt?   d C'est bon pour la santé.

Online-Übungen zu dieser Lektion finden Sie im Internet unter:
www.hueber.de/onyva

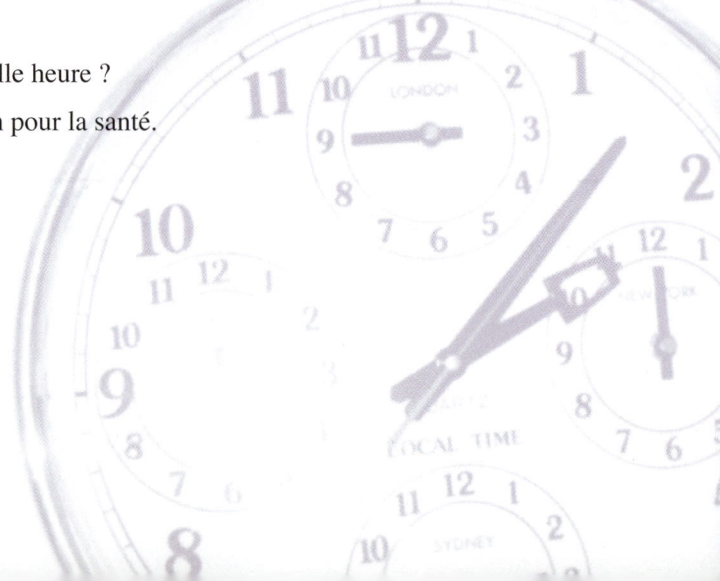

72 | soixante-douze

Cahier d'exercices *Leçon* **4**

Histoire *drôle*

18 h 50. Le père apprend l'heure à sa fille.

- ● Alors, Anna, il est quelle heure ?
- ● Papa, je réponds dans 10 minutes, d'accord ?

Portfolio

Nachdenken
über das Lernen – Wie merke ich mir am besten Vokabeln?

Kreuzen Sie an, was auf Sie zutrifft.

○ Ich muss die Vokabeln immer laut sprechen.
○ Ich schreibe die Vokabeln auf und spreche sie gleichzeitig laut.
○ Ich habe ein Vokabelheft oder ich schreibe Vokabelkärtchen.
○ Ich kann mir nur ein Wort in einem Satz merken.
○ Ich muss die Wörter oft hören.
○ Ich muss die Wörter geschrieben sehen.

Fällt Ihnen noch etwas ein?

○ _____
○ _____

Wie lernen die anderen Teilnehmer?
Vergleichen Sie Ihre Ergebnisse mit Ihren Nachbarn.

Vokabelkärtchen sind sehr hilfreich.
Probieren Sie es doch gleich.
So sieht eine Vokabelkarte (Vorder- und Rückseite) aus. →

le sport
Je fais du sport.

der Sport
Ich treibe Sport.

Schreiben Sie mindestens acht Vokabelkärtchen aus dem Text *Qu'est-ce que vous faites pendant vos loisirs ?* auf Seite 61. Bringen Sie sie in die nächste Kursstunde mit und lassen Sie sich von Ihrem Lernpartner abfragen.

soixante-treize | 73

Portfolio — Journal d'apprentissage

Ich kann jetzt …

▸ über Sport und andere Freizeitaktivitäten sprechen: — S. 58
   Je fais du _____ .

▸ begründen, warum ich Sport treibe oder nicht: — S. 59
   Je fais du sport _____ .
   Je ne fais pas de sport _____ .

▸ Tag und Uhrzeit erfragen: — S. 60
   Quel _____ et _____ ?

▸ sagen, was ich bevorzuge: — S. 62
   Je _____ .

▸ Hauptinformationen aus verschiedenen Anzeigen herausholen. — S. 63

@ die Tagesordnung eines Seminars verstehen. — S. 67

Ich kann auch …

▸ die Verben *faire*, *prendre* und *préférer* im Präsens konjugieren: — S. 65
   je fais, tu fais _____
   je prends _____
   je préfère _____

▸ die Wochentage: — S. 62
   lundi _____

▸ die Uhrzeit erfragen und angeben: — S. 60
   Il est _____ heure ? — Il _____ .

Üben möchte ich noch …

Coin perso

Les mots ou expressions que vous aimez. Hier haben Sie Gelegenheit, Wörter oder Wendungen zu notieren, die Ihnen besonders gefallen und die Sie sich auf jeden Fall merken möchten.

Leçon

5

Le marché, c'est loin ?

In dieser Lektion lernen Sie ...
- ▶ Lebensmittel einzukaufen und die Menge anzugeben
- ▶ einige Geschäfte und Gebäude in der Stadt zu benennen
- ▶ Ihren Geburtsort kurz vorzustellen
- ▶ nach dem Weg zu fragen
- ▶ eine Wegbeschreibung zu verstehen und zu geben
- ▶ über eine geplante Stadtbesichtigung zu informieren
- @ verschiedene Abteilungen eines Betriebs zu benennen

1 On prépare un brunch

a Regardez et corrigez. Hier sind einige Wörter den falschen Bildern zugeordnet. Verbessern Sie.

le lait

le fromage

l'huile

le beurre

le vin rouge

le crémant

le rosbif

les oranges

le jambon

la salade

les œufs

la viande hachée

la baguette

le sucre

les pommes de terre

les saucisses

le cabillaud

les bananes

le pain complet

les crevettes

> La boucherie, la charcuterie, la crèmerie, l'épicerie, la boulangerie, la poissonnerie : So heißen auch die einzelnen Geschäfte.

b Complétez les rayons du supermarché.
Ordnen Sie jeder Supermarkt-Abteilung je zwei Produkte von 1a zu.

Fruits et légumes	Boucherie	Charcuterie	Poissonnerie
les carottes	le steak	le salami	les sardines

Crèmerie	Epicerie	Boulangerie	Boissons
la crème fraîche	la confiture	les croissants	l'eau minérale

→Ü1

Leçon 5

c Comparez. Vergleichen Sie die Einkaufsliste mit der Sprechblase. Was fällt Ihnen auf?

Alors… il me faut : du fromage, de la confiture, de l'eau minérale, des champignons.

FROMAGE
CONFITURE
EAU MINÉRALE
CHAMPIGNONS

→ Gr.1
→ Ü2

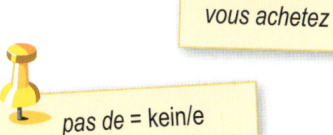

acheter
j'achète,
tu achètes,
on achète,
vous achetez

d Qu'est-ce qu'on achète ? Faites une liste. Der Französischkurs plant einen Brunch. Erstellen Sie eine Einkaufsliste. *Alors, on achète du pain...*

e Comparez. Vergleichen Sie Ihre Einkaufslisten und einigen Sie sich auf acht Artikel. Sie haben 40 € zur Verfügung.
Alors, qu'est-ce qu'on achète ? On achète du jambon de Parme ?
D'accord, on prend du jambon de Parme. / Non, on ne prend pas de jambon de Parme. C'est trop cher.

pas de = kein/e

→ Ü3

2 On fait les courses

a Ecoutez et cochez. Hören Sie die Dialoge und kreuzen Sie die Lebensmittel an, die die Kundin kauft.

○ carottes  ○ concombre  ○ jambon  ○ haricots verts  ○ tomates

○ pêches  ○ champignons  ○ frisée  ○ pâté  ○ bananes

b Ecoutez de nouveau. Hören Sie noch einmal beide Dialoge und ergänzen Sie die Mengenangaben unter den Zeichnungen.

100 cent, 200 deux cents, 250 deux cent cinquante, 300 trois cents…
1 000 mille, 2 000 deux mille, 3 000 trois mille…

2 à 300 g
une livre (= 500 g)
un kilo
six tranches
deux kilos
un morceau

soixante-dix-sept | 77

1 **c** Ecoutez et lisez. Hören Sie die CD und lesen Sie mit.

● marchande　　　● cliente　　　● marchand

● C'est à qui ?
● C'est à moi, je crois.
● Madame ?
● Je voudrais un kilo de tomates…
　Et des haricots verts, une livre.
● Autre chose ?
● Une salade, une frisée. Et ensuite, euh,
　elles coûtent combien, les pêches ?
● 2,10 € le kilo.
● Alors, donnez-moi 2 kilos s'il vous plaît.
● Et avec ceci ?
● 2 à 300 g de champignons. C'est tout.
● Ça fait 11,90 €.
● Voilà.
● Merci, au revoir et bonne journée !
● Merci, à vous aussi.

● Madame ?
● Bonjour. Je voudrais…
　euh… du jambon.
● Oui, et combien ?
● 6 tranches s'il vous plaît.
　Et… un morceau de pâté.
● Comme ça ?
● Non, un peu moins.
● Comme ça ?
● Oui, très bien. Ce sera tout.
　Ça fait combien ?
● 6,30 €.
● Voilà, merci.
● Au revoir, Madame.

→ Gr.2
→ Ü4, Ü5

Mit *un peu moins* oder *un peu plus* sagen Sie, ob Sie von etwas weniger oder mehr haben möchten.

d Relisez et notez. Lesen Sie noch einmal die Dialoge und notieren Sie die Sätze, mit denen Sie ausdrücken können, dass

1 … Sie dran sind:　　　　　　　　　→ _____
2 … Sie ein Kilo Tomaten möchten:　→ _____
3 … Sie nichts weiter wollen:　　　 → _____
4 … Sie den Preis wissen wollen:　 → _____
5 … Sie zahlen möchten:　　　　　　→ _____

e Jeu de l'Oie. Würfeln Sie und reagieren Sie auf die jeweilige Situation.

Pause – café! Passer un tour!

Autre chose ?　Comme ça ?　Et avec ceci ?

78 | soixante-dix-huit

Leçon 5

3 On va *en ville*

a Ecoutez et numérotez. Hören Sie die CD und ordnen Sie die Geräusche den Bildern zu.

une église  une école  un commissariat de police  un aéroport  un arrêt de bus

un carrefour  une discothèque  une gare  un jardin public  une piscine

b Parlez de votre ville natale. Erzählen Sie von Ihrer Geburtsstadt. Was gibt es dort? Was nicht?
Dans ma ville natale, il y a une piscine, une gare, mais il n'y a pas de commissariat.

> **Il y a** ist sehr praktisch. Vergleichen Sie:
> **Il y a** un problème. Es **gibt** ein Problem.
> **Il y a** un chat dans le jardin. Im Garten **ist** eine Katze.
> **Il n'y a pas** de livre sur le bureau. Auf dem Schreibtisch **liegt** kein Buch.

→Ü6

c Lisez et regardez le plan. Lesen Sie die E-Mail und verfolgen Sie den Weg auf dem Plan.

TIPP! Konzentrieren Sie sich beim Lesen auf die Schlüsselwörter. Hier geht es z. B. um eine Wegbeschreibung. Also sind die Verben und die Ortsangaben besonders wichtig.

Cc :
Objet : Brunch

Bonjour,

Rendez-vous chez moi, samedi, à dix heures trente pour le brunch. J'habite rue des Oliviers. C'est facile à trouver : vous passez devant la gare et vous allez tout droit. Au feu vous tournez à gauche. C'est l'avenue de la République. Dans l'avenue de la République, vous prenez la deuxième rue à droite, rue Neuve. Vous allez jusqu'au rond-point. Là, vous prenez la troisième sortie. C'est la rue du Pouset. Vous passez devant le jardin public et ensuite, vous prenez la première rue à droite. C'est la rue des Oliviers. J'habite au numéro 15. Il y a un parking en face.

Cordialement,
Matéo

soixante-dix-neuf

d Complétez. Suchen Sie in der E-Mail jeweils die Bezeichnung für folgende Angaben.

aller *tout droit* _____

aller _____

tourner _____

prendre _____

prendre _____

passer _____

e Ecoutez. Hören Sie die Dialoge und finden Sie heraus, wohin die Touristen wollen.

Dialogue 1 : Le premier touriste cherche _____.

Dialogues 2 + 3 : La deuxième touriste cherche _____.

f Ecoutez de nouveau. Hören Sie die CD noch einmal und verfolgen Sie den Weg auf dem Plan Seite 79. Ausgangspunkt ist das Fremdenverkehrsbüro.

● Excusez-moi, Madame, l'hôtel Belleville, s'il vous plaît ?
● L'hôtel de Ville ?
● Non, non, je cherche l'hôtel Belleville.
● Ah... l'hôtel Belleville. C'est dans cette direction. Vous prenez en face et vous allez jusqu'au feu. Ensuite, vous prenez à droite. C'est la rue Malbec. Et là, vous continuez tout droit et vous prenez la deuxième rue à gauche.
● Merci beaucoup.
● De rien.

un	→	le premier / la première
deux	→	le / la deuxième
trois	→	le / la troisième

● Pardon, Monsieur, la poste, s'il vous plaît ?
● La poste, alors là, désolé, je ne sais pas, je ne suis pas d'ici.

● Excusez-moi, pour aller à la poste, s'il vous plaît ?
● C'est dans la rue des Lilas. Vous prenez l'avenue d'Alsace et vous allez jusqu'au carrefour. Vous traversez ce carrefour, vous continuez tout droit et après vous prenez la rue à gauche, rue des Lilas. Et c'est là.
● C'est loin ?
● Non, non, pas du tout, à pied, c'est à cinq minutes.

g Soulignez. Unterstreichen Sie in den Dialogen, wie die Personen nach dem Weg fragen.

h A vous. Sie sind Tourist in dieser Stadt und fragen nach dem Weg.

le carrefour	→	ce carrefour
l'hôtel	→	cet hôtel
la direction	→	cette direction
les rues	→	ces rues

80 | quatre-vingts

Leçon 5

4 Promenade en ville

a Annecy ou Bordeaux ? Choisissez !
Sie verbringen einen Nachmittag in *Annecy* oder *Bordeaux*. Erstellen Sie ein Programm.
Wo gehen Sie hin? Was machen Sie? Was kaufen Sie?
Einigen Sie sich.

1 fleuriste
2 marché
3 pâtisserie - salon de thé
4 crèmerie
5 chocolatier
6 boutique de mode
7 Palais de l'Ile
8 restaurant
9 magasin de souvenirs
10 glacier
11 épicerie
12 poterie
13 château
14 restaurant
15 plage

Annecy

Bordeaux

1 musée (d'art contemporain)
2 jardin botanique
3 boutique de mode
4 restaurant
5 magasin de souvenirs
6 magasin de chaussures
7 fleuriste
8 bijouterie
9 coiffeur *Elle et Lui*
10 café *Les mots bleus*
11 librairie
12 bar à vin
13 pâtisserie
14 hôtel

→ Gr.3, Gr.4

b Ecrivez. Notieren Sie die wichtigsten Stationen Ihres Aufenthalts.

D'abord, on va chez le fleuriste. Puis, on prend la rue Perrière…
Ensuite, on achète du fromage à la crèmerie…

→ Ü11

Chez (bei oder zu) verwenden Sie, wenn Sie bei einer Person sind bzw. zu ihr hingehen.
J'achète des fleurs **chez** le fleuriste.
Je vais **chez** le coiffeur.

→ Ü12 – Ü14

c Racontez au groupe. Erzählen Sie anschließend der Gruppe von Ihren Plänen.

Grammaire

1 Der Teilungsartikel (*du, de la, de l'*)

Vous regardez. Vergleichen Sie:

Je voudrais *du* pain.	Ich möchte Brot.
Je prends *de la* confiture.	Ich nehme Marmelade.
J'achète *de l'*huile.	Ich kaufe Öl.

de + le = du

Vous comprenez. Markieren Sie die richtige Aussage.

1. Der französische Teilungsartikel hat im Deutschen *eine / keine* Entsprechung.
2. Der Teilungsartikel drückt eine *genaue / ungenaue* Menge aus.

Vous pratiquez. Ergänzen Sie den Teilungsartikel.

1. (la viande hachée) Elle achète __*de la*__ viande hachée.
2. (le sucre) Tu prends __*du*__ sucre ?
3. (l'eau minérale) Il me faut __*de l'*__ eau minérale.

→Ü2

2 Mengenangaben und Nullmenge

Vous regardez. Vergleichen Sie die Aussagen.

Nicht präzisierte Mengenangabe	Präzisierte Mengenangabe, auch Nullmenge
1 Je voudrais *du* fromage.	Je voudrais un morceau *de* fromage.
2 On prend *de la* bière.	On prend un pack *de* bière.
3 J'achète *de l'*eau minérale.	J'achète deux bouteilles *d'*eau minérale.
4 Je voudrais *des* pêches.	On ne prend pas *de* crémant.

Vous comprenez.

1. Nach einer Mengenangabe steht nur _____ : un morceau _____ fromage.
2. Dem deutschen *kein* (Nullmenge) entspricht im Französischen _____ :
   Je n'achète _____ poisson.
3. Im Plural steht bei nicht präzisierten Mengenangaben _____ : _____ pêches.

Vous pratiquez. Ergänzen Sie die fehlenden Formen.

positif	négatif
Je prends du sucre dans mon café.	Je ne prends *pas de* sucre.
1 Mme Renaud _____.	Mme Renaud n'achète pas de confiture.
2 J'achète de l'huile.	Je n'achète _____.
3 Nous prenons _____.	Nous ne prenons pas de fromage.
4 On prend de la glace.	On ne prend _____.

→Ü3, Ü4

Grammaire   Leçon 5

3 Die Präposition *à* und der bestimmte Artikel

Vous regardez.

à + **le** marché	→	J'achète les fruits **au** marché.
à + **la** boulangerie	→	Je prends le pain **à la** boulangerie.
à + **l'**épicerie	→	J'achète le vin **à l'**épicerie.
à + **les**	→	Il travaille **aux** *Restos du Cœur*.

> à + le   = au
> à + les = aux

Vous comprenez. Was passiert im Französischen, wenn die Präposition *à* mit dem bestimmten Artikel zusammentrifft?

1 à + le   → _____
2 à + la   → _____
3 à + l'   → _____
4 à + les   → _____

> Das Deutsche kennt dieses Phänomen übrigens auch: Ich gehe (in das →) **ins** Museum. *Je vais au musée.*

Vous pratiquez. Ergänzen Sie die Präpositionen und den bestimmten Artikel. Achten Sie auf die zusammengezogenen Formen.

1 (le numéro) J'habite _____ numéro 15.
2 (la crèmerie) J'achète le fromage _____ crèmerie.
3 (l'hôtel) Je téléphone _____ hôtel.
4 (les U.S.A.) Elle travaille _____ U.S.A.

→Ü11

4 Das Verb *aller*

Ecoutez et complétez. Hören Sie die CD und ergänzen Sie.

aller			
je	vais	nous	_____
tu	vas	vous	_____
il/elle/on	_____	ils/elles	vont

Vous pratiquez. Complétez. Ergänzen Sie die Verbformen.

⚁ *Tu* _____ au marché.
⚄ _____ _____ à l'école.
⚄ _____ _____ au cinéma mardi.
⚂ _____ _____ aux toilettes.
⚀ _____ _____ à la piscine.
⚄ _____ _____ à la plage.

→Ü12

quatre-vingt-trois | 83

Prononciation & Info-zapping

Prononciation

Die Betonung

Betont wird im Französischen die letzte ausgesprochene Silbe einer Wortgruppe (fett gedruckt in den ersten Beispielen).

a Hören Sie die CD und sprechen Sie nach.

Il y a un par**king**.
Il y a un parking en **face**.
Il y a un par**king** en face de la **gare**.
Il y a un par**king** en face de la gare cen**trale**.

b Markieren Sie die Silben, die betont werden können.

un kilo
un kilo de pommes
Je voudrais un kilo de pommes.
Je voudrais un kilo de pommes et des bananes, s'il vous plaît.

c Lesen Sie die Sätze von b und betonen Sie deutlich. Kontrollieren Sie anhand der CD.

Info-zapping

Qui suis-je ? Wer bin ich?

nord
ouest ← → est
sud

a Lisez et devinez. Lesen Sie die Texte und raten Sie. Von welchen Städten ist hier die Rede?

Bruxelles   Strasbourg   Lyon   Genève

1. Je m'appelle ville des routes et je suis une dame âgée (j'ai plus de deux mille ans). J'ai une histoire turbulente. J'ai un fils très célèbre, Gutenberg. Vous connaissez bien sûr. Je suis française mais aussi européenne. Je parle français et alsacien. J'habite au bord de l'Ill, dans l'est de la France. Mes amis adorent flâner dans ma Petite France ou visiter ma magnifique cathédrale gothique. Mes spécialités sont la choucroute et le Kouglof et mes boissons préférées le Riesling ou le Gewürztraminer.

2. Je suis la plus grande dame de mon pays et j'habite dans une enclave francophone en région flamande. Moi aussi, je suis bilingue : je parle français et flamand. Et je suis aussi très européenne. J'ai un petit ami (55 cm) très célèbre : il s'appelle Manneken Pis. Mes amis aiment prendre un café ou une bière (une Gueuze) sur ma Grand Place. Une de mes spécialités, c'est le cabillaud à la royale : du cabillaud, des crevettes, des champignons, des pommes de terre etc. Excellent, vraiment.

b Faites le portrait d'une ville. Stellen Sie eine Stadt Ihrer Wahl vor. Lassen Sie dann die Gruppe raten.

Je suis _____
Je parle _____
J'habite _____
Mes amis _____

Objectif „Profession" Leçon 5

S'orienter dans l'entreprise

a Regardez le dessin et complétez. Ergänzen Sie anhand der Zeichnung die Türnummern.

l'accueil

les archives (porte _____)

salle de séminaire (porte _____)

ressources humaines (porte _____)

secrétariat (porte _____)

WC

photocopies (porte _____)

service marketing (porte _____)

cafétéria

direction (porte _____)

b Cochez. Kreuzen Sie an.

Vous êtes à l'accueil :

	Vrai	Faux
1 Le secrétariat, c'est la deuxième porte à gauche.	○	○
2 Le bureau du directeur, c'est au fond à gauche.	○	○
3 Pour faire des photocopies, vous allez tout droit.	○	○
4 Le service marketing, c'est la troisième porte à gauche.	○	○
5 Les toilettes, c'est au fond à droite.	○	○
6 Il n'y a pas de cafétéria.	○	○

c Jouez la scène. Spielen Sie die Situation nach. Sie stehen am Empfang und fragen.

● Le secrétariat, s'il vous plaît ?
● C'est la porte 101.
● Merci.
● De rien.

Cahier d'exercices

1 Masculin ou féminin ? In dieser Buchstabenreihe sind 18 Substantive versteckt. Markieren Sie die maskulinen blau und die femininen rot.

ROSBIFPUBEURRE LIOSUCRE TIVIANDEIASALADEBRICONFITUREBESTEAK HUILEATEPAINERBLAIT NEOJAMBONAUITOMATERNFROMAGEXVPBIÈRE CROISSANTANICRÉMANTAOBANANEANIEVINOICABILLAUDAUBAGUETTER

TIPP! Bringen Sie Farbe in Ihre Lernunterlagen! Verwenden Sie Farbstifte um das Wichtige zu markieren.

2 Qu'est-ce qu'il me faut ? Lesen Sie das Rezept und markieren Sie alle Lebensmittel. Schreiben Sie dann auf, was Sie brauchen. Verwenden Sie dabei *du*, *de la*, *de l'*, *des* oder *de*.

Flan de Carottes — PURÉES ET MOUSSES

- Préparation : 15 min
- Cuisson : 25 min
- Pour 4 personnes
- Niveau de difficulté : ★★★
- Budget : ★★★

Préchauffer votre four à 180° (th 6). Laver les carottes, les éplucher puis les découper en rondelles. Les cuire à la vapeur 5 à 10 min (selon l'épaisseur des rondelles). Puis les passer au presse-purée. Battre les œufs et la crème fraîche. Mélanger le tout et ajouter le sel, le poivre et la muscade. Verser dans de petits ramequins. Cuire au four au bain-marie pendant 25 min. Démouler.

Il me faut des carottes…

3 Et vous ? Antworten Sie mit *oui* oder *non* und verwenden Sie *du, de la, de l', des* oder *pas de / d'*.

- ● Vous prenez du sucre dans votre café ?
- ● Oui, je prends du sucre. / ● Non, je ne prends pas de sucre.

1 Vous avez des enfants ? → _____.
2 Vous faites de la musique ? → _____.
3 Vous avez de l'énergie ? → _____.
4 Vous prenez des vitamines ? → _____.
5 Vous faites du yoga ? → _____.

4 Complétez. Ergänzen Sie.

1 Pour midi, je fais une quiche lorraine. Il me faut quatre tranches ____ jambon, ____ crème fraîche, ____ œufs et 200 gr. ____ fromage.

2 Demain, je fais un hachis Parmentier, il me faut une livre ____ viande hachée, ____ tomates, ____ fromage, ____ lait et un kilo ____ pommes de terre.

3 Et pour ma fête, samedi, il me faut ____ crevettes, ____ vin blanc, ____ musique, ____ amis et trois bouteilles ____ crémant.

86 | quatre-vingt-six

Cahier d'exercices **Leçon 5**

5 Écoutez. Quel est le panier de M. Bourdin ? Hören Sie den Dialog und finden Sie heraus, welcher der beiden Körbe Herrn Bourdin gehört.

1

2

6 Formez des paires. Bilden Sie Wortpaare.

1 la rue   a l'art
2 le touriste   b la natation
3 le policier   c les enfants
4 le marché   d le carrefour
5 le jardin public   e l'office de tourisme
6 l'arrêt de bus   f le commissariat
7 la piscine   g le docteur
8 l'hôpital   h l'église
9 le musée   i le bus
10 le dimanche   j le client

la rue – le carrefour

TIPP! Mit Ordnung lernen Sie besser. Wortpaare lassen sich z. B. leichter merken.

7 Complétez. Ergänzen Sie mit *ce*, *cet*, *cette*, *ces* oder mit einem passenden Substantiv.

1 Je voudrais...
_____ morceau de fromage.
_____ haricots.
_____ confiture de pêches.

2 Vous allez jusqu'à...
_____ église.
_____ rond-point.
_____ hôtel.

3 Vous traversez...
_____ carrefour.
_____ place.
_____ deux rues.

4 Tu aimes...
cette _____ ?
cet _____ ?
ces _____ ?

5 Vous connaissez...
ce _____ ?
cette _____ ?
ces _____ ?

quatre-vingt-sept | 87

Cahier d'exercices

8 Complétez. Ergänzen Sie die Wortigel. Einige Angaben können Sie mehrmals verwenden.

| tout droit | le carrefour | jusqu'au rond-point | à droite | le jardin public | la place |
| la deuxième rue à droite | | à gauche | jusqu'au carrefour | | la première rue à gauche |

Handschriftliche Einträge:
- **aller**: à droite, gehen, tout droit, à gauche
- **continuer**: —
- **traverser**: durchgehen
- **prendre**: —
- (Kreisverkehr): à gauche, tourner à droit

9 Sven va à son cours de français. Beschreiben Sie Svens Weg zum Französischkurs.

1 _____
2 _____
3 _____
4 _____
5 _____
6 _____

Cahier d'exercices Leçon 5

10 Ecoutez et complétez. Hören Sie die Wegbeschreibungen und tragen Sie im Plan jeweils den Anfangsbuchstaben der drei genannten Gebäude ein. Ihr Ausgangspunkt ist der Bahnhof.

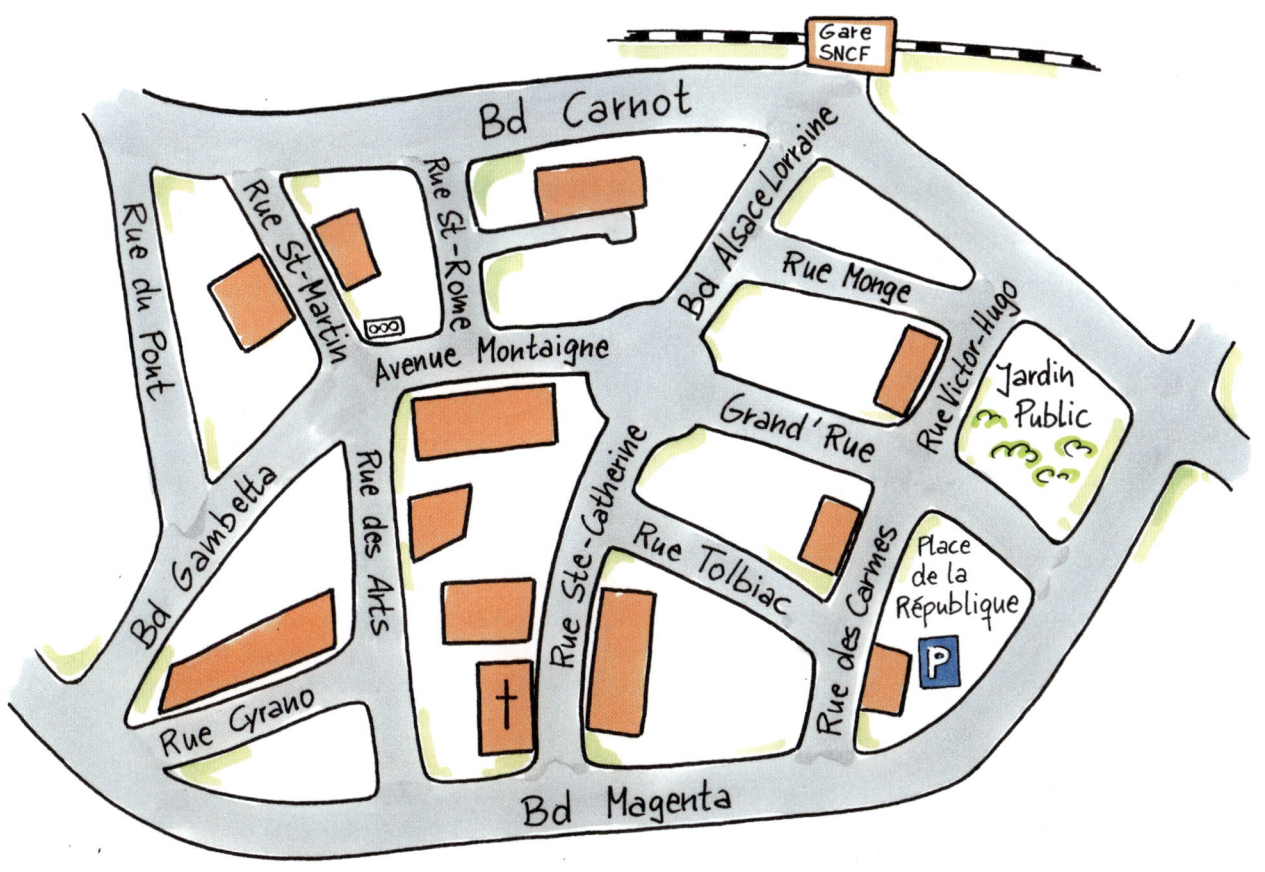

11 Corrigez. Verbessern Sie die Fehler.

Mme Renaud fait les courses. Elle n'aime pas les supermarchés.

Elle achète les légumes à la boulangerie. _au marché_

1 Elle achète le lait et la crème fraîche chez la fleuriste. _____
2 Elle achète la viande hachée au marché. _____
3 Pour les croissants, elle va à la crèmerie. _____
4 Elle achète les fleurs à la poissonnerie. _____
5 Elle achète la confiture à la boucherie. _____
6 Elle prend le cabillaud à l'épicerie. _____

12 Complétez. Ergänzen Sie die Formen von *aller*.

1 Dimanche, nous _____ à la plage.
2 Tu _____ dans quel bar ?
3 Je _____ chez la fleuriste.
4 Elle ne _____ pas à Paris.
5 Les enfants _____ à l'école.
6 Non, non, vous _____ tout droit !
7 On _____ au cinéma à huit heures.
8 Il _____ au travail à pied.

quatre-vingt-neuf | 89

Cahier d'exercices

13 Reliez. Verbinden Sie jeweils die beiden Aussagen mit gleicher Bedeutung.

1 Je voudrais une livre de carottes.
2 Je vous dois combien ?
3 Nous faisons les courses.
4 J'achète mon pain chez le boulanger.
5 La banque est en face du cinéma.
6 Pour aller à la piscine, s'il vous plaît ?
7 Au rond-point, vous allez à gauche.

a J'achète mon pain à la boulangerie.
b Excusez-moi, je cherche la piscine.
c Ça fait combien ?
d Vous prenez à gauche au rond-point.
e Je prends 500 gr. de carottes.
f On fait les courses.
g Le cinéma est en face de la banque.

14 Triez. Sortieren Sie die beiden Dialoge auseinander.

Non, pas du tout.
Merci bien.
2 € 40.
Voilà.
Vous allez jusqu'au carrefour et vous tournez à droite.
De rien.
C'est tout, merci. Ça fait combien ?

Merci. Au revoir et bonne journée.
Au revoir.
Vous désirez ?
Pour aller au musée, s'il vous plaît.
Et avec ceci ?
Je voudrais un kilo de pommes, s'il vous plaît.
C'est loin ?

1 *Vous désirez ?*

2 *Pour aller au musée, s'il vous plaît ?*

15 **Brèves de conversation**

Qu'est-ce que vous dites ? Was sagen Sie in den folgenden Situationen?

1 Sie haben alles, was Sie brauchen.
2 Sie fragen, ob etwas so richtig ist.
3 Sie sprechen jemanden an.
4 Sie reichen jemandem etwas.
5 Sie reagieren auf einen Dank.
6 Sie bedauern etwas.

a De rien.
b Désolé(e).
c C'est tout.
d Comme ça ?
e Voilà.
f Excusez-moi. / Pardon.

Online-Übungen zu dieser Lektion finden Sie im Internet unter:

www.hueber.de/onyva

Cahier d'exercices | *Leçon* **5**

Histoire *drôle*

Dans le Sahara, un touriste demande son chemin à un Nomade.

- Excusez-moi, Monsieur, pour aller à la station-service ?
- Vous allez toujours tout droit et, dans une semaine, vous tournez à droite. Et c'est là.

Portfolio

Nachdenken
über das Lernen – Wie verbessere ich meine mündliche Kommunikation?

Was trifft auf Sie zu? Kreuzen Sie an.

○ Ich nehme jede Gelegenheit wahr, Französisch zu sprechen:
   ○ im Kurs.
   ○ zu Hause.
   ○ im Urlaub.

○ Ich versuche, keine Angst vor Fehlern zu haben.

○ Ich suche den Kontakt zu Franzosen: Ich bin bei der Städtepartnerschaft aktiv.

○ Ich höre die CD und spreche die Sätze einzeln nach oder mit.

○ Ich nehme mich auf, um mich selbst zu hören. So kann ich meine Aussprache kontrollieren und verbessern.

○ Ich lerne Standard-Sätze auswendig (z. B. *C'est à moi*. Ich bin dran.), damit ich sie problemlos wieder anwenden kann.

○ Kurze Texte, die mir gefallen, lerne ich auswendig.

○ Ich führe Selbstgespräche auf Französisch.

○ Ich höre meinem Gesprächspartner genau zu. Oft kann ich seine Wendungen in meiner Antwort auch gebrauchen.

○ Ich traue mich, nachzufragen und mir Wörter oder Wendungen erklären zu lassen.

Nehmen Sie sich einfach vor, eine der nicht angekreuzten Möglichkeiten bis zur nächsten Kursstunde auszuprobieren.

Portfolio — Journal d'apprentissage

Ich kann jetzt …

- einige Lebensmitttel benennen:
  la baguette — S. 76

- sagen, in welchen Abteilungen oder Geschäften sie zu finden sind:
  à la boulangerie, au rayon boissons — S. 76

- beim Einkaufen sagen, was und wie viel ich haben möchte:
  Je voudrais   . — S. 77

- Gebäude in einer Stadt benennen:
  la gare — S. 79

- meine Stadt kurz vorstellen:
  Dans ma ville, il y a   . — S. 79

- einige Ortsangaben verstehen:
  à gauche — S. 80

- nach dem Weg fragen:
  Pour   ? — S. 80

- Aktivitäten der Reihe nach aufzählen wie z. B. ein Programm für einen Kurzaufenthalt in einer Stadt:
  D'abord, je   . — S. 81

- @ mich in einem Betrieb zurechtfinden. — S. 85

Ich kann auch …

- das Verb *aller* im Präsens konjugieren: — S. 83

- genaue und ungenaue Mengenangaben machen. — S. 82
- die Zahlen ab 100. — S. 77

Üben möchte ich noch …

Coin perso

Les mots ou expressions que vous aimez. Hier haben Sie Gelegenheit, Wörter oder Wendungen zu notieren, die Ihnen besonders gefallen und die Sie sich auf jeden Fall merken möchten.

Leçon **6**

Sept jours sur sept

In dieser Lektion lernen Sie ...
- über Ihren Alltag zu sprechen
- Zeitangaben über einen Tagesablauf zu machen
- zu sagen, was Sie gemacht haben, und wann
- zu sagen, dass Sie etwas vergessen haben
- @ über Ihren Arbeitsalltag zu sprechen

1 Une journée
comme les autres

a Numérotez les dessins. Ordnen Sie den Zeichnungen jeweils den passenden Satz zu.

Le matin
1 Elle part au travail vers huit heures moins le quart.
2 Fanny dort jusqu'à 7 heures.
3 Elle prend le petit déjeuner et elle écoute la radio.

A midi
1 Elle lit le journal.
2 Elle quitte le bureau vers midi et demi.
3 Elle mange à la cantine et discute avec des collègues.

L'après-midi
1 Elle fait les courses.
2 Elle finit en général à 16 heures.
3 Elle rentre à la maison et fait un peu de ménage.

Le soir
1 Elle sort souvent avec des amis.
2 Elle arrose les plantes.
3 Elle va au lit vers 23 heures.

→Gr.1
→Ü1, Ü2

TIPP!
Lernen findet nicht nur am Schreibtisch statt. Führen Sie so oft wie möglich Gespräche mit sich selbst auf Französisch. Kommentieren Sie z.B. Ihren Alltag: Sie kommen nach Hause und sagen *Je rentre à la maison*. So können Sie Ihren Wortschatz gut festigen.

b Parlez de votre quotidien, à deux. Welche von den oben genannten Aktivitäten machen Sie auch täglich?
Le matin, je dors jusqu'à sept heures. Je prends un café… Et toi ? / Et vous ?

c Ecrivez. Notieren Sie, was Sie zu den angegebenen Tageszeiten gewöhnlich machen. Machen Sie dabei auch eine falsche Angabe, die die Gruppe anschließend herausfinden soll.

Le matin, je _____ et après _____.

A midi, _____ et ensuite _____.

L'après-midi, en général, _____.

Le soir, _____.

La nuit, _____.

→Ü3

Leçon 6

2 Qu'est-ce que tu as *fait hier* ?

a Une conversation au téléphone. Hören Sie das Telefongespräch zwischen zwei Freunden. Finden Sie heraus, welche Zeichnung Pierre und welche Antoine zeigt.

1 Pierre

2 Antoine

b Lisez et soulignez. Pierre und Antoine unterhalten sich über das vergangene Wochenende: Lesen Sie den Text und unterstreichen Sie alle Verbformen im *passé composé* (Perfekt). Zwei Verbformen sind schon markiert.

TIPP! Mit Farbe können Sie eine grammatische Struktur sichtbar machen. So prägt sie sich auch optisch ein.

- 🔴 Pierre   🟢 Antoine

- 🔴 Allo ?
- 🟢 Salut, Pierre… C'est moi, Antoine.
- 🔴 Ah, salut Antoine. Tu vas bien ?
- 🟢 Ça va. Dis donc, j'ai téléphoné au bureau ce matin et j'ai appelé sur ton portable, mais…
- 🔴 Ben… je suis resté à la maison aujourd'hui. Je ne suis pas en forme ce matin.
- 🟢 Ah bon…
- 🔴 Oui, j'ai mal dormi, j'ai eu des crampes d'estomac toute la nuit.
- 🟢 Tu as encore fait la fête ce week-end ?
- 🔴 Pas du tout. Je ne suis pas sorti. J'ai fini le compte-rendu de la dernière réunion. Mais hier soir, j'ai mangé une pizza aux champignons et j'ai été malade comme un chien.
- 🟢 Tu es allé chez le docteur ?
- 🔴 Oui, ce matin. Rien de grave. J'ai pris une tisane et ça va déjà mieux. Et toi, quoi de neuf ? Qu'est-ce que tu as fait de beau ce week-end ?
- 🟢 Rien de spécial. Week-end famille : j'ai enfin réparé les vélos des enfants. Mon beau-père est venu regarder le match de foot avec nous… Alors, tu ne viens pas au séminaire demain ?
- 🔴 Si, si, bien sûr, je viens.
- 🟢 Bon… alors salut, soigne-toi bien.
- 🔴 D'accord. Merci de ton appel. A demain alors…
- 🟢 Ciao, Pierre. A demain.

→ Gr. 2a

Die Verneinung **ne… pas** rahmt das Hilfsverb *avoir* oder *être* ein: Je **ne** suis **pas** sorti. Il **n'a pas** dormi.

c Cochez. Kreuzen Sie *Vrai* oder *Faux* an.

	Vrai	Faux
1 Pierre n'est pas allé au bureau lundi matin.	✗	○
2 Il n'a pas bien dormi.	✗	○
3 Antoine a fait une promenade avec des amis.	○	✗
4 Il a regardé un match de tennis à la télé.	○	✗
5 Il a pris une journée de libre.	○	○

d Et vous ? Qu'est-ce que vous avez fait le week-end dernier ? Notieren Sie auf einem Zettel vier Aktivitäten, die Sie am letzten Wochenende gemacht haben.

Vendredi soir, …
Samedi, …
Dimanche après-midi, …
Dimanche soir, …

→Gr.2b
→Ü4 - Ü7

Hier finden Sie einige wichtige unregelmäßige Partizipformen.

présent	passé composé
j'ai	j'ai **eu**
je suis	j'ai **été**
je fais	j'ai **fait**
je prends	j'ai **pris**
j'écris	j'ai **écrit**
je viens	je suis **venu**

e Die Zettel werden neu verteilt und vorgelesen. Die Gruppe rät, wer den Zettel geschrieben hat:

- Qui a écrit ça ?
- C'est Sabine, je crois.
- Pourquoi ?
- Parce qu'elle aime…

TIPP!
Wenn Sie ein neues Verb lernen, sollten Sie am besten gleich das Partizip Perfekt mitlernen:
venir → venu
écrire → écrit

3 Bonne semaine, mon chéri

a Lisez et répondez. Lesen Sie den Text. Welche der folgenden Fragen können Sie dann beantworten?

1 Louise part combien de jours ?
2 Elle va où ?
3 Elle rentre quel jour ?

Mon chéri,

Voici la liste des choses à faire…
lundi → finir les restes dans le frigo, réparer la télé
mardi → arroser les plantes (attention, pas les cactus !), annuler le rendez-vous chez le coiffeur ! Tél. : 05 32 67 91 26
mercredi → maman vient dîner
jeudi → passer à la mairie (cartes d'identité), rapporter les livres à la bibliothèque
vendredi → acheter un cadeau pour l'anniversaire d'Alex
samedi → faire les courses pour le week-end
Bonne semaine, à dimanche.
Bises
Louise

Leçon 6

b Complétez le journal de Victor. Lesen Sie nun die Tagebucheinträge von Victor für diese Woche und ergänzen Sie die Formen von *être*.

LUNDI
Cédric et moi, nous _____ allés à la pizzeria après le tennis. J'ai jeté les restes à la poubelle et la télé aussi.

MARDI
Aujourd'hui, j'ai tout fait : je _____ passé chez Mod Coiff ce matin. Les plantes sont heureuses. J'ai acheté une télé à écran plat. Génial ! Et j'ai trouvé un CD pour Alex.

MERCREDI
Christiane _____ arrivée à 6 heures. J'ai péparé une soupe de légumes et une salade composée et nous avons dîné ensemble. Elle _____ repartie à 10 heures. Quelle soirée ! Je suis crevé !

JEUDI
Je _____ sorti tard du bureau. Valérie et Célia _____ allées à la bibliothèque pour moi. Zut ! J'ai oublié la mairie. Demain !!!

VENDREDI
Valérie et Simon _____ venus prendre l'apéritif. Nous _____ partis ensemble chez Alex. Nous _____ restés jusqu'à 3 heures. J'ai encore oublié la mairie. Tant pis !

SAMEDI
Un peu fatigué, ce matin. J'ai fait les courses. Aujourd'hui, journée télé !

→ Gr.2c
→ Ü8, Ü9

c Lisez. Lesen Sie den Text noch einmal. Was hat Victor von Louises Liste erledigt? Was hat er sonst noch gemacht? Ergänzen Sie die Tabelle und vergleichen Sie mit Ihrem Nachbarn.

	Activités de la liste		infinitif
1	Il a	le rendez-vous.	(annuler)
2		les plantes.	(arroser)
3		un CD.	(trouver)
4		une soupe.	(préparer)
5		les courses.	(faire)

Autres activités	infinitif
Il est allé à la pizzeria.	(aller)
	(jeter)
	(acheter)
	(prendre)
	(regarder)

Qu'est-ce qu'il a oublié de faire ?

Il a oublié de _____ .

d Et vous ? Und Sie?
Was haben Sie in letzter Zeit Außergewöhnliches gemacht?

1 _____
2 _____
3 _____

Und was haben Sie nicht gemacht?

1 _____
2 _____
3 _____

→Ü10, Ü11

Grammaire Leçon 6

1 Die Verben auf -ir

Verben vom Typ *finir* (ebenso *choisir, réfléchir*)

finir	
je	finis
tu	finis
il/elle/on	finit
nous	fin**iss**ons
vous	fin**iss**ez
ils/elles	fin**iss**ent

TIPP!
Lernen Sie bei diesen Verben immer die 1. Person Singular und Plural, z. B.
je finis, … nous finissons
je pars, … nous partons

Verben vom Typ *partir* (ebenso *dormir, sortir*)

partir	
je	pars
tu	pars
il/elle/on	part
nous	partons
vous	partez
ils/elles	partent

Vous pratiquez. Complétez. Ergänzen Sie, und fragen Sie anschließend Ihren Lernpartner.

Vous-Form

1 _____ ?
2 Vous dormez bien ?
3 _____ ?
4 Vous partez à quelle heure ?

Tu-Form

Tu finis l'exercice ?
_____ ?
Tu sors ce week-end ?
_____ ?

→Ü2

2 Le passé composé (das Perfekt)

a Das Hilfsverb

Vous regardez. Ergänzen Sie die Beispiele aus dem Dialog auf Seite 95.

1 J'_____ téléphoné au bureau ce matin.
2 J'_____ appelé sur ton portable.
3 Je _____ resté à la maison.
4 Je ne _____ pas sorti.

Vous comprenez. Kreuzen Sie die richtigen Aussagen an.

❍ Das passé composé wird mit dem Hilfsverb *avoir* gebildet.
❍ Das passé composé wird mit dem Hilfsverb *avoir* oder *être* gebildet.

Vous pratiquez. Vervollständigen Sie die Tabelle mit den Verbformen aus dem Dialog auf Seite 95.

Passé composé mit *avoir*

j'ai téléphoné, j'ai appelé

1 _____
2 _____
3 _____
4 _____
5 _____
6 _____
7 _____
8 _____

Passé composé mit *être*

je suis resté

1 _____
2 _____
3 _____

→Ü8

Grammaire

b Regelmäßige Bildung des Partizip Perfekt

Vous regardez.

Infinitiv		Partizip Perfekt	Beispiel
mang**er**	→	mang**é**	J'ai mang**é** une pizza.
all**er**	→	all**é**	Tu es all**é** chez le docteur ?
dorm**ir**	→	dorm**i**	J'ai mal dorm**i**.
fin**ir**	→	fin**i**	J'ai fin**i** le compte rendu de la réunion.

Vous comprenez. Ergänzen Sie die Regel.

1 Das *participe passé* der Verben auf *-er* endet immer auf _____ : manger → mang_____

2 Das *participe passé* der regelmäßigen Verben auf *-ir* endet immer auf _____ : finir → fin_____

Unregelmäßige Partizipformen → S.96

Vous pratiquez.

Präsens	Passé composé
Elle **regarde** la télé.	Elle a **regardé** la télé.
1 Il dort mal.	Il a mal _____ .
2 Pierre, tu regardes le match ?	Pierre, tu as _____ ?
3 Il va en ville.	Il est _____ .
4 Pierre sort ce week-end.	Pierre est _____ .
5 Vous mangez au restaurant ?	Vous avez _____ ?
6 On finit à 17 heures.	On a _____ .

c Angleichung des Partizip Perfekt

Vous regardez.

1 Pierre et moi, **nous** sommes all**és** à la pizzeria.
2 **Nous** avons mang**é** ensemble.

Vous comprenez. Markieren Sie die passende Aussage.

1 Mit *avoir* ist das Partizip *veränderlich / unveränderlich*: nous avons mang_____

2 Mit *être* ist das Partizip *veränderlich / unveränderlich*: nous sommes all_____

Vous pratiquez. Das Partizip Perfekt in Verbindung mit *être* ist wie ein Adjektiv. Ergänzen Sie, wenn nötig, die Endungen von Adjektiv und Partizip.

Adjektiv	Partizip Perfekt
Il est intelligent_____ .	Il est sorti_____ .
Ils sont intelligent_____ .	Ils sont sorti_____ .
Elle est intelligent_____ .	Elle est sorti_____ .
Elles sont intelligent_____ .	Elles sont sorti_____ .

TIPP!
Es lohnt sich, die Verben, die das *passé composé* mit *être* bilden, auswendig zu lernen. Lernen Sie diese Verben am besten als Gegensatzpaare.

Sie kennen bereits: *aller – venir*
   arriver – partir
   (r)entrer – sortir
   rester

Prononciation & Info-zapping — Leçon 6

Prononciation

Die Laute [ə] und [e]

a Ordnen Sie die Wörter, die Sie hören, einem der beiden Laute zu.

[ə] wie Junge	
1	3
2	4

[e] wie Tee	
1	3
2	4

Es ist wichtig, zwischen diesen beiden Lauten zu unterscheiden: Sie markieren z. B. im gesprochenem Französisch die Opposition Präsens → Perfekt: *je parle* [ə] / *j'ai parlé* [e]

b Welche Sätze hören Sie? Kreuzen Sie an.

1 ○ Je regarde le match.
  ○ J'ai regardé le match.

2 ○ Je répare la télé.
  ○ J'ai réparé la télé.

3 ○ Je téléphone au bureau.
  ○ J'ai téléphoné au bureau.

4 ○ Je fais le ménage.
  ○ J'ai fait le ménage.

Info-zapping

Les Français en chiffres

a Lisez le texte. Quelles informations trouvez-vous intéressantes, bizarres, drôles ou banales ?
Lesen Sie den Text. Welche Informationen finden Sie interessant, merkwürdig, lustig, banal?

> 10 % des Français ne prennent pas de petit déjeuner en semaine.
> 58 % des Français prennent généralement les repas devant la télé.
> Un Français sur trois fait la sieste.
> Un Français sur quatre surfe quotidiennement sur Internet.
> Les Français font la queue en moyenne 17 minutes par jour pour payer à la caisse.
> 43 % des consommateurs font une liste de courses quand ils vont au supermarché.
> 47 % vont au lit vers vingt-deux heures.
> 64 % des Français dorment sur le côté.
>
> (d'après *Francoscopie 2005*)

b Etes-vous aussi un peu comme ces Français ? Pourquoi ? Sind Sie auch ein bisschen wie diese Franzosen? Und warum?

Objectif „Profession"

Le travail au quotidien

a Vous avez besoin de quels objets pour votre travail ?
Welche Gegenstände brauchen Sie bei der Arbeit? Kreuzen Sie an.
J'ai besoin d'un ordinateur, de ciseaux.

- ○ un bureau
- ○ un agenda
- ○ un vélo
- ○ des ciseaux
- ○ des patins à roulettes
- ○ un ordinateur portable
- ○ un fax
- ○ une imprimante
- ○ une boîte à outils
- ○ une montre
- ○ un appareil photo
- ○ un téléphone

b Parlez de votre travail. Sprechen Sie über Ihre Arbeit. Kreuzen Sie an, was auf Sie zutrifft.
Wenn nichts auf Sie zutrifft, können Sie eine Kategorie hinzufügen.

Je travaille
- ○ à la maison.
- ○ dans un bureau.
- ○ _____.

Je travaille
- ○ le matin.
- ○ l'après-midi.
- ○ _____.

Je déjeune
- ○ à la maison.
- ○ au restaurant.
- ○ _____.

Je vais au travail
- ○ à pied.
- ○ en voiture.
- ○ _____.

J'écris
- ○ des mails.
- ○ des lettres.
- ○ _____.

J'ai besoin
- ○ d'une voiture.
- ○ d'un ordinateur.
- ○ de / d' _____.

Je travaille
- ○ avec des gens.
- ○ seul.
- ○ _____.

Je vais
- ○ à des réunions.
- ○ à des formations.
- ○ _____.

c Comparez. Vergleichen Sie mit Ihren Nachbarn und finden Sie Gemeinsamkeiten oder Unterschiede.

Cahier d'exercices — Leçon 6

1 Corrigez les phrases. Hier stimmt etwas nicht. Berichtigen Sie die Sätze.

1 Le matin, Lucas mange le journal. _____
2 Ensuite, il arrose le chat. _____
3 Il dort chez le coiffeur une fois par semaine. _____
4 Il aime regarder la radio au lit. _____
5 Le soir, il rentre au bureau vers 18 heures. _____
6 Souvent, il sort avec la télé. _____
7 A midi, il prend une douche à la cantine. _____
8 Il discute avec des plantes. _____

2 Faites des phrases. Bilden Sie Sätze. Achten Sie auf die Form der Verben.

Je		à l'hôtel.
Tu	sortir	du bureau à 16 heures.
Thierry		de travailler à midi.
Nous	finir	jusqu'à neuf heures.
Vous		l'exercice de français.
Manuel et Sylvie	dormir	avec des amis.

Je sors du bureau à 16 heures.

1 _____
2 _____
3 _____
4 _____
5 _____

3 Chronologie

a Classez. Ordnen Sie in jeder Zeile die folgenden Zeitangaben chronologisch (a, b, c).

1 ___ à minuit   ___ à quinze heures   _a_ à midi
2 ___ l'après-midi ___ le matin   ___ le soir
3 ___ enfin   ___ d'abord   ___ ensuite

b Ecrivez. Wählen Sie eine Serie von Zeitangaben und formulieren Sie einen Satz wie im Beispiel.

A midi, je lis le journal, à quinze heures, je vais chez le coiffeur et à minuit, je dors.

Cahier d'exercices

4 Complétez le tableau. Regelmäßige Partizipformen: Ergänzen Sie die Tabelle und schreiben Sie die Sätze zu Ende.

Infinitiv	Partizip II	Beispielsatz
parler	parlé	Vous avez parlé français ?
1 regarder	_____	Elle _____ .
2 manger	_____	Ils _____ .
3 _____	arrosé	Tu _____ .
4 discuter	_____	J' _____ .
5 _____	dormi	Nous _____ .
6 finir	_____	Il _____ .

5 Reliez. Verbinden Sie die Formen des Infinitivs mit den entsprechenden unregelmäßigen Partizipformen.

1 avoir — été
2 venir — eu
3 être — pris
4 prendre — venu
5 lire — appris
6 écrire — lu
7 faire — écrit
8 apprendre — fait

6 Complétez. Ergänzen Sie die Partizipformen. Die markierten Buchstaben ergeben, senkrecht gelesen, das Lösungswort: das Thema dieser Lektion.

Solution : le _____

1 Il a _____ le bureau à 16h.
2 Il a _____ le journal.
3 Il est _____ avec une collègue.
4 Il a _____ malade hier.
5 Il a _____ le bus.
6 Il a _____ un film à la télé.
7 Il a _____ un peu de ménage.
8 Il a _____ la grippe.
9 Il a _____ au bureau.

7 Ecrivez un compte rendu. Schreiben Sie ein Protokoll.

a Was haben wir in der letzten Kursstunde gemacht? Sie können folgende Ausdrücke zu Hilfe nehmen.

Qu'est-ce que nous avons fait en cours ?
D'abord, nous avons…
Ensuite, …
Après, …
Enfin, …

lire un dialogue *écouter le CD*
prendre des notes *travailler en groupe* *écrire un texte*
apprendre le passé composé *faire un exercice de grammaire*

b Racontez. Sie können in der nächsten Kursstunde den Teilnehmern, die nicht da waren, von der vergangenen Stunde berichten.

Cahier d'exercices — Leçon 6

8 *Avoir* ou *être* ?

a Soulignez. Unterstreichen Sie in dieser Verbliste die Verben, die das *passé composé* mit dem Hilfsverb *être* bilden.

aimer   <u>aller</u>   regarder   parler   être   venir   rester   dormir   sortir   avoir

faire   prendre   rentrer   finir   arriver   habiter   lire   partir   écrire   manger

b Complétez et répondez. Ergänzen Sie *avoir* oder *être* und beantworten Sie die Fragen.

1 Pierre _____ pris le train. Anne _____ venue en voiture.

Et vous ? Vous _____ venu(e) comment au cours ?

_____ .

2 Pierre _____ sorti avec des amis. Anne _____ regardé la télé.

Et vous ? Qu'est-ce que vous _____ fait hier soir ?

_____ .

3 Pierre _____ fait des exercices de grammaire. Anne _____ écouté le CD.

Et vous ? Qu'est-ce que vous _____ fait pour le cours ?

_____ .

4 Pierre _____ allé au restaurant. Anne _____ mangé à la cantine.

Et vous ? Vous _____ mangé où à midi ?

_____ .

5 Pierre _____ eu la grippe. Anne _____ été malade aussi. Et vous ? Comment allez-vous ?

_____ .

9 Accord du participe passé. Angleichung des Partizip Perfekt.

a Complétez. Ergänzen Sie die Sätze.

Le matin Fanny *dort* jusqu'à 7 heures, mais ce matin elle a *dormi* jusqu'à 8 heures.

1 En général, elle prend un café, mais ce matin elle _____ _____ un thé.

2 A midi, souvent, elle va à la cantine, mais ce midi elle _____ _____ au restaurant.

3 L'après-midi, elle sort du bureau à 16 heures, mais aujourd'hui elle _____ _____ à 15 h 30 heures.

4 Après le travail elle fait les courses au supermarché, mais cet après-midi elle _____ _____ une promenade.

5 Le soir, elle sort souvent avec des amis, mais ce soir elle _____ _____ à la maison.

b Et vous ? Haben Sie heute oder gestern etwas anders gemacht als sonst?

1 _____ .

2 _____ .

cent cinq | 105

Cahier d'exercices

10 Répondez. Beantworten Sie die Fragen.

Vous avez parlé français en France? → Non **je n'ai pas parlé** français.

1 Vous avez pris l'apéritif au café ? → Non, nous _____.
2 Hugo est allé chez ses parents ce week-end ? → Non, il _____.
3 Tu as regardé la télé hier soir ? → Non, je _____.
4 Elle a pris le taxi pour aller à la gare ? → Non, elle _____.
5 Ils sont venus à pied? → Non, ils _____.
6 Vous avez fait les courses ? → Non, je _____.

11 Ecoutez et cochez. Hören Sie die CD und kreuzen Sie an, was diese Leute gemacht haben.

1 ○ Elodie est sortie avec des amis.
○ Elle est allée au cinéma.
○ Elle a fait du sport.

2 ○ Yann a regardé les informations.
○ Il a lu le journal au lit.
○ Il a dîné devant la télé.

3 ○ Camille est allée au lit de bonne heure.
○ Elle a mangé à la maison.
○ Elle a pris un taxi pour rentrer.

4 ○ Eric est passé chez un collègue.
○ Il a fait un tennis.
○ Il est rentré de bonne heure.

12 a Lisez. Lesen Sie den Text und finden Sie heraus, was der Ausdruck *tire-au-flanc* bedeutet.

○ Un *tire-au-flanc*, c'est un employé sérieux.   ○ Un *tire-au-flanc*, c'est un employé qui ne fait rien.

La journée du tire-au-flanc commence vers 9 heures par un petit café avec ses collègues du premier étage... puis avec les collègues du cinquième étage vingt minutes plus tard.
- 10 h 00 : il reprend un café, il laisse sa tasse sur son bureau et sa veste sur sa chaise avant de partir. Ses collègues pensent qu'il n'est pas loin.
- 10 h 30 : de retour à son bureau, il fait un jeu à l'écran. Mais si vous entrez dans son bureau, il passe tout de suite sur un tableau Excel.
- 11 h 45 : il appelle sa femme. C'est un rite. Puis, il part déjeuner.
- 14 h 30 : il reprend le travail. Il va sur e-bay et fait quelques courses. Mais si vous entrez dans son bureau, il repasse à Excel.
- 15 h 30 : on croit qu'il est en communication téléphonique. En réalité, il écoute la météo avant son week-end à Chamonix.
- 16 h 00 : pour la réunion de l'après-midi, il choisit une place près de la porte. C'est pratique.
- 16 h 30 : il quitte la salle, laisse son bloc-notes pour faire croire qu'il revient dans quelques minutes. Il va dans son bureau, se connecte sur le site www.management.com, rubrique « tempsdetravail ».

b Ecrivez. Finden Sie im Text gleichbedeutende Ausdrücke.

Il ne prend pas sa veste.   *Il laisse sa veste sur sa chaise.*

1 Il joue sur l'ordinateur. _____
2 Il téléphone à sa femme. _____
3 Il ne téléphone pas vraiment. _____
4 Il sort de la salle de réunion. _____
5 Il va sur Internet. _____

Cahier d'exercices **Leçon 6**

13 Brèves de conversation.
Verbinden Sie

1 Was gibt's Neues?
2 Nichts Schlimmes.
3 Danke für deinen Anruf.
4 Was soll's?
5 Nichts Besonderes.

a Merci de ton appel.
b Tant pis.
c Rien de spécial.
d Quoi de neuf ?
e Rien de grave.

Online-Übungen zu dieser Lektion finden Sie im Internet unter:
www.hueber.de/onyva

Histoire drôle

Un homme amoureux : « Le matin je ne mange pas, je pense à toi.
A midi je ne mange pas, je pense à toi.
Le soir je ne mange pas, je pense à toi.
Et la nuit, je ne dors pas parce que j'ai faim. »

Portfolio

Nachdenken über das Lernen – Was bedeutet Grammatik für mich?

Wie ist mein Verhältnis zur Grammatik? Kreuzen Sie an, was auf Sie zutrifft.

○ Grammatik ist für mich schwer, weil ich viele Wörter / Fachbegriffe nicht kenne.
○ Grammatik ist für mich wichtig, weil ich immer alles verstehen will und ich keine Fehler machen möchte.
○ Grammatik brauche ich nicht, weil ich einfach nur drauf losreden möchte. Es stört mich nicht, wenn ich Fehler mache.
○ Ich habe oft das Gefühl, dass mir Grammatik beim Französischlernen überhaupt nicht hilft.

Wie lerne ich Grammatik?

○ Ich lerne die Regel auswendig und mache dann viele Übungen.
○ Ich formuliere die Regel um, so dass ich sie mir gut merken kann.
○ Erst wenn ich die Regel selbst finde, kann ich sie auch verstehen und behalten.
○ Eine Grammatikregel allein hilft mir nicht: Ich muss immer einen Beispielsatz auswendig lernen.
○ Visuelle Darstellungen (wie Tabellen, Zeichnungen oder Farben) helfen mir sehr beim Grammatiklernen / -verstehen.

Tauschen Sie sich in der nächsten Kursstunde mit den anderen Teilnehmern aus.

cent sept | 107

Portfolio — Journal d'apprentissage

Ich kann jetzt …

▸ sagen, was ich im Alltag mache: ● ● ● S. 94
   Le matin, je _____,
   A midi, je _____,
   L'après-midi, je _____,
   Le soir, je _____.

▸ sagen, was ich gemacht bzw. nicht gemacht habe: ● ● ● S. 97/98
   Vendredi soir, j'ai _____,
   Samedi, je ne suis pas _____ mais dimanche _____.

▸ sagen, dass ich etwas vergessen habe: ● ● ● S. 97
   J'ai _____.

@ über meinen Arbeitsalltag sprechen. ● ● ● S. 102

Ich kann auch …

▸ die Verben auf *-ir* im Präsens konjugieren: ● ● ● S. 99
   partir : je _____
   finir : je _____

▸ die verschiedenen Tageszeiten nennen: ● ● ● S. 94
   le matin, l' _____ et le _____.

▸ das *passé composé* mit dem Hilfsverb *avoir* oder *être* bilden: ● ● ● S. 99
   _____,
   _____.

Üben möchte ich noch …

_____
_____
_____

Coin perso

Les mots ou expressions que vous aimez. Hier haben Sie Gelegenheit, Wörter oder Wendungen zu notieren, die Ihnen besonders gefallen und die Sie sich auf jeden Fall merken möchten.

Avant d'aller plus loin… II

On se voit quand ?

A La semaine prochaine, c'est les vacances. Votre emploi du temps est déjà très rempli. Vous téléphonez à un(e) ami(e) pour prendre rendez-vous avec lui / elle. Trouvez un moment où vous êtes libres ensemble et mettez-vous d'accord sur l'activité, le jour, le lieu et l'heure de votre rencontre.

Voici votre emploi du temps :

	lundi	mardi	mercredi	jeudi	vendredi
matin	ménage et courses	tennis			coiffeur
midi		apéritif avec les voisins	pizzeria avec Cédric	pique-nique	
après-midi	cours d'informatique	rendez-vous chez le docteur		randonnée	
soir	chorale				théâtre

Rendez-vous

Jour : _____
Heure : _____
Activité : _____
Lieu : _____

cent neuf | 109

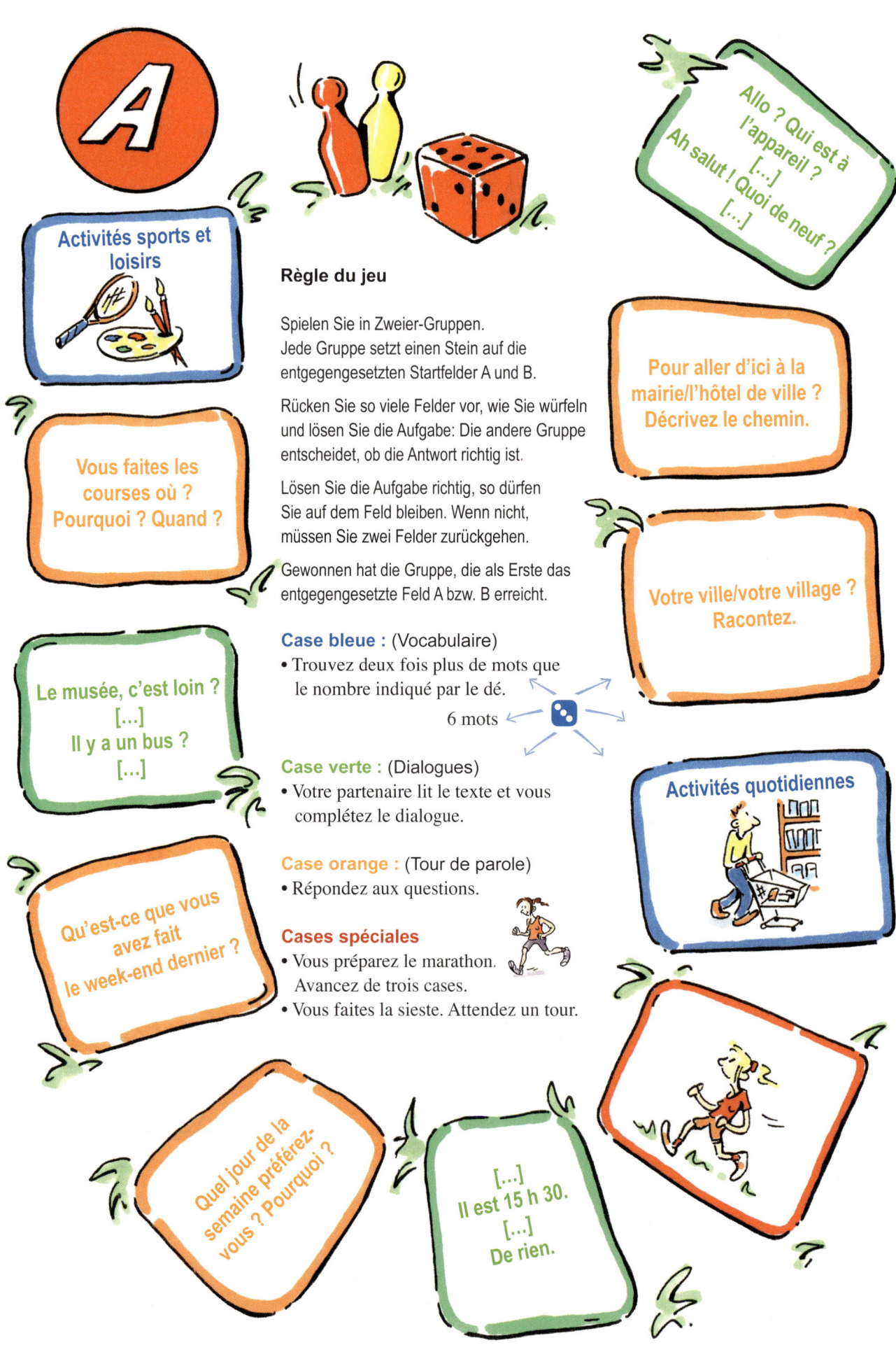

Avant d'aller plus loin... II

A

Activités sports et loisirs

Règle du jeu

Spielen Sie in Zweier-Gruppen. Jede Gruppe setzt einen Stein auf die entgegengesetzten Startfelder A und B.

Rücken Sie so viele Felder vor, wie Sie würfeln und lösen Sie die Aufgabe: Die andere Gruppe entscheidet, ob die Antwort richtig ist.

Lösen Sie die Aufgabe richtig, so dürfen Sie auf dem Feld bleiben. Wenn nicht, müssen Sie zwei Felder zurückgehen.

Gewonnen hat die Gruppe, die als Erste das entgegengesetzte Feld A bzw. B erreicht.

Case bleue : (Vocabulaire)
- Trouvez deux fois plus de mots que le nombre indiqué par le dé.
  6 mots

Case verte : (Dialogues)
- Votre partenaire lit le texte et vous complétez le dialogue.

Case orange : (Tour de parole)
- Répondez aux questions.

Cases spéciales
- Vous préparez le marathon. Avancez de trois cases.
- Vous faites la sieste. Attendez un tour.

Vous faites les courses où ? Pourquoi ? Quand ?

Le musée, c'est loin ?
[...]
Il y a un bus ?
[...]

Qu'est-ce que vous avez fait le week-end dernier ?

Quel jour de la semaine préférez-vous ? Pourquoi ?

Allo ? Qui est à l'appareil ?
[...]
Ah salut ! Quoi de neuf ?
[...]

Pour aller d'ici à la mairie/l'hôtel de ville ? Décrivez le chemin.

Votre ville/votre village ? Racontez.

Activités quotidiennes

[...]
Il est 15 h 30.
[...]
De rien.

110 | cent dix

Avant d'aller plus loin… II

Qu'est-ce que vous aimez faire au cours de français ?

En ville : monuments et magasins

Pourquoi est-ce que les gens font du sport ?

Madame, vous désirez ?
[…]
Et avec ça ?
[…]

C'est qui ? Qu'est-ce qu'elle fait pendant ses loisirs ? Imaginez.

Qu'est-ce qu'on peut faire le soir, dans votre quartier ?

Des aliments

Qu'est-ce que vous avez fait hier et pas aujourd'hui ?

Quelle(s) activité(s) faites-vous au moins deux fois par semaine ? Et quel(s) jour(s) ?

Le secrétariat, s'il vous plaît ?
[…]
Merci.
[…]

On va au cinéma, ce soir ?
[…]
Et demain ? Ça va ?
[…]

Quels sont les loisirs préférés des Allemands ?

B

Avant d'aller plus loin... II

On se voit quand ?

B Un(e) ami(e) téléphone. Il / Elle voudrait vous voir la semaine prochaine.
Mais vous avez une semaine très remplie. Trouvez un moment où vous êtes libres ensemble et mettez-vous d'accord sur l'activité, le jour, le lieu et l'heure de votre rencontre.

Voici votre emploi du temps :

	lundi	mardi	mercredi	jeudi	vendredi
matin			réunion	rendez-vous chez le dentiste	
midi	déjeuner avec un collègue		tour en VTT	déjeuner chez tante Anna	
après-midi	jogging		bibliothèque		courses
soir	cinéma	Match France-Allemagne à la télé		restaurant	

Rendez-vous

Jour : _____

Heure : _____

Activité : _____

Lieu : _____

Leçon
7

On sort, ce soir ?

In dieser Lektion lernen Sie ...
- sich über ein Restaurant zu informieren
- ein Restaurant zu empfehlen
- jemanden aufzufordern, etwas zu tun
- einen Tisch in einem Restaurant zu reservieren
- in einem Restaurant zu bestellen
- einen Kommentar über das Essen zu geben
- auf einfache Art zu reklamieren
- eine Einladung zu schreiben und schriftlich zu beantworten
- @ Redewendungen am Telefon

1 Quel restaurant choisir ?

a Regardez les cartes. Vous préférez quel restaurant ?
Moi, j'ai choisi le *Bistrot du Marché* parce qu'il a l'air sympa.
Moi, je préfère le restaurant *Les deux frères*, parce que j'aime la cuisine marocaine.

> Die Wendung *avoir l'air* ist sehr praktisch. Damit können Sie ihre ersten Eindrücke wiedergeben:
> *Il a l'air chic / simple / original / calme / pas cher / exotique / bon / sympa.*

Le Restaurant des thermes
TERRASSE & SALLE
AVEC VUE SUR MER
RÉSERVATION : 05 59 98 71 ...

Le BISTROT du MARCHÉ
Réservation :
05 59 25 52 25

Les deux frères
Réservation : 05 59 21 42 7...

Brasserie de la Gare
Réservation : 05 59 25 46 82

b Lisez le texte du restaurant que vous avez choisi. Complétez, si possible, la liste suivante :

nom du restaurant : _____   le prix : _____
l'ambiance / le décor : _____   le service / l'équipe : _____
la cuisine : _____   autres : _____

Le Restaurant des thermes
- LE RENDEZ-VOUS DES GOURMETS ET DES GOURMANDS
- CUISINE GASTRONOMIQUE
- SERVICE CHALEUREUX ET PERSONNALISÉ DANS UN DÉCOR ÉLÉGANT ET ROMANTIQUE
- PROFITEZ DE NOTRE TERRASSE PANORAMIQUE.
- PARKING VOITURES ET BUS

Le BISTROT du MARCHÉ
Cuisine traditionnelle française
Produits typiques de la région
Décor simple et chaleureux
Ambiance conviviale
Prix à la carte le soir de 12 € à 17 €
Animaux admis
Heures de service
12 h 00 – 14 h 00
20 h 00 – 23 h 00
N'oubliez pas de réserver votre table !

Les deux frères
Découvrez une cuisine marocaine raffinée dans un décor oriental authentique.
Ambiance musicale le vendredi et le samedi soir
Équipe sympathique et dynamique
Ouvert tous les soirs à partir de 19 h 00 – fermé le mardi

Brasserie de la Gare
Menu express le midi :
10 € et carte brasserie midi et soir
Décor original – Un paradis pour les amateurs de bière
Accueil de groupes, déjeuners d'affaires
Salle climatisée
English spoken

Leçon 7

c Pour choisir un restaurant : cochez les deux critères les plus importants pour vous et comparez avec votre voisin.

- ○ l'ambiance / le décor
- ○ la salle climatisée
- ○ la qualité du service
- ○ la rapidité du service
- ○ le type de cuisine
- ○ _____

Pour moi, l'ambiance et la qualité du service, c'est important.

→Gr.1
→Ü1, Ü2

d Recommandez maintenant un restaurant de votre ville ou région au groupe. Dites pourquoi.

Nous recommandons le restaurant « _____ ». C'est un restaurant...

→Ü3

2 Au téléphone

a Ecoutez les deux conversations téléphoniques. Est-ce que le résumé suivant est correct ?

Monsieur Faure téléphone à deux restaurants pour réserver une table.
Il réserve une table pour vendredi midi au restaurant *La Boîte à sel*.

b Ecoutez de nouveau et cochez les phrases que vous entendez.

Dialogue 1
- ○ Je voudrais réserver une table.
- ○ C'est pour réserver une table.
- ○ Désolée, Monsieur, c'est fermé le vendredi.
- ○ Je regrette Monsieur, mais tout est complet.

Dialogue 2
- ○ C'est à quel nom ?
- ○ Quel est votre nom ?
- ○ Est-ce que les chiens sont admis ?
- ○ Est-ce qu'il y a un parking ?

c Jouez la scène à deux. Vous téléphonez pour réserver une table.

● Restaurant *Les Alizés*, bonjour.
● _____
● Oui, et pour quand ?
● _____

● Et pour combien de personnes ?
● _____
● Et pour quelle heure ?
● _____
● C'est à quel nom ?
● _____
● Très bien. C'est noté. Au revoir.

● Désolés, mais nous sommes complets.
● _____
● Au revoir.

→Ü4

cent quinze | 115

3 Au restaurant

a Lisez la carte. Quels plats connaissez-vous ?

Brasserie du Commerce

Menu 16,50 €
Entrée
Plat
Fromage *ou* Dessert

Entrée (à la carte : 6 €)

Terrine de campagne
ou Soupe de melon glacé au basilic
ou Assiette de crudités

Plat (à la carte : 10,50 €)

Steak au poivre
ou Côtelettes de porc à l'italienne
ou Filet de cabillaud à la provençale

Assiette de fromage *ou* **Dessert** (à la carte : 4,50 €)

Mousse au chocolat
ou Crème brûlée
ou 2 boules de glace

Nos vins sont servis en pichet.	le ¼	le ½
Blanc : Entre-Deux-Mers	2,80	4,50
Rosé : Rosé de Loire	3,10	5,40
Rouge : Bordeaux	3,40	6,10

Garnitures au choix :
frites *ou* gratin de pommes de terre *ou* haricots verts

→Ü5

> **Quelle cuisson ?**
> Wie möchten Sie Ihr Steak haben?
> *saignant* → blutig
> *à point* → medium
> *bien cuit* → gut durch

b Ecoutez et cochez sur la carte les plats choisis par Thomas et Nathalie. Présentez vos résultats.

Comme entrée, Thomas prend...
et Nathalie prend...
Comme plat, ...

c Qui dit quoi ? Notez **S** pour serveur ou **C** pour client. Ajoutez un **.** ou un **?** à la fin de chaque phrase.

_C_ Un pichet de rouge _._   ____ Vous désirez un dessert ____

____ Vous désirez un apéritif ____   ____ Oui, c'est très bon ____

____ Oui, je prends le menu à 16,50 euros ____   ____ Non merci, je ne prends rien ____

____ Quelle cuisson, le steak ____   ____ Bien cuit ____

____ Qu'est-ce que vous prenez comme entrée ____   ____ Et comme boissons ____

____ Vous avez choisi ____   ____ Non merci, pas de dessert ____

→Ü6, Ü7   ____ Une assiette de crudités ____   ____ Tout va bien, messieurs dames ____

Leçon 7

d Jouez. Répondez aux questions du serveur.

Spieler 1 lässt seinen Zeigefinger auf der Scheibe kreisen.
Spieler 2 sagt, ohne hinzuschauen irgendwann „Stopp!".
Spieler 1 liest dann die Frage vor und Spieler 2 antwortet so schnell wie möglich.

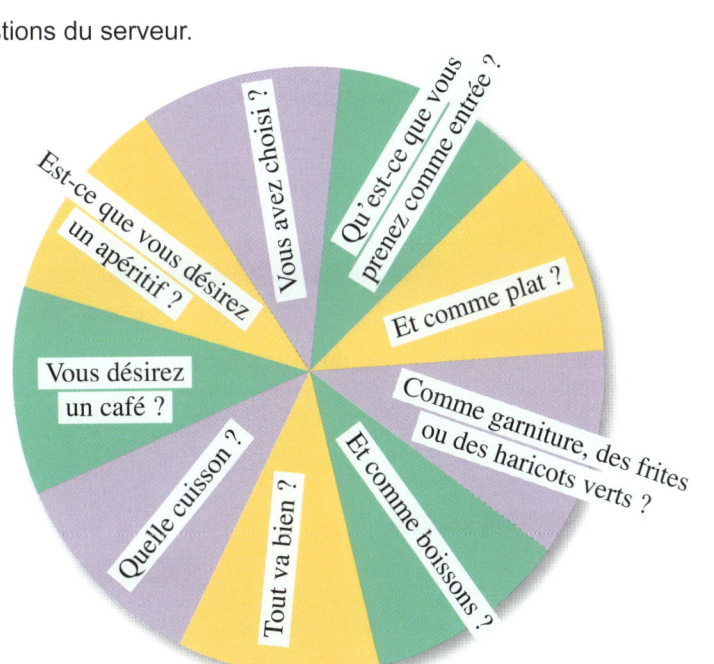

Est-ce que vous désirez un apéritif ?
Vous avez choisi ?
Qu'est-ce que vous prenez comme entrée ?
Et comme plat ?
Vous désirez un café ?
Comme garniture, des frites ou des haricots verts ?
Quelle cuisson ?
Tout va bien ?
Et comme boissons ?

4 Réclamations

a Reliez les dialogues et les dessins.

1. ● Monsieur ! Vous n'avez pas oublié ma bière ?
   ● Non, non, elle arrive.

2. ● Excusez-moi, Monsieur, mais le vin n'est pas assez frais.
   ● Vraiment ? Je suis désolé. Je vous apporte une autre bouteille.

3. ● Est-ce que je pourrais avoir un couteau, s'il vous plaît ?
   ● Bien sûr, Madame. Tout de suite.

4. ● Excusez-moi, Madame... mais mon steak est un peu trop saignant. J'ai demandé bien cuit.
   ● Désolé, Monsieur, je règle ça en cuisine.

→Ü8

b A vous de réclamer. Travaillez à deux.

salé / sucré   frais / chaud   cuit / saignant   fade / épicé
        fourchette   verre   cuillère   serviette

Tout va bien ?
Oui, mais _____ .

> Mit *trop* oder *pas assez* können Sie leicht reklamieren:
> Le vin n'est *pas assez* frais.
> La viande est *trop* cuite.

cent dix-sept | 117

5 Une invitation *entre amis*

a Lisez le mail d'invitation et les réponses. Soulignez les expressions utilisées pour accepter ou refuser.

De :	Maxim Laroque
A :	Noémie Richard, Julien et Amélie Vartan, Luc Maillan, Anne Roger, Claude Michelet, Tristan Stern, Pierre Dujeuner
Objet :	apéro

Bonjour
C'est l'heure de l'apéro ! Où ? Chez moi : 3 rue du Mirail. Quand ? Samedi, à partir de 18 heures. Pourquoi ? Pour fêter mes 30 ans. N'oubliez pas de confirmer. A bientôt, j'espère
Maxim

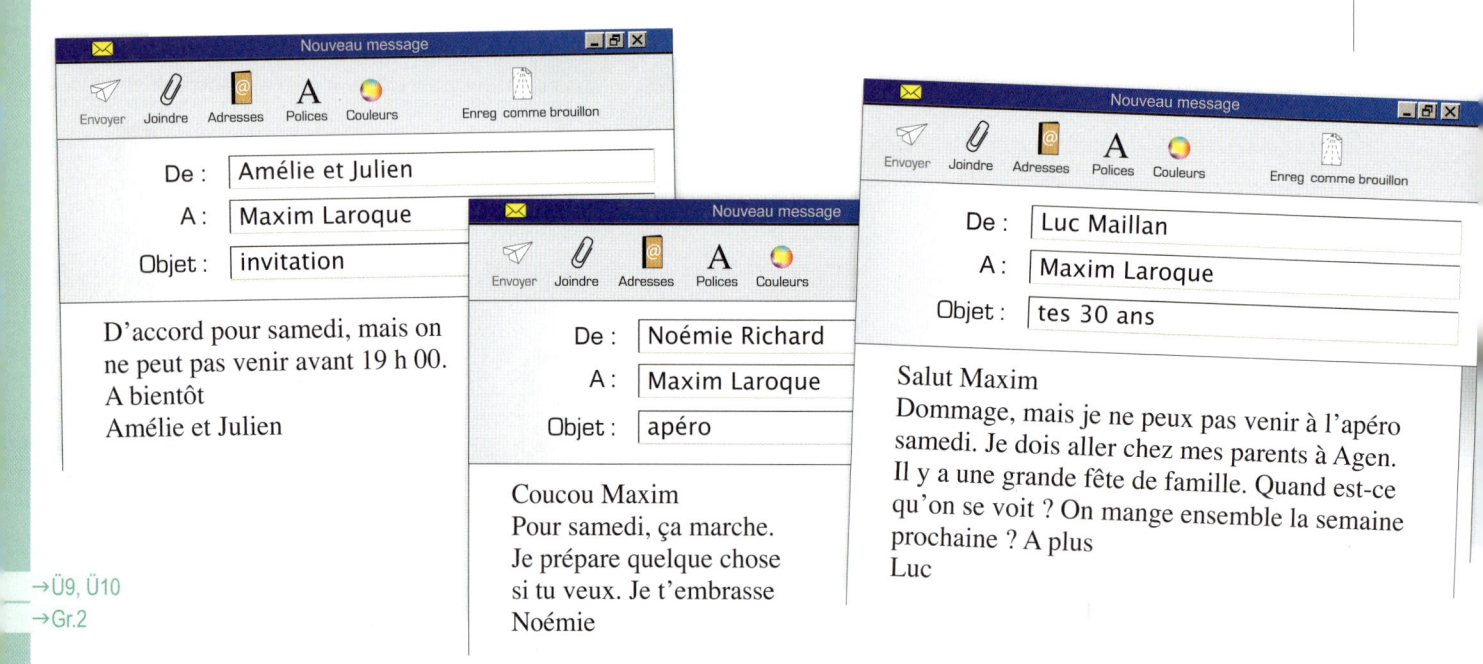

De :	Amélie et Julien
A :	Maxim Laroque
Objet :	invitation

D'accord pour samedi, mais on ne peut pas venir avant 19 h 00.
A bientôt
Amélie et Julien

De :	Noémie Richard
A :	Maxim Laroque
Objet :	apéro

Coucou Maxim
Pour samedi, ça marche.
Je prépare quelque chose si tu veux. Je t'embrasse
Noémie

De :	Luc Maillan
A :	Maxim Laroque
Objet :	tes 30 ans

Salut Maxim
Dommage, mais je ne peux pas venir à l'apéro samedi. Je dois aller chez mes parents à Agen. Il y a une grande fête de famille. Quand est-ce qu'on se voit ? On mange ensemble la semaine prochaine ? A plus
Luc

→Ü9, Ü10
→Gr.2

b Notez les formules pour commencer et finir un mail.

Begrüßungsformel

Schlussformel

---

c Vous êtes aussi invité(e). Répondez à Maxim.

→Ü11 – Ü13
→Gr.3

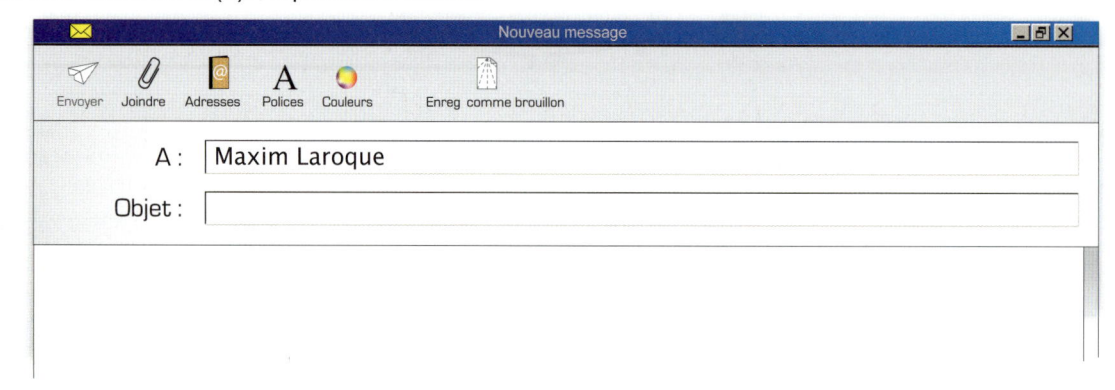

A :	Maxim Laroque
Objet :	

118 | cent dix-huit

Grammaire Leçon 7

1 Die Befehlsform (*l'impératif*)

Vous regardez. Ergänzen Sie die fehlenden Sätze und vergleichen Sie dann die Konjugation der Verben auf *-er* im Präsens und im Imperativ.

Präsens		Imperativ
Vous regardez les cartes.	→	Regardez les cartes.
1 Vous trouvez des informations.	→	_____
2 Vous recommandez un restaurant.	→	_____
3 Tu _____	→	Regarde les cartes.
4 Tu _____	→	Trouve des informations.
5 Tu recommandes un restaurant.	→	_____

Vous comprenez. Kreuzen Sie an.

	Ja	Nein
1 Im Imperativ steht das Verb ohne Subjektpronomen.	○	○
2 Bei den Verben auf *-er* fehlt bei der 2. Person Singular (*tu*) im Imperativ das *s* : tu parles → _____ .	○	○

Vous pratiquez. Notieren Sie aus der Lektion vier weitere Anweisungen mit Imperativ.

1 _____
2 _____
3 _____
4 _____

2 *Pouvoir, vouloir* und *devoir*

pouvoir	
je	peux
tu	peux
il/elle/on	peut
nous	pouvons
vous	pouvez
ils/elles	peuvent

vouloir	
je	veux
tu	veux
il/elle/on	veut
nous	voulons
vous	voulez
ils/elles	veulent

devoir	
je	dois
tu	dois
il/elle/on	doit
nous	devons
vous	devez
ils/elles	doivent

Je dois, je veux mais je ne peux pas!

Vous regardez. Lesen Sie die folgenden Sätze:

1 Désolé, mais je ne **peux** pas venir avant 19 heures.
2 Je **dois** aller chez mes parents.
3 Je prépare quelque chose si tu **veux**.

Grammaire

Vous comprenez. Markieren Sie das Richtige.

1 je ne peux pas   bedeutet →   ich kann nicht – ich muss nicht – ich will nicht
2 je dois   bedeutet →   ich will – ich kann – ich muss
3 tu veux   bedeutet →   du musst – du willst – du darfst

Vous pratiquez. Ergänzen Sie mit der passenden Form von *pouvoir*, *vouloir* oder *devoir*.

1 Je ne viens pas demain, je _____ faire du sport.
2 La télé est en panne, on ne _____ pas regarder le match.
3 Il est déjà minuit, nous _____ partir.
4 Je n'ai pas compris, vous _____ répéter, s'il vous plaît ?
5 On fait une pause si tu _____ .
6 Monsieur Blanc n'est pas là, vous _____ laisser un message ?

→Ü9, Ü10

3 Die Frage mit *est-ce* que

a Frage *ohne* Fragewort
Vous regardez et vous comprenez. Lesen Sie die Beispiele und markieren Sie die richtige Aussage.

Est-ce que les chiens sont admis ? *Est-ce qu'*il y a un parking ?

1 Bei der Frage ohne Fragewort steht *est-ce que* am (Satzanfang / Satzende).
2 *Est-ce que* hat (eine / keine) eigene Bedeutung.

Vous pratiquez. Bringen Sie die Fragen in Ordnung.

1 est-ce que / un apéritif / vous prenez ?
2 sont admis / est-ce que / les chiens ?
3 tu connais / le restaurant *La Boîte à Sel* / est-ce que ?
4 une table / est-ce que / pour trois personnes / je peux réserver ?

b Frage *mit* Fragewort
Vous regardez et vous comprenez. Lesen Sie die Beispiele und markieren Sie die richtige Aussage.

Quand *est-ce qu'*on se voit ? Pourquoi *est-ce que* vous faites du sport ?

1 Bei der Frage mit Fragewort steht *est-ce que* (vor / nach) dem Fragewort.
2 Bei der Frage mit Fragewort steht das Fragewort am (Satzanfang / Satzende).

Vous pratiquez. Bringen Sie die Fragen in Ordnung.

1 quand / vous venez / est-ce que ?
2 est-ce que / vous habitez / où ?
3 pourquoi / vous apprenez / est-ce que / le français ?
4 est-ce que / d'où / vous êtes ?

→Ü12, Ü13

Prononciation & Info-zapping — Leçon 7

Prononciation

Wie wird der Buchstabe *s* ausgesprochen?

a Hören Sie und ordnen Sie die Wörter einem der beiden Laute zu.
Hören Sie dann ein zweites Mal und sprechen Sie mit.

cuisine, réserver, serveur, terrasse, samedi, rosé, sympathique, désolé

[s] wie groß (stimmlos)		[z] wie Meise (stimmhaft)	
serveur		cuisine	

b [s] oder [z]? Ergänzen Sie die Regel zur Aussprache von *s*.

1 *s* am Wortanfang wird _____ ausgesprochen: samedi

2 *s* zwischen zwei Vokalen wird _____ ausgesprochen: réserver

3 Doppel-*s* wird _____ ausgesprochen: terrasse

c Markieren Sie in den Sätzen das stimmlose *s*. Lesen Sie die Sätze und kontrollieren Sie dann mithilfe der CD.

1 J'aime la cuisine simple.

2 Le restaurant a une salle climatisée.

3 Comme dessert, je prends une mousse au chocolat.

4 Désolé, Monsieur, mais samedi soir, nous sommes complets.

Info-zapping

L'apéritif

> **TIPP!**
> Lesen Sie wie in Ihrer Muttersprache: Nicht Wort für Wort, sondern Wortgruppen. Richten Sie Ihre Aufmerksamkeit auf die inhaltlich wichtigen Wörter / Wendungen und üben Sie schnelles Lesen.

a Trouvez le titre pour chaque paragraphe.
Die Schlüsselwörter im ersten Absatz sind markiert, damit Sie schnell die passende Überschrift finden können.

Les Français et l'apéritif
L'apéritif se privatise
Le boom de l'apéritif dînatoire

1 _____

L'apéritif est un moment convivial, une occasion informelle pour discuter ou faire connaissance. Il reste une **tradition bien française**. Près de 90% des Français le prennent au moins une fois par semaine.

2 _____

Aujourd'hui, on prend moins l'apéritif dans les lieux publics, comme les cafés et les restaurants mais plus souvent à la maison.

3 _____

L'apéritif dînatoire est une formule idéale pour inviter des amis. De plus en plus à la mode en France, c'est un mini-repas (de l'entrée au dessert). On propose une série de Finger food, faciles à manger, sans couverts ni assiettes.

b Et chez vous, dans votre pays ? Quels sont les moments de convivialité ?

Objectif „Profession"

Communication téléphonique client - entreprise

a Ecoutez et cochez.

	Vrai	Faux
1 M. Renaud téléphone à la Société Beausoleil.	○	○
2 Il téléphone pour un problème de rendez-vous.	○	○
3 M. Renaud ne peut pas parler à Mme Giroud.	○	○
4 M. Renaud laisse un message.	○	○

b Lisez et complétez.

- ● Standardiste
- ● Client

● Société Beausoleil, bonjour, Isabelle Mercier à l'appareil.
● Bonjour, est-ce que je pourrais parler à Madame Giroud s'il vous plaît ?
● C'est de la part de qui ?
● Monsieur Renaud, de la société Cerca. C'est au sujet de la réunion de demain. On a un problème de salle.
● Ne quittez pas, s'il vous plaît. Je vous la passe.
 ...
● Je regrette, mais Madame Giroud est en communication. Vous désirez laisser un message ou vous rappelez dans un moment ?
● Je préfère rappeler.
● Rappelez dans un quart d'heure, si vous voulez. Vous pouvez répéter votre nom, s'il vous plaît ?
● Yves Renaud avec un D à la fin, de Cerca Lyon.
● Très bien, au revoir Monsieur Renaud.
● Au revoir, Madame.

Message

De : *M. Renaud*   A :

Urgent :   Rappeler :

Objet de l'appel :

TIPP!
Lernen Sie diese kurzen Telefonphrasen auswendig. Sie werden dann merken, dass Sie sich bei Telefongesprächen sicherer fühlen.

c Trouvez dans le texte l'expression correspondante.

1 Wer ist am Apparat? _____
2 Bleiben Sie dran. Ich verbinde Sie. _____
3 Frau Giroud spricht gerade. _____
4 Wollen Sie eine Nachricht hinterlassen? _____

Cahier d'exercices **Leçon 7**

1 Trouvez l'intrus.

1 **Une ambiance** : panoramique – conviviale – orientale – musicale
2 **Un décor** : original – dynamique – simple – kitsch
3 **Une cuisine** : raffinée – gastronomique – musicale – traditionnelle
4 **Un service** : climatisé – professionnel – sympathique – rapide

2 Donnez des conseils. Utilisez l'impératif.

1 Pour passer une bonne soirée
a *Préparez un bon repas. / Prépare un bon repas.*
b _____.

2 Pour rester en forme
a _____.
b _____.

3 Pour apprendre le français
a _____.
b _____.

4 Pour connaître l'actualité
a _____.
b _____.

Online-Übungen zu dieser Lektion finden Sie im Internet unter:

www.hueber.de/onyva

3 On a aimé / On n'a pas aimé

a Lisez les blogues sur la brasserie *Montaigne*. Soulignez les aspects positifs.

Prénom : **Mass**		
Note	16/20	**J'ai aimé**
Détail de la note		Des plats corrects de brasserie, belle carte des vins.
Ambiance	4/5	Serveurs un peu stricts mais qualifiés.
Cuisine	4/5	**Je n'ai pas aimé**
Service	4/5	C'est un peu impersonnel. Le service est long et mécanique.
Qualité/prix	4/5	Ce n'est pas bon marché.

Prénom : **Boveda 7**		
Note	15/20	**J'ai aimé**
Détail de la note		Un resto chaleureux et vivant, ouvert sept jours sur sept.
Ambiance	4/5	Ambiance brasserie : beaucoup de bruit, beaucoup de monde.
Cuisine	4/5	Je recommande le steak tartare préparé devant vous : excellent !
Service	4/5	**Je n'ai pas aimé**
Qualité/prix	3/5	Le service est un peu lent et chaotique. Et les toilettes ne sont pas très propres.

Cahier d'exercices

Prénom : **Bigs**
Note   11/20
Détail de la note
Ambiance   3/5
Cuisine   3/5
Service   3/5
Qualité/prix   2/5

J'ai aimé
Carte variée, décor sympathique, un peu kitsch
Cuisine pas très originale, mais de bonne qualité.
Je n'ai pas aimé
C'est bruyant, c'est long et c'est cher.

b A vous ! Faites un blogue sur un restaurant que vous connaissez.

Prénom :
Nom du restaurant :
Note _____
Détail de la note
Ambiance _____
Cuisine _____
Qualité/prix _____

J'ai aimé

Je n'ai pas aimé

4 Réservation. Mettez le dialogue dans l'ordre.

____ Bertrand.
____ Merci. Au revoir.
____ Bonjour, Madame. Je voudrais réserver une table pour midi et demi.

____ Trois personnes.
____ A quel nom ?
____ Très bien, c'est noté. Au revoir, Madame.
_1_ Brasserie Le Soleil, j'écoute.
____ Pour combien de personnes ?

5 Complétez les élémens d'un menu.

- entrées
- plats
- boissons
- garnitures
- desserts

Cahier d'exercices — Leçon 7

6 Mots croisés

1. Comme _____, un vin rouge ?
2. Quelle _____, le steak ?
3. Bien cuit, à point ou _____ ?
4. Comme _____, des haricots verts, s'il vous plaît.
5. Vous désirez un _____, un kir, un Martini… ?
6. Comme boisson, je voudrais un _____ de rosé, s'il vous plaît.
7. Je voudrais un _____ et l'addition, s'il vous plaît.
8. Fromage ou _____ ?
9. Vous avez _____, messieurs dames ?
10. Comme entrée, je prends une assiette de _____.

Solution : _____ _____

7 Notez dans votre cahier cinq questions avec *Qu'est-ce que… comme*.

Qu'est-ce que tu as comme voiture ?

(avoir / voiture)   (faire / sport)   (connaître / chansons françaises)   (écouter / musique)
(prendre / dessert)   (lire / journal)   (parler / langues)   (aimer / film)

8 Ecoutez et formulez, pour chaque mini-dialogue, la réclamation correspondante.

1. Je suis désolé, mais _____.
2. Excusez-moi, mais _____.
3. Monsieur, s'il vous plaît _____.

9 Complétez le tableau.

pouvoir	je *peux*	tu _____	nous _____	vous _____
vouloir	tu _____	il _____	vous _____	elles _____
devoir	je _____	on _____	vous _____	ils _____

10 *Pouvoir, vouloir* ou *devoir* ? Complétez.

1. Il a trop mangé. Il ne _____ pas dormir.
2. Il est déjà onze heures. On _____ partir.
3. C'est non-fumeur ici. Vous ne _____ pas fumer.
4. Il a le temps mais il ne _____ pas venir à l'apéritif.
5. Nous _____ faire une fête demain et nous _____ faire les courses.
6. Si tu _____, on va au restaurant ce soir.
7. J'ai beaucoup de travail. Je _____ finir le compte-rendu de la réunion.

Cahier d'exercices

11 Invitation

a Lisez le mail et répondez à l'invitation.

A :
Objet : Invitation

Bonjour
A l'occasion de mes 10 ans d'entreprise, j'organise un petite fête entre collègues :
- vendredi 10 octobre
- à partir de 18 h 00, au bar Le Tropézien, 82 route de Narbonne.
Je vous remercie de bien vouloir confirmer avant jeudi soir.
Cordialement
Jean Marc Dubois

A :
Cc :
Objet :

b Ecrivez une invitation.

12 Posez des questions.

a Notez le mot interrogatif correspondant.

Où ?
à la maison
chez Pierre

1 _____ ?
samedi
la semaine prochaine

2 _____ ?
bien
pas mal

3 _____ ?
3 € 50
200 grammes

4 _____ ?
de Nantes
d'Allemagne

5 _____ ?
parce que j'aime le sport
parce qu'il a l'air bon

b Complétez les questions avec un mot interrogatif et *est-ce que*.

Où est-ce que vous travaillez ?

1 _____ vous venez demain ?
2 _____ tu trouves ce restaurant ?
3 _____ ça coûte ?
4 _____ vous habitez ?
5 _____ vous prenez ?
6 _____ vous apprenez le français ?

13
Ecoutez les mini-dialogues et trouvez la question.

1 _____ ?
2 _____ ?
3 _____ ?
4 _____ ?
5 _____ ?

14 Brèves de conversation
Reliez.

1 Sie sagen, dass Ihnen etwas leid tut.   a C'est très bon.
2 Sie finden etwas schade.   b Ça marche.
3 Es schmeckt sehr gut.   c A bientôt !
4 Sie verabschieden sich für kurze Zeit.   d Je regrette.
5 Sie sagen, dass etwas klappt.   e Dommage !

Histoire drôle

● Ils sont excellents tes champignons, ma chérie. Où est ce que tu as trouvé la recette ?
● Dans un roman policier.

Portfolio

Nachdenken
über das Lernen – Wie lese ich französische Texte?

Kreuzen Sie an, was auf Sie zutrifft.

○ Ich lese die Überschrift und mache mir erste Gedanken über den möglichen Inhalt des Textes.

○ Beim ersten Mal überfliege ich den Text und beim zweiten Mal lese ich ihn langsamer.

○ Ich markiere gleich die Wörter / Wendungen, die ich nicht kenne und schlage sie nach.

○ Ich lese den ganzen Text durch ohne Wörterbuch.

○ Ich versuche, unbekannte Wörter aus dem Zusammenhang zu erraten.

○ Ich unterstreiche Schlüsselwörter oder die Hauptaussagen.

○ Ich mache mir gleich Notizen.

○ Ich lese gern laut.

Vergleichen Sie Ihre Antworten mit denen Ihres Nachbarn.

Portfolio — Journal d'apprentissage

Ich kann jetzt …

- mich über ein Restaurant informieren. — S. 114
- ein Restaurant empfehlen: — S. 115
  Je recommande _____ ,
- jemanden auffordern, etwas zu tun: — S. 114
  Regardez les cartes _____ ,
- einen Tisch in einem Restaurant reservieren: — S. 115
  Je voudrais _____ ,
- in einem Restaurant bestellen: — S. 116
  Comme entrée, je _____ ,
- einen Kommentar über das Essen abgeben: — S. 116
  C'est _____ ,
- auf eine einfache Art reklamieren: — S. 117
  Excusez-moi, je n'ai pas _____ ,
- eine Einladung schreiben und auf eine Einladung (schriftlich) antworten. — S. 118
- @ wichtige Redewendungen am Telefon gebrauchen. — S. 122

Ich kann auch …

- den Imperativ bilden. — S. 119
- Fragen mit *est-ce que* bilden. — S. 120
- die Verben *pouvoir*, *vouloir* und *devoir* konjugieren und anwenden. — S. 119

Üben möchte ich noch …

_____
_____
_____

Coin perso

Les mots ou expressions que vous aimez. Hier haben Sie Gelegenheit, Wörter oder Wendungen zu notieren, die Ihnen besonders gefallen und die Sie sich auf jeden Fall merken möchten.

128 | cent vingt-huit

Leçon

8

Vivre ensemble

In dieser Lektion lernen Sie ...
- ▸ Kleider, Farben und Stoffe zu benennen
- ▸ jemanden kurz zu beschreiben
- ▸ eine Person zu charakterisieren
- ▸ Ihre Meinung über ein Lied zu äußern
- ▸ kurz Ihren Wohnort und Ihre Nachbarn zu beschreiben
- @ einige wichtige Begriffe rund um den Computer kennen

1 Vêtements
d'occasion sur Internet

a Lisez les annonces et notez le nom des vêtements.

- un pantalon 
- un tailleur 
- une jupe  
- des chaussures 
- une robe  
- une chemise 
- un manteau

Référence	B07.21
Je vends une veste rose (36) en coton 20 €, un beau pull blanc (S) en laine 20 €, un pantalon (36) noir 15 € et un jean (34) 15 €. Tout vient de chez Zara.	
Localisation	Marseille 13 France
Contact	emmanuelle@yahoo.fr 06 47 04 50 14

Référence	B033.22
Costume neuf, jamais porté, T 50, cachemire gris, 60 €. Chemises 40/42 Giorgio et autres grandes marques, 20 € pièce. Photos à la demande par e-mail.	
Localisation	Vigneux-sur-Seine 91 France
Contact	fabienne_67@wanadoo.fr 06 39 27 02 10

Référence	B071.23
Vends jupe bleue en jean, très courte et robe de mariée taille 40 ; 5 et 40 €.	
Localisation	Bordeaux 33 France
Contact	fdupuis@free.fr 05 56 89 23 14

Référence	B071.24
Bonjour, je vends des articles presque neufs : 1 jolie veste en lin bleu foncé, taille 40 (Sinéquanone) à 20 € ; 1 tailleur aubergine style classique, taille 2, à 25 € ; j'ai d'autres vêtements à vendre en petite taille essentiellement.	
Localisation	Colmar 68 France
Contact	sarah_g@yahoo.fr 03 18 29 10 08

Référence	B033.22
Je vends des bottes marron en cuir (marque italienne), à 15 €, pointure : 40 ; je vends aussi 250 euros un très beau blouson en cuir noir Redskin, taille L, acheté 389 euros et très peu porté parce que trop grand.	
Localisation	Suresnes Hauts-de-Seine France
Contact	edouard2007@wanadoo.fr 06 71 08 08 67

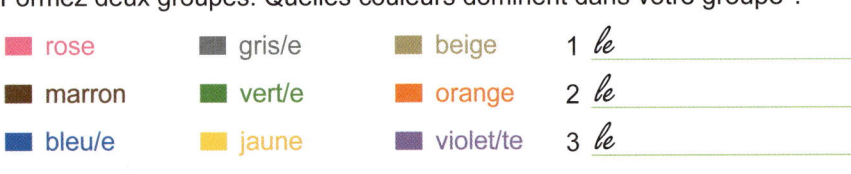

b Formez deux groupes. Quelles couleurs dominent dans votre groupe ?

- ■ rose
- ■ marron
- ■ bleu/e
- ■ noir/e
- ■ gris/e
- ■ vert/e
- ■ jaune
- ■ rouge
- ■ beige
- ■ orange
- ■ violet/te
- □ blanc/-che

1 le _____
2 le _____
3 le _____

> Farbadjektive, die einem Obst- oder Gemüsenamen entsprechen sind unveränderlich:
>
> des bottes marron
> des vestes aubergine
> des jupes orange

→Ü1

c Complétez le tableau d'après les annonces et ajoutez un vêtement de votre choix.

	vêtement	couleur	matière	taille / pointure	Prix
1	une veste	rose			20 €
2		gris	cachemire	50	
3					250 €
4		marron			15 €
5					

d Vendez un vêtement à la chaîne.

Participant 1 : Je vends un pull.
Participant 2 : Je vends un pull bleu.
Participant 3 : Je vends un pull bleu en laine.
Participant 4 : Je vends un pull bleu en laine, taille 40.
Participant 5 : Je vends un pull bleu en laine, taille 40, à 15 euros.

A vous ! ...

> Der Stoff wird mit der Präposition **en** eingeführt:
> une veste **en** coton
> un blouson **en** cuir

→Ü2, Ü3

e Mettez les questions dans l'ordre et interrogez votre partenaire.

1 comme / portez / qu'est-ce que / souvent / vous / vêtements

_____?

2 classique ou / le style / vous / décontracté / aimez

_____?

3 mettez / qu'est-ce que / pour être chic /vous

_____?

4 des vêtements d'occasion / vous / est-ce que / achetez

_____?

5 la semaine dernière / des vêtements / acheté / vous avez

_____?

Présentez votre voisin au groupe.

1 Il / elle porte souvent _____.

2 Il / elle aime _____.

3 Pour être chic, _____.

4 Oui / Non, _____.

5 La semaine dernière, _____.

→Gr.1
→Ü4 – Ü6

2 Vous parlez de qui ?

a Ecoutez et retrouvez la personne décrite.

b Ecoutez de nouveau, entourez l'affirmation correcte et répondez.

1. Elle est plutôt **forte** / **grosse**.
   Elle a les cheveux **roux** / **blonds**.

   Comment vous trouvez sa robe rose ? _____

2. Il porte une **vieille** / **belle** veste marron en laine.
   Il a une longue barbe **grise** / **rousse**.

   Il a quel âge, à votre avis ? _____

3. Il est grand, assez **mince** / **fort** et très élégant.
   Il a les cheveux noirs et une petite **barbe** / **moustache**.

   Il a l'air stressé. Pourquoi ? _____

4. Elle est très jolie et **souriante** / **charmante**.
   Elle a les cheveux **blonds** / **longs** / **bouclés**.

   Qu'est-ce qu'elle fait comme sport ? _____

5. Elle est **blonde** / **brune**, mince et très chic dans son tailleur **beige** / **vert**.
   Elle a l'air un peu **extravagant** / **arrogant**.

   Quelle est sa profession ? _____

→Gr.2
→Ü7 - Ü9

> Einige Adjektive haben eine unregelmäßige feminine Form:
> gros — grosse
> vieux — vieille
> long — longue
> beau — belle

c Ces verbes sont très utiles pour décrire une personne. Complétez les soleils à l'aide des expressions de 2b.

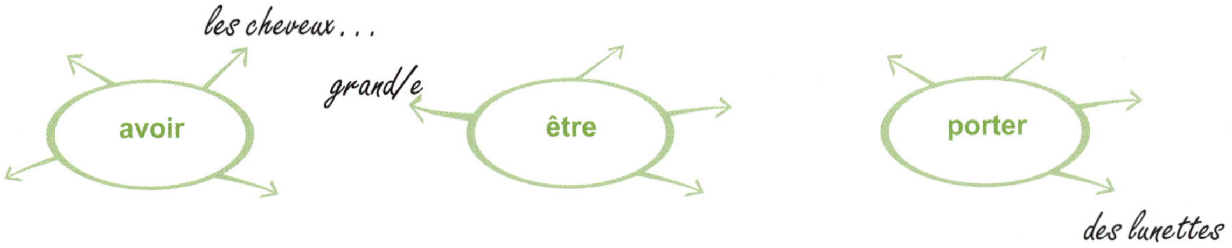

les cheveux...

grand/e

(avoir)   (être)   (porter)

des lunettes

d Faites votre portrait. Prenez une feuille et rédigez un texte court.

e Echangez vos feuilles et lisez le texte d'un autre participant.
Le groupe retrouve l'auteur du texte.

→Ü10

> Mit den folgenden Wendungen können Sie Ihre Aussagen nuancieren:
> **un peu** arrogant — ein bisschen arrogant
> **assez** grand — ziemlich groß
> **très** mince — sehr schlank
> **plutôt** petit — eher klein

Leçon 8

3 Les voisins, Axelle Red

a Ecoutez et cochez.
Comparez avec votre voisin.

- ○ J'aime beaucoup ce rythme.
- ○ J'aime bien sa voix.
- ○ Elle articule bien, c'est agréable, je trouve.
- ○ Je n'aime pas trop, c'est monotone.
- ○ Je ne connais pas cette chanteuse.
- ○ Je n'ai pas bien compris les paroles.

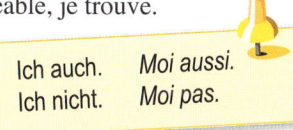

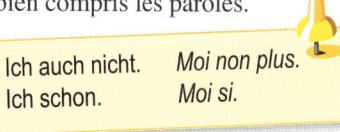

| Ich auch. | Moi aussi. |
| Ich nicht. | Moi pas. |

| Ich auch nicht. | Moi non plus. |
| Ich schon. | Moi si. |

b Ecoutez de nouveau et cochez. *J'aime pas mes voisins*, vous entendez cette phrase combien de fois ?

- ○ 8 fois   ○ 14 fois   ○ 18 fois

c Lisez et complétez les rimes. Ecoutez le CD pour contrôler.

voisins   le matin   pain   d'en face   fenêtre   ménage   balcon   musique   piano

Y a la femme du dernier étage
Qui à sept heures fait son _____
La fille qui apprend le _____
Et le maniaque du marteau
Le chien des locataires _____
Qui aboie chaque fois que je passe

Refrain
    J'aime pas mes voisins
    Leurs chiens, leurs gamins
    J'aime pas mes voisins
    Et j' dois dire qu'ils m' le rendent bien
    J'aime pas mes _____
    Leurs p'tits sourires en coin
    Quand j' les croise _____
    Avec leur cabas, leur journal et leur _____
    Non. J'aime pas mes voisins
    Oh non
    Non j'aime pas mes voisins

Y a cette vieille fille hystérique
Qui frappe quand j' fais de la _____
Celle qui arrose ses rhododendrons
Dès que je bronze sur mon _____
Et puis ce type à sa _____
Qui me regarde, qui me guette.

Refrain

TIPP!
Nehmen Sie immer mal wieder ein Sprachbad!
Hören Sie französische Lieder oder einen französischen Radiosender: Lassen Sie die Melodie der Sprache auf sich wirken! Dabei können Sie ruhig etwas anderes machen: Sie müssen gar nicht aufmerksam zuhören.

→ Gr.3
→ Ü11, Ü12

d Cochez les adjectifs qui caractérisent les voisins d'Axelle Red.

Ses voisins sont
- ○ bruyants   ○ calmes
- ○ agréables ○ désagréables
- ○ discrets   ○ indiscrets

TIPP!

Wörter / Ausdrücke lassen sich in Verbindung mit anderen Wörtern leichter lernen. Wenn Sie ein neues Wort in Ihr Vokabelheft schreiben, bilden Sie am besten sofort mit diesem neuen Wort einen Satz, z. B.   *bronzer* → Je bronze sur mon balcon.
le piano → Elle apprend le piano.

e Ecrivez un texte court sur vos voisins. Lisez ce texte à votre partenaire.

Mes voisins

4 Lieux *de vie*

a Quelle photo pour quel texte ? Notez le numéro de la photo devant le texte correspondant.

QUI DOIT CAPITULER ? ELLE OU MOI ?

J'habite un appartement au troisième étage dans un immeuble tout près du centre ville. Le quartier est calme et je suis à 5 minutes de mon travail. Le seul hic, c'est ma voisine et sa musique. Elle adore le reggae. Moi aussi j'adore le reggae, mais toute la journée, c'est trop. Hier, j'ai réagi ! J'ai mis La Callas en boucle et je suis partie au cinéma. Ça ne peut pas continuer comme ça. Aidez-moi !

COMMENT FONT LES AUTRES BANLIEUSARDS ?

Nous avons acheté une maison en banlieue, une petite maison avec jardin. En ville, c'est vraiment trop cher. Mais voilà, je déteste la banlieue. C'est loin de tout et près de rien. Avec les transports en commun, c'est compliqué. J'en ai marre de prendre la voiture pour un oui, pour un non.

EST-CE QUE NOUS DEVONS QUITTER LA CAMPAGNE, POUR RETROUVER LE CALME DE LA VILLE ?

Mon amie et moi, nous habitons à la campagne, dans un petit village tout près de Montpellier. Le cadre est idyllique. Nos voisins sont très gentils. Nous avons tous les commerces à proximité. Mais avec le trafic devant la maison, c'est insupportable. Qu'est-ce qu'on peut faire ?

b Lisez de nouveau et complétez.

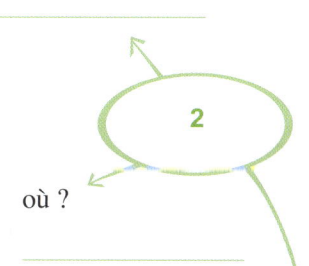

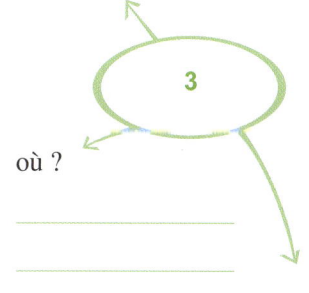

qui ?   qui ?   qui ?
                                                             une femme

1   **2**   **3**

où ?   où ?   où ?

quel problème ?   quel problème ?   quel problème ?

c A quel texte correspond la suggestion suivante ?
Est-ce que vous avez pensé au covoiturage ? C'est écologique et économique.

d Trouvez à deux une solution aux autres problèmes.
1 ___
2 ___

e Présentez vos solutions. Le groupe choisit les deux meilleures.
1 ___
2 ___

f Préparez à deux des questions pour un sondage dans le cours sur le thème *Lieux de vie*. Vous pouvez utiliser les expressions suivantes :

	quartier calme / bruyant	maison / appartement
en ville / à la campagne	balcon / jardin	commerces / transports en commun

Vous habitez / Tu habites en ville ?

1 ___ ?
2 ___ ?
3 ___ ?
4 ___ ?

→Ü13

g Formez deux groupes et posez vos questions dans votre groupe. Prenez des notes et présentez ensuite vos résultats en plenum. *Dans notre groupe, trois personnes habitent en ville et…*

→Ü14, Ü15

cent trente-cinq | 135

Grammaire

1 Das Verb *mettre*

Vous regardez.

mettre	
je	mets
tu	mets
il/elle/on	met
nous	mett**ons**
vous	mett**ez**
ils/elles	mettent
J'ai mis	

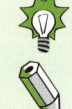

Vous comprenez et vous pratiquez.
Welche Bedeutung hat das Verb *mettre* in den folgenden Sätzen? Verbinden Sie.

1 Elle ne met jamais de pantalons.   a aufsetzen
2 On met un CD ?   b hinlegen
3 Tu as mis le lait dans le frigo ?   c einschalten
4 Je mets mes lunettes.   d brauchen
5 Je mets la radio.   e anziehen
6 Je mets 5 minutes pour aller au travail.   f (hinein) stellen
7 Où j'ai mis mes clés ?   g einlegen

→Ü4, Ü5

2 Stellung des Adjektivs

Vous regardez. Lesen Sie die folgenden Beispiele und unterstreichen Sie alle Adjektive:

1 Je vends une veste rose et un pull blanc.
2 Très beau blouson en cuir noir.
3 Chemises Giorgio et autres grandes marques.
4 Un tailleur aubergine style classique.
5 J'ai des vêtements à vendre en petite taille.
6 Je vends des bottes marron (marque italienne).

Vous comprenez. Kreuzen Sie *vor* oder *hinter* an.   vor   hinter

→ Die meisten Adjektive stehen   ○   ○   dem Substantiv.
→ Einige Adjektive wie z. B. *beau, grand* und *petit* stehen   ○   ○   dem Substantiv.
→ Alle Farbadjektive stehen   ○   ○   dem Substantiv.

→Ü8, Ü9

TIPP!
Es lohnt sich, die Adjektive, die vor dem Substantiv stehen, zu lernen. Paarweise lassen sie sich besser merken. Sie kennen bereits die meisten davon.

grand ≠ *petit*   *bon* ≠ *mauvais*
jeune ≠ *vieux*   *beau* und *joli*

Grammaire Leçon 8

Vous pratiquez. Ergänzen Sie die Adjektive. Stehen Sie vor oder nach dem Substantiv?

1 (français) J'aime bien le _____ vin _____.
2 (noir) J'ai acheté un _____ pantalon _____.
3 (courte) Elle porte une _____ jupe _____.
4 (beau) J'ai trouvé un _____ manteau _____ sur Internet.
5 (grande) Nous avons fait une _____ promenade _____ samedi.
6 (intéressant) J'ai regardé un _____ film _____ à la télé.
7 (petite) Elle a une _____ boutique _____ au centre ville.
8 (typiques) Ce sont des _____ produits _____ de la région.

3 Die Possessivbegleiter

Vous regardez. Markieren Sie im Lied von Axelle Red alle Possessivbegleiter.

Je n'aime pas **mes** voisins.

> Une amie → mon amie
> Une idée → ton idée
>
> Vor femininen Substantiven, die mit Vokal oder stummem h beginnen, werden ma, ta, sa durch mon, ton, son ersetzt.

Vous comprenez. Ergänzen Sie die fehlenden Formen.

Person	maskulin	feminin	Plural
je	mon père	_____ mère	_____ parents
tu	_____ père	ta mère	tes parents
il / elle	_____ père	sa mère	_____ parents
nous	notre père et notre mère		nos parents
vous	votre père et _____ mère		vos parents
ils/elles	leur père et _____ mère		_____ parents

Vous pratiquez. Ergänzen Sie die Possessivbegleiter.

1 J'ai deux enfants : _____ fils s'appelle Julien et _____ fille Judith.
2 Nous avons oublié _____ clés à la maison.
3 Anne est venue avec _____ deux chiens.
4 Nous voulons vendre _____ maison pour acheter un appartement en ville.
5 Mon frère, _____ amie et _____ deux enfants sont arrivés hier.
6 Quelle est _____ adresse, Mélanie ?
7 Est-ce que vous avez pris _____ carte d'identité ?

Non, ce n'est pas mon chien.

C'est votre chien ?

→Ü11, Ü12

cent trente-sept | 137

Prononciation & Info-zapping

Prononciation

Le e muet / Das nicht gesprochene e

a Hören Sie die folgenden Sätze und setzen Sie jeweils die nicht gesprochenen e in Klammern.

1 Ell(e) a les ch(e)veux roux.
2 Signe particulier : un petit tatouage sur le bras.
3 Vous achetez des vêtements d'occasion quelquefois ?
4 J'ai acheté une robe la semaine dernière.

b Lesen Sie die Beispiele und achten Sie darauf, das in Klammern stehende e nicht zu sprechen. Kontrollieren Sie mithilfe der CD.

1 Ça n(e) peut pas continuer comm(e) ça.
2 J'habit(e) dans un p(e)tit villag(e).
3 Nous avons ach(e)té un(e) maison.
4 Qu'est-c(e) que j(e) peux fair(e) ?

Info-zapping

Vos gestes parlent pour vous…

a Qu'est-ce qu'ils disent ? Notez le numéro de la phrase sous le geste correspondant.

1 Super !   2 Je n'ai rien à faire.   3 Je croise les doigts.   4 Mon œil !   5 J'en ai marre.   6 Il est fou.

b Et chez vous ? Welche Gesten sind in Deutschland üblich?

c Parlez avec des gestes. Le groupe devine.
(Voici quelques idées : téléphoner, zéro, payer…)

@ *Objectif „Profession"* **Leçon 8**

L'ordinateur

a Regardez les photos et complétez les phrases. Notez le numéro de l'objet correspondant.

1. L'ordinateur, c'est le (n°_____).
2. On clique avec la souris (n°_____).
3. On peut sauvegarder des documents importants sur un cédérom (n°_____) ou une clé USB.
4. On scanne des photos avec un scanner (n°_____).
5. On peut écouter des émissions de radio par exemple avec des écouteurs (n°_____) ou des haut-parleurs (n°_____).
6. Sur l'écran (n°_____), on peut lire des textes et des mails.
7. On tape sur le clavier (n°_____) pour écrire.
8. On imprime des documents ou des lettres avec l'imprimante (n°_____).

b Comparez les deux barres de menu et complétez le glossaire franco-allemand.

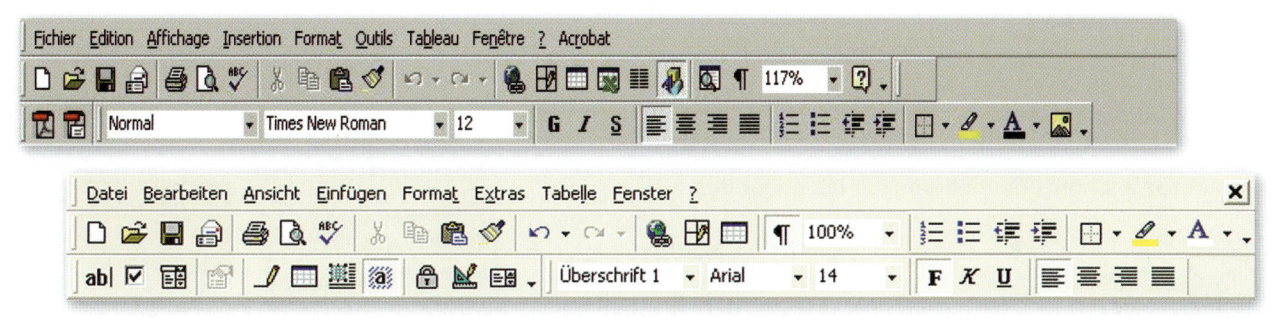

allemand	français
1 Datei	_____
2 _____	édition
3 Ansicht	_____
4 _____	format
5 _____	outils
6 Tabelle	_____
7 Einfügen	_____

c Vous avez un ordinateur ? Qu'est-ce que vous faites avec votre ordinateur ? Cochez et complétez.

○ écrire des textes   ○ envoyer des mails
○ faire des achats   ○ jouer à des jeux
○ télécharger de la musique   ○ chatter

_____

cent trente-neuf | 139

Cahier d'exercices

1 Les adjectifs de couleur

a Accordez les adjectifs, si nécessaire.

b Reliez.

1. un numéro vert_____
2. la carte bleu_____
3. voir la vie en rose_____
4. avoir la main vert_____
5. avoir des idées noir_____
6. les petits hommes vert_____
7. les pages jaune_____
8. une nuit blanc_____
9. la carte gris_____
10. un mariage blanc_____
11. être sur la liste rouge_____

a. une nuit sans dormir
b. être très pessimiste, dépressif
c. la carte d'identité d'un véhicule
d. un numéro de téléphone gratuit
e. ne pas être dans l'annuaire téléphonique
f. un mariage sans intention de vivre ensemble
g. être très optimiste
h. les habitants de la planète Mars
i. les pages professionnelles de l'annuaire téléphonique
j. une carte bancaire
k. être bon jardinier

2 Vêtements et matières

a Entourez les noms de matières sur les étiquettes.

b Trouvez 10 noms de vêtements, puis caractérisez quatre vêtements de la grille.

une chemise bleue en acrylique

1. _____
2. _____
3. _____
4. _____

O	P	A	N	T	A	L	O	N	R	I
S	I	V	R	A	B	O	T	T	E	S
C	H	E	M	I	S	E	C	E	M	U
J	O	S	E	L	M	F	O	R	A	N
U	S	T	V	L	A	U	S	S	N	E
P	I	E	X	E	O	R	T	A	T	B
E	C	H	A	U	S	S	U	R	E	S
V	O	L	B	R	E	I	M	T	A	E
E	N	S	T	R	O	B	E	L	U	T

c Avec les lettres des cases grises, trouvez un autre nom de vêtement.

→ un _____

Cahier d'exercices **Leçon 8**

3 Vous voulez vendre un vêtement. Rédigez une annonce. Précisez la couleur, la matière et le prix.

Référence	B020.11
Localisation	Allemagne
Contact	

4 Complétez. Utilisez le verbe *mettre*.

1 Je ne _____ pas de sucre dans mon café.
2 En voiture, nous _____ deux heures pour aller à Paris.
3 Qu'est-ce que tu _____ ce soir pour sortir ?
4 Maintenant vous _____ le verbe au passé composé.
5 Il ne _____ jamais de cravate.
6 Les enfants _____ la table.
7 Où est ce que j'ai _____ mes clés ?
8 Tu peux _____ la télé, s'il te plaît ?

Online-Übungen zu dieser Lektion finden Sie im Internet unter:
www.hueber.de/onyva

5 Qu'est-ce que vous mettez quand…

1 vous allez au théâtre ? _____.
2 vous travaillez dans le jardin ? _____.
3 vous allez au travail ? _____.
4 vous êtes à la maison ? _____.

6 Dans un magasin

a Ecoutez le dialogue et répondez.

1 La cliente se trouve dans quel magasin ?
2 Qu'est-ce qu'elle veut acheter ?

b Soulignez les questions que vous entendez dans le dialogue.

| Quelle taille ? | Il coûte combien ? | Je peux vous aider ? | Ça va ? |
| De quelle couleur ? | Où sont les cabines ? | Vous voulez essayer ? | |

c Avec ces questions écrivez un nouveau dialogue dans votre cahier.

cent quarante et un | 141

Cahier d'exercices

7 Masculin et féminin

a Complétez le tableau.

masc ♂	beau	gros		bon	frais	
fem ♀			fausse			longue

masc ♂	sportif		blanc		
fem ♀		discrète		neuve	vieille

b Caractérisez les éléments suivants à l'aide des adjectifs du tableau, comme dans l'exemple.

Un vélo peut être → *beau – vieux – neuf – blanc*

1 Une robe peut être → _____
2 Une femme peut être → _____
3 Une boisson peut être → _____
4 Un homme peut être → _____

8 Mettez les phrases dans l'ordre. Vous avez déjà rencontré ces phrases dans le manuel.

terrasse / notre / profitez de / panoramique → *Profitez de notre terrasse panoramique.*

1 européenne / une / sommes / famille / nous → _____
2 collectif / d'origine / c'est un / anglaise / sport → _____
3 cuisine / aime / bonne / Joseph / la → _____
4 cours / ils / particulier / un / prennent → _____
5 supplémentaires / des / propose / activités / le club → _____
6 tradition / une / l'apéritif / est / française → _____
7 belle / c'est un / avec une / restaurant / carte des vins / bon → _____
8 moustache / les / petite / cheveux / et une / il a / noirs → _____

9 Place de l'adjectif. Complétez avec un adjectif de votre choix.

1 Il pose toujours des _____ questions _____.
2 Vous avez eu une _____ idée _____.
3 Nous avons un _____ jardin _____.
4 Ma voisine, c'est une _____ femme _____.
5 Elle a les _____ cheveux _____.
6 Je connais un _____ restaurant _____.
7 Nous n'aimons pas les _____ vins _____.
8 J'habite dans un _____ village _____.

Cahier d'exercices — Leçon 8

10 Décrivez une des personnes de la photo.

_____
_____
_____

11 Complétez.

1 (parents – amie – sœur)

Anne a téléphoné à

son _____.
sa _____.
ses _____.

2 (portable – chaussures – veste)

Où est-ce que j'ai mis

mes _____ ?
mon _____ ?
ma _____ ?

3 (nom – femme – adresse)

Je ne connais pas

son _____.
son _____.
sa _____.

4 (voisins – amie anglaise – collègues)

Nous avons invité

nos _____.
notre _____.
nos _____.

5 (livres – panier – médicaments)

Vous avez pris

votre _____ ?
vos _____ ?
vos _____ ?

12 *Son, sa, ses* ou *leur / leurs* ? Complétez.

a André, cadre commercial, arrive au travail vers 8 heures. *Sa* journée de travail, c'est un peu la routine. Il va directement dans _____ bureau. Il lit _____ mails, il contacte _____ clients. Il donne des instructions à _____ secrétaire. A midi, il téléphone en général à _____ femme. Et l'après-midi, c'est la même chose. Vous voyez, _____ journées ne sont vraiment pas passionnantes. Heureusement il y a le week-end. Et là, _____ activité préférée, c'est le vélo.

b Jeanne et André, sont retraités maintenant. Ils profitent vraiment de _____ retraite. _____ journées sont bien remplies. _____ enfants habitent dans la région et ils voient souvent _____ petit-fils, Mathieu. Mais ils ont aussi _____ cercle d'amis. En général ils réservent _____ après-midi à des activités sportives. La randonnée, c'est _____ passion.

Cahier d'exercices

13 Décrivez un des trois dessins pour le prochain cours et laissez les autres deviner.

14 Présentez une personne de votre entourage. Stellen Sie in Ihrem Heft eine Person aus Ihrem Freundeskreis oder Ihrer Familie vor (Aussehen, Hobbies, Familie, Wohnort usw.). Sie können auch ein Foto mitbringen.

C'est mon / ma…

15 La fête des voisins

a Lisez les textes et répondez aux questions.

Mieux vivre ensemble avec la Fête des voisins
Le 30 mai dernier, 6 millions de voisins se sont retrouvés dans 457 villes de France et une centaine de villes européennes (Prague, Rome, Bruxelles, Ljubljana, Luxembourg, Riga, Dublin, Varsovie, Lisbonne etc.) pour faire la fête, mieux se connaître… L'occasion de faire connaissance, développer la convivialité et la solidarité. Invitez vos voisins et vos voisines à prendre un verre.
(d'après www.immeublesenfete.com)

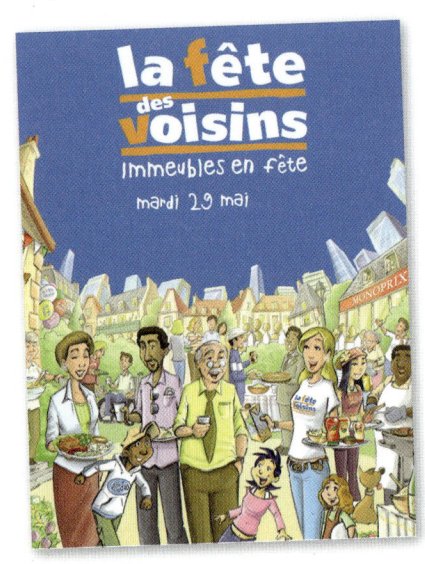

Avec cette affiche, vous pouvez annoncer cette fête dans votre immeuble, dans votre rue ou dans votre quartier…

LE 30 MAI
Apéro sur le palier 
« Bonjour, bonsoir… » Toute l'année, les relations entre voisins se limitent au strict minimum. Le 30 mai, « Immeubles en fête » donne l'occasion de briser la glace. Chacun apporte sa spécialité et les locataires mangent ensemble dans le hall ou la cour de l'immeuble. Promis, cette année, on s'appelle tous par notre prénom.
(d'après Femme actuelle, n° 1131)

1 La fête des voisins, c'est quand ?

2 C'est une fête typiquement française ?

3 Pourquoi est-ce qu'on organise cette fête ?

4 Qu'est-ce qu'on fait pendant cette fête ?

b Lisez de nouveau les textes et reliez les expressions équivalentes.

1 la fête des voisins   a briser la glace
2 les contacts entre voisins   b développer la convivialité et la solidarité
3 développer des contacts   c immeubles en fête
4 mieux se connaître   d les relations entre voisins

16 Brèves de conversation

Reliez. Was sagen Sie, wenn Sie …

1 etwas unerträglich finden.
2 wollen, dass etwas sich ändert.
3 die Nase voll haben.
4 etwas umständlich finden.
5 etwas übertrieben finden.
6 nicht genau verstanden haben.

a Je n'ai pas bien compris.
b C'est compliqué.
c C'est trop.
d C'est insupportable !
e Ça ne peut pas continuer comme ça !
f J'en ai marre !

Histoire drôle

Une petite fille demande à son papa :

● Dis, papa, notre chat, c'est un monsieur ou une dame ?
● C'est un monsieur.
● Comment tu le sais ?
● Euh… parce qu'il a des moustaches.

Portfolio

Nachdenken über das Lernen – Wie arbeite ich mit der CD?

Kreuzen Sie an, was auf Sie zutrifft. Sie können auch etwas hinzufügen.

○ Ich höre gern und oft die CD, weil ich mir über das Hören viel merken kann.

○ Für mich ist es sehr wichtig, die CD oft zu hören. Nur so bekomme ich die Melodie der Sprache ins Ohr.

○ Mit der CD lernen bringt mir nicht viel, weil ich mir nur dann etwas merken kann, wenn ich weiß, wie man es schreibt.

○ Ich höre die CD selten oder nie, weil ich keine Zeit habe.

○ Ich höre einen Text öfters und verstehe jedes Mal ein bisschen mehr.

○ Ich höre die CD immer im Auto und spreche mit.

○ Ich höre nur die Texte, die ich verstehe.

○ Ich höre lieber französisches Radio als die CD, wegen der französischen Lieder.

Sie können in der nächsten Stunde Ihre Antworten mit denen der anderen Teilnehmer vergleichen.

cent quarante-cinq

Portfolio — Journal d'apprentissage

Ich kann jetzt …

▸ Kleider, Farben und Stoffe benennen: ● ● ● S. 131
   un pantalon

▸ jemanden kurz beschreiben und charakterisieren: ● ● ● S. 132
   Il est ,
   Il a ,
   Il porte ,
   Il a l'air ,

▸ meinen ersten Eindruck von einem Lied wiedergeben: ● ● ● S. 133
   Je / J' ,

▸ von meinen Nachbarn erzählen: ● ● ● S. 134
   Mes voisins sont ,

▸ beschreiben, wo und wie ich wohne: ● ● ● S. 134
   J'habite ,

@ einige wichtige Begriffe rund um den Computer verstehen. ● ● ● S. 139

Ich kann auch …

▸ Adjektive im Satz richtig anwenden: ● ● ● S. 136

▸ die Possessivbegleiter anwenden: ● ● ● S. 137
   mon
   ma
   mes

▸ das Verb *mettre* konjugieren und anwenden. ● ● ● S. 136

Üben möchte ich noch …

Coin perso

Les mots ou expressions que vous aimez. Hier haben Sie Gelegenheit, Wörter oder Wendungen zu notieren, die Ihnen besonders gefallen und die Sie sich auf jeden Fall merken möchten.

Leçon

9

Week-end évasion

In dieser Lektion lernen Sie ...
- zu sagen, in welchen Ländern Sie schon gewesen sind
- einen Städte-Trip in eine europäische Hauptstadt zu planen
- zu sagen, was Sie in naher Zukunft machen werden
- sich über ein Hotel zu informieren
- telefonisch ein Hotelzimmer zu reservieren
- eine Postkarte zu schreiben
- über das Wetter zu sprechen
- @ per E-Mail Zimmer zu reservieren und eine Reservierungsbestätigung zu lesen

cent quarante-sept | 147

1 Balades européennes

a Regardez la carte d'Europe à la fin du livre et discutez avec votre voisin :
Vous êtes / Tu es déjà allé(e) dans quel(s) pays d'Europe ?
Et qu'est-ce que vous avez / tu as fait là-bas ?

> J'ai habité trois ans **en** France, **à** Paris.
> Je ne suis jamais allé(e) **en** Norvège.
> Nous sommes allés en vacances **au** Portugal l'année dernière.
> **Aux** Pays-Bas, nous avons fait une balade à vélo.

la France	→ **en** France
le Portugal	→ **au** Portugal
les Pays-Bas	→ **aux** Pays-Bas

→Gr.1
→Ü1

TIPP! Ländernamen, die auf -e enden, sind meistens feminin.

b Lisez les offres de séjour. Quelles sont les trois destinations proposées ?

1 _____   2 _____   3 _____

Recommandez un hôtel à une personne qui…

… aime faire les magasins : _____

… aime les promenades en bateau : _____

… aime les dîners spectacles : _____

… voyage en famille : _____

… n'a pas un gros budget : _____

City+

TURIM ★★★★

L'Hôtel Turim, joli et hospitalier, est un établissement moderne avec des chambres accueillantes et une situation plaisante. Dans le hall, les murs sont ornés d'azulejos (faïences typiques). Lisbonne est la ville du fado, musique lancinante aux sons arabes et au rythme du flamenco qui réunit passion et tristesse.

Offre avantage
(hors transport)
- 3 nuits + petit déjeuner
- 1 soirée fado au restaurant O Forcado qui comprend un dîner 3 plats, vins blanc et rouge, café et eau minérale
- Circuit audio (4 h)
- Plan de la ville
- TVA + taxes de séjour

4 jours pour 179 €

City+

HOLIDAY INN VIENNA CITY ★★★★

Le Holiday Inn Vienna City est un établissement contemporain situé au centre, à 10 minutes à pied du Staatsoper. Il offre toutes les facilités et les enfants sont les bienvenus. Et vous irez goûter à la célèbre Sacher-Torte au Café Sacher, Vienne oblige … Ce délicieux gâteau au chocolat est un des symboles de Vienne.

Offre avantage
(hors transport)
- 2 nuits + petit déjeuner
- 1 part de gâteau Sacher-Torte au Café Sacher
- Plan de la ville
- TVA + taxes de séjour

3 jours pour 219 €

City+

LE FAUBOURG ★★

Dans ce petit établissement 2 étoiles les prix et la situation sont avantageux. Il se trouve dans le quartier autour des grands boulevards parisiens, de l'Opéra Garnier et des grands magasins Le Printemps et Les Galeries Lafayette (9e arrondissement). Une croisière sur la Seine vous offre un panorama inégalé sur la ville.

Offre avantage
(hors transport)
- 2 nuits + petit déjeuner
- 1 croisière sur la Seine (1 h)
- Plan de la ville
- TVA + taxes de séjour

3 jours pour 94 €

© transeurope, Lille

---

c Vous partez à deux en week-end. Choisissez une destination et dites pourquoi.

Nous choisissons / On choisit _____ *parce que* _____

Leçon 9

d Faites des projets ensemble. Qu'est-ce que vous **allez faire** pendant votre séjour ?
A Paris, **nous allons visiter** le musée du Louvre mais **nous n'allons pas faire** de croisière sur la Seine. C'est trop touristique.

> Tu **vas faire** une croisière sur la Seine ?
> – Non, je **ne vais pas faire** de croisière sur la Seine.
> Zusammengesetzte Zukunft:
> Konjugierte Form von *aller* + Infinitiv

Vous pouvez utiliser les expressions suivantes :

visiter un château / un musée

flâner dans les rues

faire un tour de ville *by night*

déguster les spécialités locales

découvrir la ville à vélo

faire une visite guidée en minibus

faire des photos

faire les magasins

acheter des souvenirs

Notez trois activités que vous allez faire.
1 _____
2 _____
3 _____

Notez trois activités que vous n'allez pas faire.
1 _____
2 _____
3 _____

→Gr.2
→Ü2 – Ü4
→Ü5

> geschlossenes Verkehrsmittel
> → **en** bateau, **en** voiture, **en** train, **en** avion
> nicht geschlossen
> → **à** pied, **à** vélo, **à** moto

2 Vous avez une chambre libre ?

a Voici une liste de questions utiles pour réserver une chambre d'hôtel. Cochez les cinq questions les plus intéressantes pour vous. Vous pouvez compléter la liste, si vous voulez !

- ○ 1 L'hôtel se trouve en centre ville ?
- ○ 2 Est-ce qu'il y a un parking ?
- ○ 3 Est-ce que vous avez un tarif *spécial enfants* ?
- ○ 4 La chambre coûte combien ?
- ○ 5 La salle de bains, c'est avec douche ou baignoire ?
- ○ 6 Le petit déjeuner est compris ?
- ○ 7 Est-ce qu'il y a un accès Internet dans les chambres ?
- ○ 8 Est-ce que l'hôtel a des facilités pour personnes handicapées ?
- ○ 9 Les chambres doubles, ce sont des chambres à un ou deux lits ?
- ○ 10 _____

b Ecoutez le dialogue et soulignez les questions de 2a que vous entendez.

→Ü6

c Ecoutez le dialogue une deuxième fois et rayez les informations inexactes.

1. Le client a trouvé l'hôtel dans un catalogue / sur Internet / par une agence.
2. L'hôtel se trouve près du centre ville / à la sortie de la ville / en centre ville.
3. Le parking de l'hôtel est gratuit / payant / public.
4. Le client veut réserver pour un week-end pour une nuit / pour trois nuits.
5. Il réserve pour la période du 3 au 5 avril / du 30 avril au 2 mai / du 30 mai au 1er juin.
6. Le client veut une chambre simple / double / avec grand lit.
7. L'hôtel propose un petit déjeuner continental / formule buffet / anglo-saxon.

> le 1er mai = le premier mai
> le 2 mai = le deux mai
> le 3 mai = le trois mai etc.
> **du** 3 **au** 7 mai

d Travaillez à deux : **A** regarde la fiche ci-dessous, **B** travaille avec la fiche page 178.
Vous êtes à Sarlat et vous cherchez un hôtel. Posez des questions pour compléter votre fiche.

A Est-ce qu'il y a un parking ?   **B** Oui, il y a un parking.

Hôtel Montaigne

À trois minutes à pied de la gare. Grand parking gratuit pour nos clients, derrière l'hôtel.

Toutes les chambres sont climatisées. **Télévision**, **téléphone** direct, **accès Internet, salle de bains** (avec baignoire ou douche et WC) dans toutes les chambres. **Ascenseur.**

nos tarifs (par nuitée)		basse saison	haute saison
		du 1er nov. au 31 mars	du 1er avr. au 31 oct.
chambre simple		62 €	72 €
chambre double		88 €	95 €
lit supplémentaire	10 €		
petit déjeuner BUFFET	8 € par pers.		
parking	gratuit		
animaux non admis			

Hôtel de la Poste

Situation : _____

Parking / Garage : _____

nos tarifs (par nuitée)	basse saison	haute saison
	du 1er nov. au _____	_____ au 31 oct.
Chambre simple :		
Chambre double :		

Climatisation : _____
Douche / Baignoire : _____
Lit supplémentaire : _____
Petit déjeuner : _____
TV : _____

Accès Internet : _____
Téléphone : _____
Ascenseur : _____
Chiens : _____

Vous choisissez quel hôtel ?

Leçon 9

3 Cartes postales

a Il fait beau aujourd'hui ?

1 Il fait beau. 2 Il pleut. 3 Il y a des orages. 4 Il y a du vent.

5 Il neige. 6 Il fait chaud. 28°C 7 Il fait froid. -10°C

Aujourd'hui, _____

→Ü9

b Lisez les cartes postales et devinez d'où elles viennent.

Chers amis,

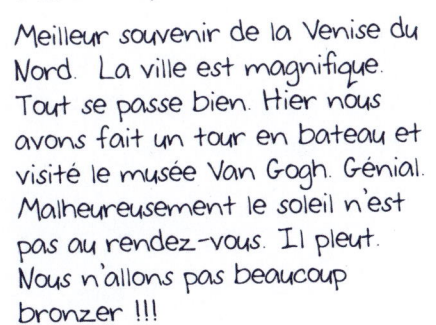

Meilleur souvenir de la Venise du Nord. La ville est magnifique. Tout se passe bien. Hier nous avons fait un tour en bateau et visité le musée Van Gogh. Génial. Malheureusement le soleil n'est pas au rendez-vous. Il pleut. Nous n'allons pas beaucoup bronzer !!!

Amitiés
Brigitte et Olivier

Mme et M. Mazure
3 rue Joseph Bara
F – 95100 Argenteuil

Salut Isabelle,

Bien arrivés au pays de la paëlla. Il fait très chaud. L'hôtel est super, tout près de la mer.
On se baigne tous les jours et les enfants s'amusent bien.
Ce matin, on a fait une promenade sur les Ramblas et demain on va faire un peu de tourisme dans l'arrière pays. On rentre dimanche.
J'espère que tu vas bien.
Je t'embrasse bien fort

Flo

Isabelle Rigaud
15 rue Georges Tardy
F – 58 000 Nevers

Ma Lolita chérie,

Je suis au bout du monde, à Killilä. Les gens ne parlent pas français ici, mais je me débrouille avec mon anglais. Il fait très très froid. Hier j'ai fait un tour dans la toundra.
Aujourd'hui, je me repose.
Tu me manques.

Mille pensées
Greg

Lolita Collard
19, rue de Rome
F – 75 008 Paris

→Gr.3
→Ü10

c Relisez les cartes et complétez les rubriques. Vous pouvez, si vous voulez, ajouter une formule de votre choix.

1 Saluer

1ère carte : *Chers amis,*

2e carte : _____

3e carte : _____

4 _____

2 Dire où on est

1ère carte : *Meilleurs souvenirs* _____

2e carte : *Bien arrivés au pays de la paëlla.*

3e carte : *Je suis* _____
_____

4 _____

3 Parler du temps

1ère carte : _____ *n'est pas au rendez-vous.*
Il _____ .

2e carte : *Il fait très chaud.*

3e carte : _____ *très froid.*

4 _____

4 Faire un commentaire général

1ère carte : *La ville* _____ .

2e carte : *L'hôtel est super.*

3e carte : *Les gens* _____
_____ .

4 _____ .

5 Parler des activités

1ère carte : *Nous avons fait un tour en bateau et visité le musée Van Gogh.*

2e carte : *Ce matin,* _____
_____ *et demain* _____
_____ .

3e carte : *Aujourd'hui je* _____ .

4 _____

6 Pour finir

1ère carte : _____

2e carte : *Je* _____

3e carte : *Mille pensées* _____

4 _____

d Ecrivez des cartes postales en groupe.
Schreiben Sie nun Postkarten mit der ganzen Gruppe. Nehmen Sie dazu ein Blatt. Sie schreiben zunächst die Anrede (Schritt 1). Anschließend falten Sie das Blatt nach hinten und geben es Ihrem rechten Nachbarn, der dann die Karte weiter schreibt (Schritt 2). Es gibt so viele Postkarten wie es Spieler gibt. Machen Sie so weiter bis die Schritte 1 (*Saluer*) bis 6 (*Pour finir*) bearbeitet sind. Erst dann können Sie unterschreiben.

TIPP!
Es ist sehr hilfreich beim Schreiben, Wörter und Wendungen aus dem Text, den Sie gerade gelesen haben, zu benutzen.

e Lisez *votre* carte d'abord seul(e), puis en plenum.

→Ü11, Ü12

Grammaire   Leçon 9

1   Präpositionen *à* und *en* vor Städte- und Ländernamen

Vous regardez. Suchen Sie in den Beispielen von 1a auf Seite 148 die hier fehlenden Präpositionen.

1 Je ne suis jamais allé(e) _____ Portugal.

2 Nous sommes allés en vacances _____ France l'année dernière.

3 _____ Pays-Bas, nous avons fait un circuit à vélo.

4 Nous avons habité trois ans _____ Londres.

Vous comprenez.
Ergänzen Sie die Regeln und setzen Sie die passende Präposition *à / au / en / aux* ein.

1 Vor Ländernamen, die feminin sind, steht _____ : _____ Roumanie.

2 Vor Landernamen, die maskulin sind, steht _____ : _____ Danemark.

3 Vor Ländernamen, die im Plural stehen, steht _____ : _____ Etats-Unis.

4 Vor Städtenamen steht _____ : _____ Prague.

Vous pratiquez. Ergänzen Sie die Präpositionen.

1 ● Vous habitez où ?

  ● J'habite _____ Fribourg.

  ● Fribourg _____ Suisse ?

  ● Non, Fribourg _____ Allemagne.

2 ● Vous allez où en vacances ?

  ● Moi, je vais _____ Aveiro.

  ● Aveiro ? C'est où ? _____ Italie ?

  ● Non, c'est _____ Portugal.

3 ● Nous avons habité trois ans _____ Canada.

  ● Et où exactement ?

  ● Un an _____ Montréal et deux ans _____ Toronto.

→Ü1

2   Die zusammengesetzte Zukunft (*le futur composé*)

Vous regardez. Markieren Sie die Formen der zusammengesetzten Zukunft.

1 Qu'est-ce que vous allez faire pendant votre séjour ?

2 Nous allons visiter le Louvre.

3 On va flâner dans les rues de Paris.

4 Non, je ne vais pas faire de visite guidée.

Vous allez rencontrer l'homme de votre vie...

Grammaire

Vous comprenez. Markieren Sie die richtige Alternative.

Das *futur composé* wird mit dem Präsens des Verbs *(aller / venir)* und dem *(Partizip Perfekt / Infinitiv)* des jeweiligen Verbs gebildet.

Aufgepasst!

Bei der Verneinung wird nur die Form von _____ durch *ne… pas* eingerahmt.

Vous pratiquez. Notieren Sie, was Sie machen werden. Fragen Sie auch Ihren Nachbarn.

Moi	Mon voisin / Ma voisine
1 Après le cours, je _____.	Après le cours, il / elle _____.
2 Ce soir, _____.	Ce soir, _____.
3 Le week-end prochain, _____.	_____.
4 Demain, je ne _____.	_____.

→Ü2 - Ü4

3 Die reflexiven Verben

Vous regardez. Ergänzen Sie die Tabelle. Sie kennen bereits einige Reflexivpronomen.

se reposer		
je	_____	repose
tu	te	reposes
il/elle/on	se	repose
nous	nous	reposons
vous	vous	reposez
ils/elles	_____	reposent

s'appeler		
je	m'	appelle
tu	t'	appelles
il/elle/on	s'	appelle
nous	_____	appelons
vous		appelez
ils/elles	s'	appellent

Vous comprenez. Ergänzen Sie die Regel.

1 Anders als im Deutschen steht das Reflexivpronomen _____ dem Verb.

2 *me*, *te* und *se* werden vor Vokal oder stummem *h* zu _____, _____ und _____.

Vous pratiquez. Ergänzen Sie die Reflexivpronomen und die Verbendungen.

1 (se reposer) Aujourd'hui, nous _____ repos_____ un peu.

2 (s'appeler) Vous _____ appel_____ comment ?

3 (se débrouiller) Je ne _____ débrouill_____ pas très bien en anglais.

4 (s'amuser) On ne _____ amus_____ pas du tout ici.

5 (se trouver) L'hôtel Roxane _____ trouv_____ rue de la Poste.

6 (s'énerver) Pourquoi est-ce que tu _____ énerv_____ ? Je n'ai rien fait.

7 (se baigner) Nos deux filles _____ baign_____ tous les jours.

→Ü10

154 | cent cinquante-quatre

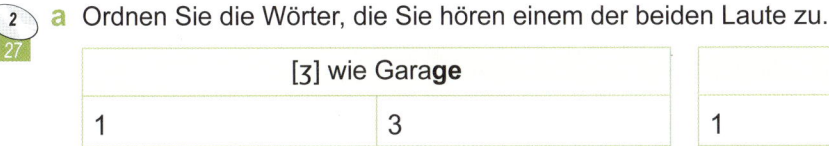

Prononciation & Info-zapping — Leçon 9

Prononciation

Die Laute [ʒ] und [ʃ]

cher   déjà   janvier
chambre   génial   Brigitte
douche   dimanche

a Ordnen Sie die Wörter, die Sie hören einem der beiden Laute zu.

[ʒ] wie Garage	
1	3
2	4

[ʃ] wie Schule	
1	3
2	4

b Sprechen Sie die Sätze laut und kontrollieren Sie mit der CD. 
1 Bonjour, je m'appelle Jacques Dujardin.
2 Nous cherchons une chambre avec douche.
3 Il fait chaud chez toi.
4 En janvier, il neige souvent.

Info-zapping

Se débrouiller en France

a Vous pouvez rencontrer ces panneaux où ?

b A quel panneau correspondent les phrases suivantes ? Notez le numéro.

1 Cette place de parking est réservée aux personnes à mobilité réduite.
2 Ne roulez pas trop vite : il y a des enfants.
3 Vous pouvez vous baigner sans danger.
4 Sur ce côté, vous ne pouvez pas stationner les quinze pemiers jours du mois.
5 Vous devez payer pour rester sur le parking.

Bonnes vacances et bonne route !

Objectif „Profession"

Réserver une chambre d'hôtel

a Mme Faber, secrétaire de l'entreprise STAIHL, a réservé par mail 6 chambres simples à l'hôtel *Le Tropicana* de Reims.
L'hôtel a confirmé la réservation de Mme Faber. Lisez le mail.

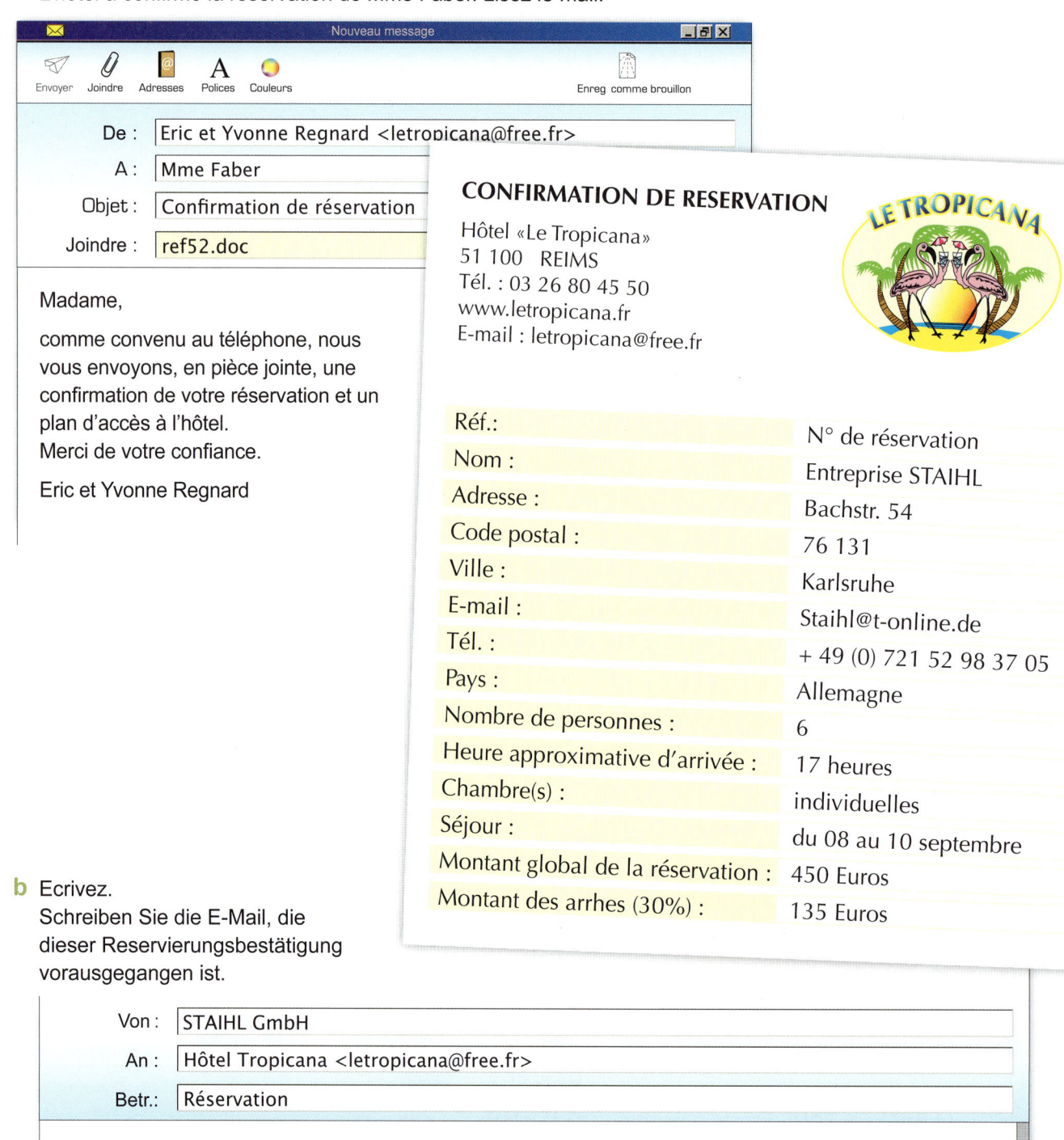

Nouveau message

De : Eric et Yvonne Regnard <letropicana@free.fr>
A : Mme Faber
Objet : Confirmation de réservation
Joindre : ref52.doc

Madame,

comme convenu au téléphone, nous vous envoyons, en pièce jointe, une confirmation de votre réservation et un plan d'accès à l'hôtel.
Merci de votre confiance.

Eric et Yvonne Regnard

CONFIRMATION DE RESERVATION

Hôtel « Le Tropicana »
51 100   REIMS
Tél. : 03 26 80 45 50
www.letropicana.fr
E-mail : letropicana@free.fr

LE TROPICANA

Réf. :	N° de réservation
Nom :	Entreprise STAIHL
Adresse :	Bachstr. 54
Code postal :	76 131
Ville :	Karlsruhe
E-mail :	Staihl@t-online.de
Tél. :	+ 49 (0) 721 52 98 37 05
Pays :	Allemagne
Nombre de personnes :	6
Heure approximative d'arrivée :	17 heures
Chambre(s) :	individuelles
Séjour :	du 08 au 10 septembre
Montant global de la réservation :	450 Euros
Montant des arrhes (30%) :	135 Euros

b Ecrivez.
Schreiben Sie die E-Mail, die dieser Reservierungsbestätigung vorausgegangen ist.

Von : STAIHL GmbH
An : Hôtel Tropicana <letropicana@free.fr>
Betr. : Réservation

_____ ,

_____

_____

_____

_____

Christiane Faber

Cahier d'exercices — Leçon 9

1 *à, au, aux* ou *en* ? Complétez.
Lucas et Sarah font des projets de vacances. Ils ne sont pas vraiment d'accord.

- Lucas
- Sarah

- • Si tu veux, on part ce week-end... On va _____ Luxembourg !
- • Et qu'est-ce qu'on va faire là-bas ?
- • _____ Pays-Bas, alors ?
- • Il y a trop de tulipes.
- • _____ Suisse ?
- • Je n'aime pas la montagne.
- • On va _____ Italie ?
- • Je déteste les pizzas.
- • Allons _____ Prague, alors ?
- • Je connais déjà.
- • _____ Danemark ?
- • Il fait trop froid là-bas.
- • Et _____ Londres ?
- • C'est beaucoup trop cher.
- • Si tu veux, on va _____ Baléares ?
- • Je ne veux pas prendre l'avion.
- • Bon, ça ne fait rien, on peut rester _____ France.
  Un week-end _____ Saint-Tropez, ça te dit ?
- • C'est trop snob.
- • _____ Lyon ?
- • Ah oui, Lyon, c'est une bonne idée !
- • Oui, mais c'est là qu'on habite !

2 Terminez les phrases à l'aide des expressions suivantes. Utilisez le *futur composé*.

~~venir~~   aller chez le docteur   chercher dans le lexique   inviter des amis   acheter un plan
faire de la gymnastique   ne pas sortir   faire les courses   visiter le Colisée   ne pas partir en vacances

Jacques a téléphoné, *il va venir* demain.

1 Nous sommes en vacances à Rome, nous _____.
2 Il n'y a rien dans mon frigo, je _____.
3 Vous ne connaissez pas ce mot, vous _____.
4 C'est ton anniversaire, tu _____.
5 Elles sont fatiguées, elles _____.
6 Christine a des problèmes de dos, elle _____.
7 Pierre est malade, il _____.
8 On ne connaît pas la ville, on _____.
9 Nous n'avons pas d'argent, nous _____.

Cahier d'exercices

3 Ecoutez et notez ce que les touristes vont faire le premier soir à Paris.

1 André _____.
2 Camille et Clément _____.
3 Mathilde _____.
4 Yann _____.

4 Notez trois choses que vous allez faire et trois choses que vous n'allez pas faire cette année.

Qu'est-ce que vous allez faire ? Qu'est-ce que vous n'allez pas faire ?
Cette année… *Cette année…*

1 _____ 1 _____
2 _____ 2 _____
3 _____ 3 _____

5 a Complétez.

moto → à ←
tram → en ←

b Répondez comme dans l'exemple.

Comment vous allez en ville ? → *à moto.*

1 … au travail ? → _____.
2 … en vacances ? → _____.

6 Reliez la fête et la date correspondante et complétez.

1 La Saint-Valentin   le 1er mai
2 Le début du Carnaval en Allemagne   le 31 décembre
3 La fête nationale française   le 9 mai
4 La fête de la musique   le 14 juillet
5 La journée de la femme   le 14 février
6 La Saint-Sylvestre   le 8 mars
7 La fête du Travail   le 21 juin
8 La journée de l'Europe   le 11 novembre

Mon anniversaire, c'est le _____.

Et aujourd'hui, on est _____.

Cahier d'exercices **Leçon 9**

7 Complétez les deux dialogues. Monsieur Germain veut réserver une chambre d'hôtel.

● Hôtel du Château, bonsoir.
● _____ ?
● Pour combien de personnes ?
● _____ .
● Pour quelle date ?
● _____ .

● Et pour combien de nuits ?
● _____ .
● Un instant, je regarde… Alors, une chambre double… Oui, ça va.
● _____ ?
● 95 € par personne et par nuit.
● _____ ?
● Oui, il est compris.
● _____ .
● Et c'est à quel nom ?
● _____ .
● Très bien, Monsieur. Au revoir et à bientôt.
● A bientôt. Merci.

● Désolée, Monsieur. Tout est complet.
● _____ ?
● Je regrette mais pour le week-end d'après, ce n'est pas possible non plus.
● _____ .
● Je vous en prie, Monsieur. Au revoir.

Online-Übungen zu dieser Lektion finden Sie im Internet unter:
www.hueber.de/onyva

8 Ecoutez les conseils de Sébastien et soulignez la bonne réponse.
1 Monique veut aller à **Bucarest** / **Budapest**.
2 Le Magora Hostel se trouve dans un quartier **au sud** / **au nord** de la ville.
3 Il y a une ambiance **jeune** / **familiale**.
4 C'est un immeuble des années **cinquante** / **trente**.
5 Une chambre **double** / **simple** coûte 50 euros.
6 Il y a un côté **original** / **oriental** dans la décoration des chambres.

9 Journal météo. Notez pour chaque jour de la semaine le temps qu'il fait.

Exemple : *lundi 12 mai, il pleut.*

lundi _____ , _____ .
mardi _____ , _____ .
mercredi _____ , _____ .
jeudi _____ , _____ .
vendredi _____ , _____ .
samedi _____ , _____ .
dimanche _____ , _____ .

cent cinquante-neuf | 159

Cahier d'exercices

10 Répondez. Utilisez les verbes suivants :

se reposer   se débrouiller   s'informer   se trouver   s'appeler   se passer   s'amuser   s'énerver

1 Qu'est-ce que tu fais entre midi et deux heures ? En général, je _____.
2 Où est l'hôtel du Midi ? Il _____ en face de la gare.
3 Vous passez une bonne soirée ? Oui, on _____ comme des fous.
4 Tu connais cette grande blonde à côté de Pierre ? Elle _____ Babeth Lamour, je crois.
5 Alors, votre séjour en France est agréable ? Oui, nos vacances _____ très bien.
6 Où trouver le programme des spectacles de la semaine ? Les touristes peuvent _____ à l'office de tourisme.
7 Je trouve Mira très stressée. Toi aussi ? Oui, elle _____ pour un rien.
8 Vous parlez italien ? Pas vraiment, mais nous _____.

11 Choisissez une carte postale et écrivez le texte correspondant dans votre carnet.

12 Lisez le texte et trouvez des informations sur :

- la situation géographique : _____
- le climat : _____
- les activités sportives : _____
- les manifestations culturelles : _____
- les concerts : _____
- les moyens de transports : _____
- les possibilités d'excursions : _____

Bienvenue sur le site officiel de Montreux-Vevey Tourisme !

Montreux avec ses quais fleuris, ses terrasses et son casino est la perle de la *Riviera suisse*. Ville très animée, elle bénéficie, grâce à sa situation privilégiée au bord du Lac Léman et au pied des Préalpes, d'un climat particulièrement clément et agréable.

La diversité des excursions (les Rochers-de-Naye à 2300 m et bien sûr le Château de Chillon), que ce soit en bus, en train ou en bateau, mais également des sports (sports nautiques, tennis, golf, équitation, tourisme pédestre) et des divertissements offerts par la région, permet à chacun, jeune ou moins jeune, de passer un séjour *sur mesure*.

Il se passe toujours quelque chose sur la Riviera. Ne serait-ce que les manifestations internationales qui y ponctuent l'année : le Festival de Jazz en juillet, pendant la saison d'hiver, les représentations de théâtre et les concerts classiques, ainsi que le Marché de Noël et le Festival du Rire. Entre lac et montagne, nous vous souhaitons un agréable séjour !

(www.montreux-vevey.com)

Cahier d'exercices   *Leçon* **9**

13   Brèves de « correspondance »

Classer les expressions de la plus neutre à la plus intime :

_____ Ma chérie,   _____ Mille pensées.

_____ Chers amis,   _____ Amitiés.

_____ Chère Isabelle,   _____ Je t'embrasse.

Histoire drôle

Pierre est allé en vacances à la Martinique. A son retour, il rencontre un ami :

- Alors, la Martinique. C'est beau ?
- Je ne sais pas. Je n'ai pas encore vu les photos.

Portfolio

Nachdenken über das Lernen – Welche Schreibgewohnheiten habe ich?

Was trifft auf Sie zu? Kreuzen Sie an.

○ Ich schreibe im Unterricht immer alles mit
    ○ auf Einzelblätter.
    ○ irgendwo im Buch.
    ○ in meinen Ordner.

○ Wenn ich mir etwas aufschreibe, wird es mir klarer.

○ Schreiben fällt mir leichter als Sprechen, weil ich mehr Zeit habe, zu überlegen.

○ Eigentlich möchte ich nur sprechen. Schreiben finde ich lästig.

○ Es hilft mir, wenn man mir Anhaltspunkte gibt, z. B. Modellsätze.

○ Ich schreibe gern Texte, die ich dann in mein Lern-Dossier hefte.

○ Ich schreibe gern Texte ab.

○ Schreiben hilft mir zu formulieren, dadurch fällt es mir dann leichter zu sprechen.

○ Wenn ich ein neues Wort lerne, möchte ich sofort einen Satz dazu aufschreiben.

○ Ich lese das, was ich schreibe, mehrmals durch und versuche die Fehler auszubessern.

○ Ich schreibe gern am Computer, weil es eine Rechtschreibkorrektur gibt.

○ Wenn ich beim Schreiben unsicher bin, sehe ich im Wörterbuch oder in der Grammatik nach.

Sie können in der nächsten Stunde Ihre Antworten mit denen der anderen Teilnehmer vergleichen.

Portfolio — Journal d'apprentissage

Ich kann jetzt ...

▶ sagen, in welchen Ländern ich schon gewesen bin und was ich dort gemacht habe: 🟢 🟡 🔴 S. 148
Je suis allé(e) _____ et j'ai _____ .

▶ einen Aufenthalt in einer Stadt planen und sagen, was ich dort machen werde: 🟢 🟡 🔴 S. 149
Le week-prochain, je vais aller _____ et je vais _____ .

▶ mich über ein Hotel erkundigen und ein Zimmer reservieren: 🟢 🟡 🔴 S. 150
L'hôtel se trouve _____ ?
Le petit déjeuner _____ ?
Je voudrais réserver _____ .

▶ eine Postkarte schreiben mit Anrede und Schlussformel: 🟢 🟡 🔴 S. 152
_____ / _____

▶ über das Wetter sprechen: 🟢 🟡 🔴 S. 151
Il fait _____ et il y a _____ .

@ Zimmer per E-Mail reservieren und eine Reservierungsbestätigung lesen. 🟢 🟡 🔴 S. 156

Ich kann auch ...

▶ das *futur composé* bilden und anwenden: 🟢 🟡 🔴 S. 153
Demain, je _____ .

▶ reflexive Verben konjugieren: 🟢 🟡 🔴 S. 154
je me repose, tu te...

▶ das Datum angeben und einen Zeitabschnitt benennen: 🟢 🟡 🔴 S. 150
Aujourd'hui, on est le _____ .
Je pars _____ 3 _____ 5 mars.

Üben möchte ich noch ...

_____
_____
_____

Coin perso

Les mots ou expressions que vous aimez. Hier haben Sie Gelegenheit, Wörter oder Wendungen zu notieren, die Ihnen besonders gefallen und die Sie sich auf jeden Fall merken möchten.

Avant d'aller plus loin… III

Rencontre franco-allemande

1 Information

a Vous faites partie du Comité de jumelage et vous organisez une rencontre franco-allemande dans votre ville. Vous êtes jumelé avec quelle ville française ?

Partnerstädte

b Vous voulez préparer une notice d'information pour vos amis français. Lisez d'abord l'article paru dans le journal local et répondez en français aux quatre questions du soleil pour trouver les informations clés.

Amtliches Mitteilungsblatt der Stadt _____

25 Jahre Städtepartnerschaft

25e anniversaire de notre jumelage

Partnerschaftswochenende mit großer Jubiläumsfeier

Unsere Städtepartnerschaft blüht! Zu unserem Jubiläumswochenende am 28., 29. und 30. April haben sich bereits über 70 Gäste aus unserer französischen Partnerstadt angemeldet. Auch auf unserer Seite ist die Resonanz enorm und beweist, wie lebendig unsere Partnerschaft ist. Trotzdem sind noch Anmeldungen in unserem Rathaus möglich (Tel. 202 46 46). Unser Partnerschaftskomitee trifft sich kommenden Dienstag zu einer öffentlichen Sitzung um 20.00 Uhr im Ratskeller. Alle Interessenten sind dazu herzlich eingeladen und sehr willkommen.

qui ? — *quand ?* — *où ?* — **prochaine rencontre** — *pourquoi ?*

c Rédigez maintenant votre notice en français à l'aide des informations ci-dessus.

cent soixante-trois | 163

Avant d'aller plus loin... III

2 Organisation

a L'organisateur allemand, Michael Kuhn, téléphone à son collègue français. Ecoutez le dialogue et complétez le programme.

Zwei Städte – Eine Gemeinschaft
Deux villes – Une communauté

Jumelage
– _____

Programme de la rencontre

jour	heure	
vendredi	10 h 00	_____
	11 h 00	_____
	11 h 45	*répartition dans les familles d'accueil*
	14 h 00	_____
	soirée	_____
samedi	matinée	*dans la famille d'accueil*
	12 h 30	_____
	après-midi	_____
	19 h 00	*cocktail dînatoire*
	20 h 00	_____
dimanche	9 h 00	*départ du car*

b Le Comité de jumelage se réunit pour fixer les derniers points du programme. Vous participez à la réunion. Qu'est-ce que vous proposez de faire découvrir à vos amis français ?

vendredi

samedi

c Présentez vos idées en plenum : mettez-vous d'accord sur deux activités, puis complétez le programme pour le présenter aux Français. *Vendredi soir, nous allons…*

d Faites une liste des choses à faire pour préparer ces deux points du programme.

Nous devons…

Il faut…

Avant d'aller plus loin… III

3 Après la rencontre

a Vous préparez un journal illustré de la rencontre pour l'envoyer à vos amis français. Ecrivez un commentaire sous chaque photo. Notez aussi ce que vous avez fait vendredi soir et samedi après-midi.

vendredi matin

1  _____   2 _____

vendredi après-midi   vendredi soir   samedi midi

photo : Christophe

3 _____   4 _____   5 _____

samedi après-midi   samedi soir   dimanche matin

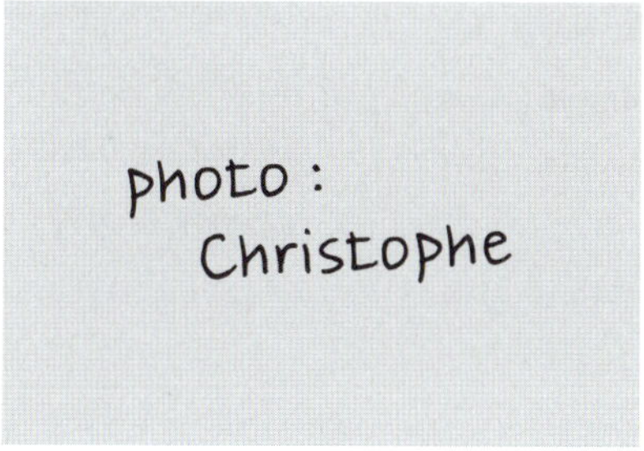

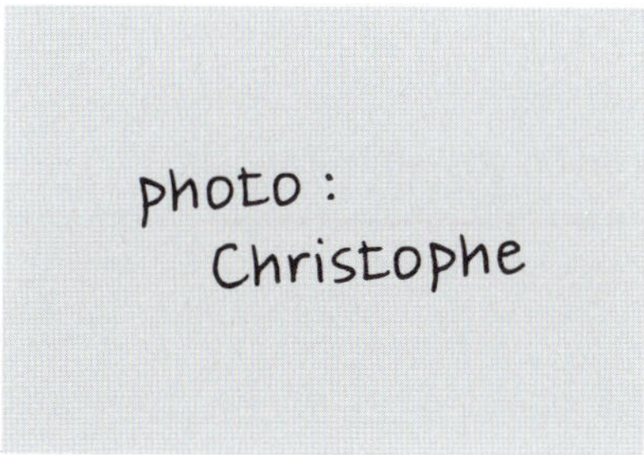

photo : Christophe

6 _____   7 _____   8 _____

cent soixante-cinq | 165

Avant d'aller plus loin... III

b Vous avez fait une évaluation à la fin de la rencontre. Lisez les commentaires de quelques participants français et complétez le tableau pour communiquer les résultats à votre collègue français.

> Ma famille d'accueil était très sympathique. J'ai adoré les petits déjeuners allemands avec des œufs, de la charcuterie et du fromage, des jus de fruits. C'est comme dans un hôtel trois étoiles. J'ai beaucoup aimé cette rencontre, mais trois jours, c'est un peu court. Surtout que le voyage en bus est long...

> Ingrid et Jonas apprennent le français depuis deux ans et ils se débrouillent déjà très bien.
> Nous avons beaucoup regretté de ne pas parler allemand, mais nous repartons motivés : nous allons nous inscrire dès septembre à un cours d'allemand ! Super week-end, mais fatigant ! Bis bald et danke schön !

> La visite du jardin botanique : formidable !
> Nous avons appris beaucoup de choses.
> Nous avons invité Erika et Kurt chez nous. Nous allons passer 15 jours ensemble dans les Pyrénées et faire de la marche ensemble. J'ai déjà acheté des chaussures de randonnée. Des chaussures allemandes. Ouah !

> Programme bien choisi. Organisation parfaite. Accueil très chaleureux. Mais j'ai été un peu stressé par les horaires, les rendez-vous. Il y a trop d'activités de groupe, je trouve. Les Allemands sont vraiment super sympas et cool !

➕ aspects positifs	➖ aspects négatifs

c Comment optimiser les rencontres ? Faites des propositions pour en parler avec vos amis français.

1 _____
2 _____
3 _____

Coin lecture

→Après L3

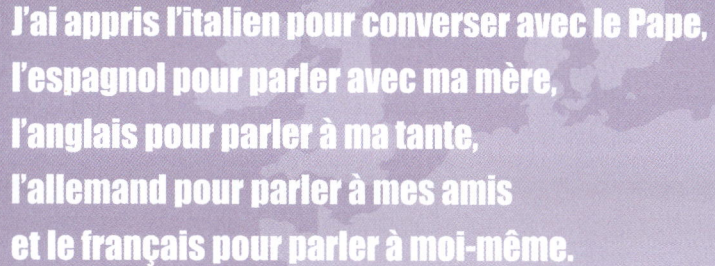

Citation

J'ai appris l'italien pour converser avec le Pape,
l'espagnol pour parler avec ma mère,
l'anglais pour parler à ma tante,
l'allemand pour parler à mes amis
et le français pour parler à moi-même.

Charles Quint (1500 – 1558)

SOS 112 !

Le 112, numéro d'urgence européen, un numéro de téléphone mal connu en France et en Europe.
Dans l'Union européenne vous pouvez faire ce numéro pour appeler à l'aide (problème médical, incendie, agression…).
Vous pouvez aussi faire le 112 sur votre portable.
Retenez donc bien ce numéro : le 112, numéro européen SOS.

(d'après Santé magazine)

rubrique people

Vanessa Paradis

est belle, charmante, talentueuse. Née le 22 décembre 1972, l'aventure commence pour elle à 14 ans par l'énorme succès de la chanson *Joe le taxi* qui triomphe dans les hit-parades tout l'été 1987. Elle fait parallèlement une carrière exemplaire au cinéma. Elle tourne avec de très grands acteurs : Belmondo, Delon, Gérard Depardieu. Vanessa est une véritable icône de la mode et du spectacle. La jeune femme, avec son compagnon, le célèbre acteur Johnny Depp, forme un des couples glamour les plus en vue. Elle reste très discrète sur sa vie privée. Avec Johnny et leurs deux enfants Lily Rose et Jack, ils partagent leur vie entre trois cultures : la France, Hollywood et les Bahamas. Pour en savoir plus :
www.vanessaparadis.net
www.actustar.com

Coin lecture

Dis-moi ton âge et je te dis qui tu es

→ Après L6

Elle	à 10 ans	à 18 ans	à 30 ans
signes particuliers	Elle est drôle et naturelle.	Elle est anorexique ou boulimique.	Elle est hyperactive.
Elle parle…	… avec sa poupée.	Elle ne parle pas.	… avec ses meilleures amies.
sport préféré	la danse / l'équitation	Elle déteste le sport.	la natation
vacances idéales	une semaine d'équitation	trois semaines de camping à l'étranger	un trip au Népal
et les hommes	Son idole, c'est papa.	Elle teste ses petits copains.	Elle se marie.
sa mère	Elle l'adore.	Elle la déteste.	Bonnes relations : elle est maman aussi.
info plus : son âge	Elle dit son âge sans problème.	Elle est fière d'avoir 18 ans.	Elle dit qu'elle a 25 ans.

Lui	à 10 ans	à 18 ans	à 30 ans
signes particuliers	Il joue sur Internet.	Il drague les filles.	Il fume et boit beaucoup trop.
Il parle…	… à son grand-père.	… à son meilleur copain.	… à sa femme.
sport préféré	le foot	le beach volley	la voile
vacances idéales	avec papa et maman	traîner avec des copains et ne rien faire	sur une île avec la copine du moment
et les femmes	Il les déteste.	Il les adore.	Il se marie.
sa mère	Maman, c'est toi, la plus belle.	Maman, tu m'énerves.	Il préfère un peu de distance.
info plus : à table	McDo	pizza	surgelés

Coin lecture

à 40 ans	à 50 ans	à 60 ans
Elle est stressée.	Elle est en crise d'identité.	Elle aime la vie.
… avec son psy.	… avec tout le monde.	… souvent toute seule.
le fitness	le yoga	la marche nordique
un mois au bord de la mer en famille	deux semaines dans un centre de remise en forme	voyages organisés
Elle pense au divorce.	Elle divorce.	Elle cherche un compagnon sur Internet.
La relation reste bonne.	Elle la comprend.	Elle accepte d'être grand-mère.
Elle dit qu'elle a 35 ans et demi.	Elle ne répond pas à la question.	Elle sort sa carte senior.

à 40 ans	à 50 ans	à 60 ans
Il fait de l'acupuncture pour tout arrêter.	deuxième jeunesse	Il découvre le plaisir des yeux.
… à son psy.	… à son chien.	… à son médecin.
la musculation	le golf	la pétanque
une semaine au Club Med. avec les enfants	retrouver ses vieux copains	une cure de thalasso
Il a une maîtresse.	Il aimerait avoir plusieurs maîtresses.	Il est de nouveau monogame.
C'est une amie.	Il lui téléphone une fois par semaine.	Il a besoin d'elle.
cuisine maison	plats allégés	compote et purée

Coin lecture

→Après L6

Une journée Star

1247€

Prenez le rôle d'une star à Paris avec vos amis (jusqu'à six personnes). Au menu : limousine de luxe aux vitres teintées, chauffeur, garde du corps, un paparazzi à moto, deux réservations VIP pour un spectacle de votre choix. Et même des acteurs pour jouer les fans hystériques et réclamer des autographes.

Vous croyez ne jamais faire de sport ?

Pourtant vos activités quotidiennes sollicitent autant vos cœurs et muscles qu'une séance de fitness ou de running, alors faites vos comptes !

1 h de ménage
= 30 min de running
(286 kcal)

1 h de réflexion
= 20 min d'aérobic
(110 kcal)

1 h de jeu avec les enfants
= 20 min d'aérobic
(222 kcal)

1 h de bricolage
= 30 min de boxe
(286 kcal)

30 min de courses
+ 15 min de marche avec 2 sacs
= 18 min de step
(110 kcal)

30 min de nettoyage de voiture
= 15 min de rameur
(143 kcal)

10 min de cuisine
= 8 min de crawl
(80 kcal)

15 min de relations sexuelles
= 15 min d'aquagym
(67 kcal)

(d'après Femme actuelle)

RADIO

Rendez-vous Chanson, *la seule émission hebdomadaire à la radio allemande qui ne parle que de la chanson francophone. Le dimanche à 21h - à écouter par le WEB (www.sr2.de/webradio), par Satellite Astra 1 B et par Radio digitale.*

Coin lecture

La bise

→ Après L9

C'est un rituel bien français :

Bonjour. Bonsoir. Bon anniversaire ! Joyeux Noël ! Bonne Année !
La bise, c'est léger mais… c'est aussi un peu compliqué, surtout pour les étrangers. Pour faire la bise on doit se poser quatre questions : quand ? qui ? comment ? combien ?

Quand ?

Quand on se retrouve pour les loisirs, quelquefois le matin au travail et toujours quand on arrive chez des amis. Si on a beaucoup d'amis, on fait beaucoup de bises.

Qui ?

On fait la bise aux membres de sa famille, à ses collègues mais pas à son chef. Les hommes aussi s'embrassent, mais pas toujours. Les jeunes s'embrassent beaucoup.

Comment ?

L'intensité, la durée et la conviction sont variables. C'est une question de *feeling*.

Combien ?

Ah, nous voilà arrivés au problème du nombre ! Les Parisiens font deux bises, les Montpelliérains (les habitants de Montpellier) trois, à la Turballe (en Bretagne), on fait quatre bises.
Quand on ne sait pas d'où vient une personne, on peut facilement vivre un moment désagréable.

Même les Français ne savent pas toujours combien de bises on fait selon les régions. Une carte de France de la bise serait aussi utile aux touristes qu'aux autochtones !

Texte basé sur une contribution de Nikola Obermann, tirée de l'émission karambolage (ARTE).
www.arte.tv/karambolage

Coin lecture

Ouh ouh
ouh ouh
C'est la chanson du loup garou
Où où
quand quand
comment comment
pourquoi pourquoi
Ouh ouh
ouh ouh
C'est la chanson du loup garou
Il pleut Il pleut
il fait beau
Il fait du soleil
Il est tôt
Il se fait tard
Il
Il
Il
toujours Il
Toujours Il qui pleut et qui neige
Toujours Il qui fait du soleil
Toujours Il
Pourquoi pas Elle
Jamais Elle
Pourtant Elle aussi
souvent se fait belle !

Jacques Prévert (1900 – 1977) « Refrains enfantins » *Spectacle* © Éditions GALLIMARD

Ketchup

Pour deux personnes
(Karim et sa mère)

Ingrédients :
- une salade de carottes
- du bifteck haché
- des frites
- de la mousse au chocolat
- une grande bouteille de ketchup

En entrée, il y a de la salade de carottes.
Karim demande :
- *Maman, je peux avoir du ketchup ?*
- *Non !* dit sa mère.
Karim soupire. Mais il mange ses carottes. Parce que c'est bon, même sans ketchup. Ensuite, il y a du bifteck haché.
- *Maman, je peux avoir du ketchup ? S'il te plaît...*
- *Non !* dit sa mère.
Karim soupire. Mais il mange son bifteck haché. Parce que c'est bon, même sans ketchup. Ensuite, il y a des frites.
- *Maman, je peux avoir du ketchup ? S'il te plaît, Maman chérie...*
- *Non !* dit sa mère.
Karim soupire. Mais il mange ses frites. Parce que c'est bon, même sans ketchup.
Au dessert, il y a de la mousse au chocolat. Pour rire, Karim demande :
- *Maman, je peux avoir du ketchup ?*
Sa mère craque. Elle verse un litre de ketchup sur la mousse au chocolat.
Karim hésite. Mais il mange sa mousse au chocolat. Parce que c'est bon, même *avec* du ketchup.

Bernard Friot

Test A1

Erläuterungen zum Modelltest telc Français A1

Sie sind nun am Ende des ersten Bandes von **On y va ! A1** angekommen. Wir gratulieren Ihnen! Nun haben Sie die Möglichkeit, mithilfe des folgenden Modelltests zu überprüfen, ob Sie die vom europäischen Referenzrahmen definierte Stufe A1 erreicht haben.

Ob Sie sich auf die Prüfung zum europäischen Sprachenzertifikat vorbereiten möchten oder nicht, es ist auf jeden Fall für Sie von Vorteil, Ihre Französischkenntnisse an dieser Stelle zu überprüfen.

Sie haben ca. eine Stunde Zeit, um den gesamten Test zu machen. Die maximale Punktzahl beträgt 70 Punkte. Den Test bestehen Sie, wenn Sie mindestens 56 Punkte erreicht haben. Im Lösungsschlüssel auf Seite 232 können Sie Ihre Ergebnisse kontrollieren.

Was wird geprüft und in welcher Form?

1 *Eléments langagiers*
  Grammatik und Wortschatz ▶ Multiple-Choice-Aufgabe

2 *Compréhension de textes oraux*
  Teil A: Selektives Hörverstehen ▶ Aufgabe richtig oder falsch
  Teil B: Detailverstehen ▶ Multiple-Choice-Aufgabe

3 *Réponses en situations*
  Teil A und B: Hören und sprachlich reagieren ▶ Zuordnungsaufgaben

4 *Compréhension de textes écrits*
  Teil A: Globalverstehen von geschriebenen Texten ▶ Zuordnungsaufgaben
  Teil B: Detailverstehen ▶ Aufgabe richtig oder falsch
  Teil C: Selektives Verstehen ▶ Multiple-Choice-Aufgabe

Kommentar:

Um die Aufgaben richtig zu lösen, müssen Sie natürlich nicht jedes Wort kennen oder verstehen. Es geht hier mehr um globales Verstehen. Richten Sie also Ihre Aufmerksamkeit auf die Schlüsselwörter.

Unser Tipp:

Lesen Sie, bevor Sie anfangen, die Anweisung und die Aufgabe immer sehr aufmerksam durch. Sie haben Zeit dazu.

Wir wünschen Ihnen viel Spaß und viel Erfolg.

Test A1

1 Eléments langagiers (10 minutes)
Vocabulaire et structures grammaticales
Lisez la lettre. Choisissez la réponse correcte *a* ou *b* pour chaque numéro.

Paris, le 10 août

Chère Léonie, cher Tim,

C'est sûr, alors, vous ... *1* ... à Paris ce week-end ? Paris au mois d'août, c'est idéal.
... *2* ... organiser un petit programme. Je sais que vous ... *3* ... la photo et il y a justement une exposition de Doisneau ... *4* ... Musée du Luxembourg.
Et on ... *5* ... aussi aller à Paris-plage.
Vous arrivez à quelle heure ... *6* ... ? On se retrouve à la gare ?
A propos, j'ai une ... *7* ... nouvelle. J'ai enfin trouvé du travail. Et vous savez où ?
... *8* ... Nice, à la Clinique Saint-Antoine. Ce n'est pas très ... *9* ... de chez vous.
Nous allons être voisins ! C'est sympa, non ? On m'a proposé un poste d'infirmière de nuit. Je commence le ... *10* ... octobre.
Bon, je vous laisse. A très bientôt.
Je vous embrasse très fort,

Amélie

1	**a** venez	*3*	**a** adorent	*5*	**a** doit	*7*	**a** bonne	*9*	**a** près
	b habitez		**b** adorez		**b** peut		**b** bon		**b** loin
2	**a** Je vais	*4*	**a** au	*6*	**a** mardi	*8*	**a** A	*10*	**a** deux
	b J'ai		**b** à la		**b** vendredi		**b** Chez		**b** deuxième

1,5 Punkte pro Antwort

_____ / 15

2 Compréhension de textes oraux (à peu près 15 minutes)

Partie A
Lisez d'abord les situations et les affirmations. Puis, écoutez l'enregistrement. Indiquez la réponse correcte *oui* (+) ou *non* (–). Vous allez entendre chaque texte deux fois.

11 Situation 1
Vous voulez manger au restaurant, mais vous n'avez pas réservé.
Le restaurant est complet, vous ne trouvez pas de place.

12 Situation 2
Renaud a laissé un message sur votre répondeur.
Il ne peut pas venir au cours de français.

13 Situation 3
Vous êtes à l'office de tourisme de Lyon et l'employée vous informe sur les visites audio guidées.
La visite audio guidée dure deux heures.

14 Situation 4
Vous écoutez la météo à la radio.
Il va faire beau aujourd'hui.

3 Punkte pro Antwort

_____ / 12

Test A1

Partie B

Lisez d'abord la question. Puis écoutez l'enregistrement. Cochez la bonne réponse : *a* ou *b*.
Vous allez entendre l'enregistrement deux fois.

15 Le fils de Pierre a quel âge ?   a 13 ans
                                            b 15 ans

16 Pierre arrive à la gare à quelle heure ? a 11 h 30
                                              b 11 h 40

17 Ça s'écrit comment ?   a VALLIER
                                            b VALIER

18 L'adresse mail de Gérald, c'est   a gerald@wanadoo.fr
                                            b gerald@voila.fr

19 La veste en lin coûte   a 145 euros
                                            b 245 euros

1 Punkt pro Antwort

_____ / 5

3 Réponses en situations   (10 minutes)

Partie A

Lisez d'abord les phrases *a* à *d*. Puis, écoutez l'enregistrement. Vous allez entendre trois phrases ou questions. Pour chaque phrase ou question, notez la bonne réponse *a, b, c* ou *d*.
Vous allez entendre chaque phrase ou question deux fois.

a Désolé, je n'ai pas le temps, ce soir.
b Oh, excusez-moi !
c Au fond, à gauche.
d Je regrette, mais elle est en réunion.

20 _____
21 _____
22 _____

2 Punkte pro Antwort

_____ / 6

Partie B

Lisez d'abord les phrases *e* à *i*. Puis, écoutez l'enregistrement.
Vous allez entendre quatre phrases ou questions. Pour chaque phrase ou question, marquez la bonne réponse *e, f, g, h* ou *i*. Vous allez entendre chaque phrase ou question deux fois.

e C'est à moi.
f Moi, non plus.
g Un instant, je regarde.
h C'est tout, merci.
i D'accord !

23 _____
24 _____
25 _____
26 _____

2 Punkte pro Antwort

_____ / 8

cent soixante-quinze | 175

Test A1

4 Compréhension de textes écrits (25 minutes maximum)

Partie A *Globalverstehen*
Lisez d'abord les titres *a* à *d* et les trois textes. Choisissez le meilleur titre pour chaque texte. Notez pour chaque texte la lettre du titre correspondant.

a Une thérapie 100% naturelle
b Lecture pour tous
c Souvenirs de vacances
d Découvrir autrement

27 ☐ Né en 2001 aux USA, le phénomène du passe-livre est aujourd'hui très populaire en France. C'est une idée très simple. Vous lisez un livre. Vous aimez ce livre et vous voulez partager votre plaisir avec d'autres personnes. Alors, ne laissez pas dormir ce livre dans votre bibliothèque, mais oubliez-le : dans un parc, sur un banc, dans un café, dans un bus… Une autre personne va pouvoir le trouver et le lire… Pour voyager avec votre livre ou trouver un livre baladeur, vous pouvez vous inscrire sur le site www.passe-livre.com.

28 ☐ Plus de 10 millions de chats en France : le chat est l'animal préféré des Français (mais aussi des Britanniques, des Allemands, des Américains, des Australiens etc.).
On prend un chat pour avoir de la compagnie, mais le chat a aussi un impact positif sur notre vie : sa beauté, son calme, son ronronnement peuvent agir comme un anti-stress. Adoptez un chat, pour vous relaxer. C'est excellent pour votre santé physique et psychique !

29 ☐ Au centre des programmes : le respect de la personne, des cultures et de la nature, la solidarité et la rencontre. Dans toutes les phases du projet, le touriste est en contact direct avec la population locale. Seize organismes proposent aujourd'hui des voyages dans près de 40 pays d'Europe, Afrique, Asie et Amérique Latine. Séjours d'accueil dans des villages, circuits culturels, randonnées, circuits découverte faune et flore… ces formules de voyages s'adressent aussi bien aux jeunes qu'aux adultes ou aux familles.
(*d'après* www.unat.asso.fr/f/ts)

3 Punkte pro Antwort

_____ / 9

Partie B *Detailverstehen*
Lisez d'abord le mail. Lisez ensuite les phrases suivantes (numérotées 30 à 32) et notez pour chaque affirmation la bonne réponse oui (+) ou non (–).

Destinataire :	Société Dubois
Expéditeur :	M. Maillard
Objet :	report de rendez-vous

Monsieur,
Je suis désolé mais pour des raisons de santé, je suis obligé d'annuler notre rendez-vous de mardi, 14 h 00. Je pense pouvoir reprendre le travail lundi prochain. Je vous propose donc de reporter notre rencontre au jeudi 25 mai, 10 h 00. Merci de me confirmer par mail, si cette date vous convient.
Vous pouvez également me joindre sur mon portable.
Bien cordialement, A. Maillard

30 Monsieur Maillard voudrait un renseignement.

31 Monsieur Maillard veut annuler le rendez-vous.

32 Monsieur Maillard est malade.

3 Punkte pro Antwort

_____ / 9

Test A1

Partie C *Selektives Verstehen*

Lisez les annonces. Puis lisez les questions. Cochez la bonne réponse (*a* ou *b*).

040 - GARDE VOS ANIMAUX
Je propose de garder vos animaux (chiens, chats, poissons, lapins etc.)
à mon domicile pour juillet et août. Grande maison, calme avec jardin. 5 € / jour
Votre animal ne sera pas seul, nous avons 1 chien, 2 chats, 1 lapin.
Condition : votre chien ou chat doit être stérilisé. Tél : 01 42 87 84 39

041 - FAMILLE FRANCO-ALLEMANDE RECHERCHE BABY-SITTER
Nous habitons la région de Zehlendorf et nous recherchons une baby-sitter avec expérience pour Caroline, notre fille de 3 ans et Julien, notre fils de 4 ans. Le salaire est de 8,00 € / heure et pour un minimum de 2 jours par semaine. Contactez-moi le plus vite possible par e-mail : annedurain@aol.com

042 - FAMILLE RECHERCHE JEUNE FILLE AU PAIR, BREST (FRANCE)
Nous sommes une famille française avec 4 enfants et recherchons une jeune fille au pair pour l'année prochaine contre logement, salaire (350 € par mois) et cours de français.
Ecrivez-nous si cela vous intéresse.
Sophie Basson. 52 rue Emile Zola. 29200 Brest. 02 98 70 53 58. sophiebasson@cegetel.net

043 - HOMME A TOUT FAIRE
Retraité (58 ans), sérieux, avec expérience, propose ses services : petits travaux dans la maison, bricolage, jardinage contre logement et petite rémunération. Je suis à votre disposition :
Tél : 03 15 76 04 41

33 Vous avez 20 ans. Vous avez appris le français au lycée et vous voulez passer une année en France pour perfectionner votre français. Vous répondez à quelle annonce ?

- a N° 042
- b N° 041

34 Vous partez en vacances sur la Côte d'Azur, mais à l'hôtel les chiens ne sont pas admis. Vous répondez à quelle annonce ?

- a N° 043
- b N° 040

35 Votre maison est trop grande et vous ne pouvez plus tout faire tout(e) seul(e). Vous répondez à quelle annonce ?

- a N° 043
- b N° 040

2 Punkte pro Antwort

_____ / 6

erreichte Punktzahl :

_____ / 70

Partnerübung

Leçon 9

Travaillez à deux : **A** regarde la fiche page 150, **B** travaille avec la fiche ci-dessous.
Vous êtes à Sarlat et vous cherchez un hôtel. Posez des questions pour compléter votre fiche.
Vous choisissez quel hôtel ?

Hôtel de la Poste

À dix minutes du centre-ville, dans un quartier calme de la ville. Toutes nos chambres sont équipées de téléphone et de téléviseur, d'une salle d'eau avec douche et WC.

Pour votre repos, vous pouvez choisir parmi les 11 chambres entièrement rénovées et insonorisées.

nos tarifs (par nuitée)		basse saison	haute saison
		du 1er nov. au 28 fév.	du 1er mars au 31 oct.
chambre simple		46 €	54 €
chambre double		62 €	72 €
lit supplémentaire	8 €		
petit déjeuner CONTINENTAL	compris		
garage	5 €		
petits chiens admis	gratuit		

Hôtel Montaigne

Situation : _____

Parking / Garage : _____

nos tarifs (par nuitée)	basse saison	haute saison
	du _____ au 31 mars	du 1er avr. au _____
Chambre simple :		
Chambre double :		

Climatisation : _____   Accès Internet : _____

Douche / Baignoire : _____   Téléphone : _____

Lit supplémentaire : _____   Ascenseur : _____

Petit déjeuner : _____

TV : _____   Chiens : _____

Grammaire

Grammatische Begriffe im Überblick

Latein / Deutsch	Französisch	Beispiel
Adjektiv / Eigenschaftswort	adjectif	une **bonne** idée
Adverb / Umstandswort	adverbe	Il travaille **bien**.
Artikel / Geschlechtswort	article	
→ bestimmter Artikel	→ article défini	**le** cinéma et **la** télévision
→ unbestimmter Artikel	→ article indéfini	**un** portable, **des** enfants
→ Teilungsartikel	→ article partitif	**du** pain et **de la** confiture
→ zusammengezogener Artikel	→ article contracté	**au** cinéma, le fils **du** voisin
Aussagesatz	phrase affirmative	Tu travailles.
Bindung	liaison	vous ̮ êtes, mon ̮ ami
Demonstrativbegleiter / hinweisendes Fürwort	déterminant démonstratif	**ce** bus, **cette** rue
Endung	terminaison	je par**le**, vous par**lez**
feminin / weiblich	féminin	**la** mère, **la** musique
Fragesatz	phrase interrogative	**Est-ce que** tu travailles ?
Grundzahlen	nombres cardinaux	un, deux, trois…
h		
→ aspiriertes h	h aspiré	le **h**aricot, la **H**ollande
→ stummes h	h muet	l'**h**ôtel, l'**h**omme
Hilfsverb	auxiliaire	il **a** téléphoné / il **est** sorti
Imperativ / Befehlsform	impératif	**Ecoutez** et **complétez**.
Infinitiv / Grundform	infinitif	parler, dormir, prendre
Konsonant / Mitlaut	consonne	b, c, d … x, z
maskulin / männlich	masculin	**le** père, **le** café
Nebensatz	proposition subordonnée	Je viens **si tu veux**.
Ordnungszahlen	nombres ordinaux	premier, deuxième…
Partizip Perfekt / Mittelwort der Vergangenheit	participe passé	parlé, dormi, pris
Perfekt / vollendete Vergangenheit	passé composé	**J'ai téléphoné** ce matin.
Plural / Mehrzahl	pluriel	**les** parents
Possessivbegleiter / Besitzanzeigendes Fürwort	déterminant possessif	**mon** père, **ma** mère, **mes** parents
Präposition / Verhältniswort	préposition	à, de, chez, en…
Präsens / Gegenwart	présent	je travaille
Pronomen / Fürwort	pronom	
→ unbetontes Subjektpronomen	→ pronom sujet	je, tu, il/elle… ils/elles
→ betontes Pronomen	→ pronom tonique	moi, toi… vous
→ Reflexivpronomen	→ pronom réfléchi	me, te, se…
Singular / Einzahl	singulier	un livre, la bière
Stamm	radical	**parl**er, **fin**ir
Substantiv / Nomen / Hauptwort	substantif	café, maison, chat
Verb / Tätigkeitswort	verbe	venir, écouter
Verneinung	négation	Je **ne** parle **pas** russe.
Vokal / Selbstlaut	voyelle	a, e, i, o, u, y
Zukunft (zusammengesetzte)	futur composé	Je **vais acheter** des souvenirs.

Grammaire

Inhaltsangabe

I *Das Substantiv*

    A Maskulin und feminin
    B Singular und Plural

II *Der Artikel*

    A Der bestimmte Artikel
    B Der unbestimmte Artikel
    C Der Teilungsartikel
    D Fehlen des Artikels

III *Der Possessivbegleiter*

IV *Der Demonstrativbegleiter*

V *Das Adjektiv*

    A Angleichung des Adjektivs
    B Stellung des Adjektivs

VI *Die Pronomen*

    A Die unbetonten Personalpronomen
    B Die betonten Personalpronomen

VII *Das Verb*

    A Das Präsens
    B Das *passé composé* (das Perfekt)
    C Der Imperativ
    D Das *futur composé* (die zusammengesetzte Zukunft)

VIII *Der Satz*

    A Wortstellung im Aussagesatz
    B Der Fragesatz
    C Die Verneinung
    D Der Nebensatz

IX *Präpositionen*

X *Zahlen und Angabe des Datums*

    A Die Zahlen
    B Das Datum

XI *Adverbien und Mengenangaben*

    A Zeitadverbien
    B Adverbien zur Angabe der Intensität
    C Adverbien zur Angabe der Menge

Grammaire

I Das Substantiv (Hauptwort)

→L1

Substantive wie *café*, *maison* werden im Französischen klein geschrieben. Nur Eigennamen wie z. B. Familien- oder Ländernamen schreibt man groß:

Les **Levert** habitent en **France**.
*Die **Leverts** wohnen in **Frankreich**.*

A Maskulin und feminin

Französische Substantive sind entweder maskulin (männlich) oder feminin (weiblich). Das Genus eines Substantivs ist meistens nur am Artikel (Begleiter) erkennbar.

maskulin	feminin
le livre	**la** chaise

1 Genus bei Personen

Bei Personen entspricht das Genus dem natürlichen Geschlecht.

un homme	**une** femme
un oncle	**une** tante

Feminine Nationalitäts- und Berufsbezeichnungen enden in der Regel auf *-e*.

maskulin	feminin
un França**is**	une França**ise**
un retrait**é**	une retrait**ée**

Einige Endungen kennzeichnen männliche Substantive. Von diesen Endungen wird dann die feminine Form abgeleitet.

	maskulin	feminin
-eur → **-euse**	un serv**eur**	une serv**euse**
-er → **-ère**	un épici**er**	une épici**ère**
-ien → **-ienne**	un optic**ien**	une optic**ienne**
-teur → **-trice**	un direc**teur**	une direc**trice**

Von einigen Berufsbezeichnungen kann die feminine Form nicht abgeleitet werden. Es besteht dann die Möglichkeit, *femme* voranzustellen:

| un médecin | → | une femme médecin |
| un chauffeur de taxi | → | une femme chauffeur de taxi |

Das Anhängen von *-e* an die maskuline Berufsbezeichnung setzt sich jedoch immer mehr durch. Man findet z. B. immer öfter in der Presse Neubildungen wie:

| la professeur**e** | die Lehrerin |
| l'écrivain**e** | die Schriftstellerin |

2 Genus bei anderen Substantiven

Das Genus eines französischen Substantivs entspricht oft nicht dem des entsprechenden deutschen Substantivs.

| **le** million | *die* Million |
| **la** table | *der* Tisch |

Anhand einiger Endungen kann man aber erkennen, ob ein Substantiv männlich oder weiblich ist:

maskulin		feminin	
-age	le from**age**, le voy**age** (Ausnahmen: la page, une image)	**-ade**	une sal**ade**, une limon**ade**
-eau	le mant**eau**, le chât**eau**	**-ette**	une cass**ette**, une bagu**ette**
-(m)ent	un apparte**ment**, un accid**ent**	**-erie**	une épic**erie**
-teur	un ordina**teur**	**-tion**	la tradi**tion**, la consomma**tion**
		-ure	une voit**ure**

Grammaire

3 Namen von Ländern und Regionen

Ländernamen und Namen von Regionen, die auf *-e* enden, sind in der Regel feminin. Es gibt nur sehr wenige Ausnahmen, wie z. B. *le Mexique, le Mozambique, le Cambodge*.

la France	**la** Suisse
la Provence	**la** Bavière

Ländernamen und Namen von Regionen, die nicht auf *-e* enden, sind maskulin.

le Portugal	**le** Maroc
le Brandebourg	**le** Roussillon

→L2

B Singular und Plural.

Der Plural wird in der Regel durch Anhängen eines *-s* an das Substantiv gebildet. Dieses zusätzliche *s* wird meistens nicht gesprochen.

Singular	*Plural*
la maison [mɛzõ]	les maison**s** [mɛzõ]
le livre [livʀ]	les livre**s** [livʀ]

Substantive, die im Singular bereits auf *-s* oder *-x* enden, bleiben unverändert.

Singular	*Plural*
le pri**x**	les pri**x**
la souri**s** *die Maus*	les souri**s**

Alle Substantive auf *-(e)au* erhalten im Plural ein *-x*.
Die meisten Substantive auf *-eu* erhalten im Plural ein *-x*.
Die meisten Substantive auf *-al* bilden den Plural auf *-aux*.

Singular	*Plural*
le châte**au**	les châte**aux**
le chev**eu**	les chev**eux**
le journ**al**	les journ**aux**

Einige Substantive stehen immer im Plural:

les vacance**s**	*die Ferien*
les lunette**s**	*die Brille*
les gen**s**	*die Leute*

II Der Artikel

Französische Substantive werden in der Regel mit einem Artikel verwendet. Es gibt im Französischen drei Arten von Artikeln:

1 den bestimmten Artikel (*le, la, l'* und *les*)
2 den unbestimmten Artikel (*un, une* und *des*)
3 den Teilungsartikel (*du, de la, de l'*)

→L3

A Der bestimmte Artikel (*der, die, das*)

	maskulin	feminin
Singular	**le** cinéma	**la** tradition
Plural	**les** cinémas	**les** traditions

Vor Vokal (*a, e, i, o* und *u*) oder stummem *h* werden *le* und *la* zu *l'*:

l'art	**l'**aventure
l'hôtel	**l'**harmonie

1 Der bestimmte Artikel nach *à* und *de*

Folgt auf die Präposition *à* der bestimmte Artikel, so verschmelzen *à + le* zu *au* und *à + les* zu *aux*.

le	→	Je vais **au** marché.
les	→	Je vais **aux** toilettes.

Folgt auf die Präposition *de* der bestimmte Artikel, so verschmelzen *de + le* zu *du* und *de + les* zu *des*.

le	→	Je viens **du** marché.
les	→	Je viens **des** toilettes.

Grammaire

2 Der Gebrauch des bestimmten Artikels
Der bestimmte Artikel wird – anders als im Deutschen – in folgenden Fällen verwendet:

Bei den meisten geografischen Namen:	**la** France, **le** Portugal	*Frankreich, Portugal*
Nach *aimer, adorer, préférer, détester*:	J'aime **les** chats.	*Ich mag Katzen.*
Vor Wochentagen und Tageszeiten zum Ausdruck einer Regelmäßigkeit:	Je fais du jogging **le** lundi.	*Ich jogge **jeden** Montag.*
Aber: Vor Wochentagen mit punktueller Bedeutung steht kein Artikel.	Nous partons **lundi** en vacances.	*Wir fahren **am Montag** in Urlaub.*
Zur Angabe eines Stückpreises:	2,10 € **le** kilo.	*2,10 € pro Kilo.*
Bei der Beschreibung von Körperteilen:	Anne a **les** cheveux courts.	*Anne hat kurze Haare.*

B Der unbestimmte Artikel (*ein, eine*) →L2

Anders als im Deutschen hat der unbestimmte Artikel eine Pluralform: *des*.

	maskulin	feminin
Singular	**un** café	**une** bière
Plural	**des** cafés	**des** bières

Des bleibt im Deutschen unübersetzt:

Vous avez **des** enfants ? *Haben Sie Kinder?*

Bei der Verneinung wird der unbestimmte Artikel durch *de* ersetzt. **Kein/e** heißt auf Französisch *ne... pas de*:
(s. auch VIII C2)

Tu as **un** portable ? *Hast du **ein** Handy?*
– Non, je **n**'ai **pas de** portable. *– Nein, ich habe **kein** Handy.*

C Der Teilungsartikel →L5

Der Teilungsartikel hat im Deutschen keine Entsprechung. Er wird verwendet, wenn man die Menge nicht näher präzisiert, z. B. bei nicht zählbaren Substantiven wie Stoffnamen oder Abstrakta.

On achète **du** pain. *Wir kaufen Brot.*
Je prends **de la** confiture. *Ich nehme Marmelade.*
J'achète **de l'**huile. *Ich kaufe Öl.*
Je voudrais **de l'**eau. *Ich möchte Wasser.*

Im Plural wird *des* verwendet:

On achète **des** bananes. *Wir kaufen Bananen.*

Bei der Verneinung wird der Teilungsartikel durch *de* ersetzt:
(s. auch VIII C2)

On prend **du** Crémant ? *Nehmen wir Crémant?*
– Non, on **ne** prend **pas de** Crémant. *– Nein, wir nehmen **keinen** Crémant.*

D Fehlen des Artikels →L5
In folgenden Fällen wird der Artikel nicht verwendet:

1 Nach Mengenangaben
Nach Mengenangaben und Mengenadverbien wie *un peu* (ein bisschen) oder *beaucoup* (viel) steht nur *de / d'*.

Ils font **beaucoup de** choses ensemble.
Sie machen viele Sachen zusammen.
Je voudrais **un kilo** d'oranges.
Ich möchte ein Kilo Orangen.

2 Im verneinten Satz
Im verneinten Satz steht anstelle des Teilungsartikel *(du, de la, de l')* und des unbestimmten Artikels *(un, une* und *des)* nur *de* (s. hierzu auch II B und II C).

cent quatre-vingt-trois | 183

Grammaire

→L2
→L8

III Der Possessivbegleiter (Besitzanzeigendes Fürwort)

Der Possessivbegleiter wird wie ein Artikel verwendet. Er richtet sich ebenfalls nach dem Substantiv.

	maskulin		*feminin*		*Plural*	
ein Besitzer	**mon**	fils	**ma**	fille	**mes**	enfants
	ton	fils	**ta**	fille	**tes**	enfants
	son	fils	**sa**	fille	**ses**	enfants
mehrere Besitzer		**notre**	fils / fille		**nos**	enfants
		votre	fils / fille		**vos**	enfants
		leur	fils / fille		**leurs**	enfants

! Die Formen *ma*, *ta* und *sa* werden vor femininen Substantiven, die mit Vokal oder stummem *h* beginnen, zur Aussprache-Erleichterung durch *mon*, *ton* und *son* ersetzt.

une adresse
(~~ma~~) → **mon** adresse
(~~ta~~) → **ton** adresse
(~~sa~~) → **son** adresse

Anders als im Deutschen spielt das Geschlecht des Besitzers keine Rolle bei der Wahl des Possessivbegleiters der 3. Person Singular (*il* und *elle*).

Tu connais **sa** sœur ?
*Kennst du **seine** / **ihre** Schwester?*
C'est **son** portable.
*Das ist **sein** / **ihr** Handy.*
Tu connais **ses** parents ?
*Kennst du **seine** / **ihre** Eltern?*

Als Höflichkeitsform können *votre* und *vos* auf einen einzigen Besitzer hinweisen und entsprechen dann im Deutschen den Possessivbegleitern *Ihr* / *Ihre*.

Madame Rideau, où est **votre** voiture ?
*Frau Rideau, wo steht **Ihr** Auto?*
Monsieur Michaud, où sont **vos** enfants ?
*Herr Michaud, wo sind **Ihre** Kinder?*

→L5

IV Der Demonstrativbegleiter

Der Demonstrativbegleiter richtet sich nach dem Substantiv, vor dem er steht.

Vor maskulinen Substantiven, die mit Vokal oder stummem *h* beginnen wird *ce* durch *cet* ersetzt.

	maskulin	*feminin*
Singular	**ce** restaurant	**cette** rue
	cet ami	
	cet hôtel	
Plural	**ces** restaurants	**ces** rues

→L2
→L8

V Das Adjektiv (Eigenschaftswort)

A Angleichung des Adjektivs

Das Adjektiv richtet sich immer nach dem Substantiv, auf das es sich bezieht:

	maskulin	*feminin*
Singular	un garçon charman**t**	une fille charman**te**
Plural	des garçon**s** charman**ts**	des fille**s** charman**tes**

Grammaire

1 Feminine Form

Die feminine Form wird in der Regel durch Anhängen von *-e* an die maskuline Form gebildet.

maskulin	feminin
un vélo ver**t**	une veste ver**te**
un ami françai**s**	une amie françai**se**

Endet die maskuline Form bereits auf *-e* wird kein zusätzliches *e* hinzugefügt.

un pull beig**e**	une veste beig**e**
un hôtel modern**e**	une ville modern**e**

Veränderung der Endung

	maskulin	feminin
-er → -ère	premier	première
-et → -ète	discret	discrète
-l → -lle	nul	nulle
-en → -enne	européen	européenne

	maskulin	feminin
-on → -onne	bon	bonne
-eux → -euse	heureux	heureuse
-f → -ve	neuf	neuve

Unregelmäßige Formen

Die folgenden sehr gebräuchlichen Adjektive haben eine **unregelmäßige feminine Form**:

maskulin	feminin
beau	une **belle** maison
blanc	une veste **blanche**
frais	une bière **fraîche**
long	une robe **longue**
nouveau	une **nouvelle** voiture
vieux	une **vieille** ville

Beau, nouveau und *vieux* haben zwei maskuline Formen: Die Formen **bel**, **nouvel** und **vieil** stehen zur Aussprache-Erleichterung vor Substantiven mit Vokal oder stummem *h*.

un beau pull	un **bel** anorak
un nouveau pull	un **nouvel** ami
un vieux monsieur	un **vieil** homme

2 Pluralform

Es gelten dieselben Regeln wie für die Pluralbildung der Substantive (s. auch I B).

	Singular	Plural
+ s	un vélo roug**e**	des vélo**s** rouge**s**
+ Ø	un ami françai**s**	des ami**s** françai**s**
+ x	le be**au** pull	les be**aux** pulls

Farbadjektive, die einem Substantiv entsprechen, oder durch ein weiteres Adjektiv ergänzt werden, sind unveränderlich.

des robe**s** orange
des chaussure**s** marron
des pull**s** bleu foncé

B Stellung des Adjektivs

Fast **alle** Adjektive stehen nach dem Substantiv.

un pantalon **blanc**	eine weiße Hose
la mode **italienne**	die italienische Mode
une jupe **courte**	ein kurzer Rock

! Nur wenige kurze Adjektive wie z. B. *grand, petit, bon, mauvais, beau, joli, gros* und *vieux* stehen vor dem Substantiv.

une **grande** ville	eine große Stadt
un **bon** restaurant	ein gutes Restaurant
un **gros** livre	ein dickes Buch
un **mauvais** film	ein schlechter Film
un **petit** livre	ein kleines Buch

Grammaire

VI Die Pronomen (Fürwörter)

Es gibt im Französischen **unbetonte** Formen: *je, tu, il*… und **betonte** Formen: *moi, toi*…

A Die unbetonten Personalpronomen

Die unbetonten Subjektpronomen werden immer in Verbindung mit einem Verb verwendet:

Je suis allemand. — *Ich bin Deutscher.*
Tu fais du sport ? — *Treibst du Sport?*

	Singular		Plural	
1. Person	je / j'	(ich)	nous	(wir)
2. Person	tu	(du)	vous	(ihr/Sie)
3. Person	il/elle	(er/sie)	ils/elles	(sie)
	on	(man/wir)		

je	wird zu **j'** vor Vokal oder stummem **h**: j'aime, j'habite
il	als Subjekt eines unpersönlichen Verbs entspricht dem deutschen **es**. **Il** pleut. *Es regnet.* **il** y a… *es gibt …*
on	• ersetzt im gesprochenem Französisch sehr oft **nous**: **On** chante dans une chorale. *Wir singen in einem Chor.* • entspricht als Indefinitpronomen dem deutschen **man**: En France, **on** laisse le pourboire sur la table. *In Frankreich lässt **man** das Trinkgeld auf dem Tisch liegen.*
vous	steht für *Sie* (Höfliche Anrede) oder *ihr*: Qu'est-ce que **vous** prenez ? *Was nehmen **Sie**? / nehmt **ihr**?*
ils	steht für maskuline oder gemischte Gruppen. 99 Frauen + 1 Mann = **ils**! Tu connais **Léa** et **Max** ? – Oui, **ils** sont très sympa(s). *Kennst du Léa und Max? – Ja, **sie** sind sehr nett.*
elles	steht für ausschließlich weibliche Gruppen: **Lisa** et **Anne** travaillent où ? – **Elles** travaillent chez Leclerc. *Wo arbeiten Lisa und Anne? – **Sie** arbeiten bei Leclerc.*

B Die betonten Personalpronomen

Die betonten Personalpronomen können allein (d. h. ohne Verb) verwendet werden:
J'habite à Nantes. Et **toi** ? *Ich wohne in Nantes. Und du?*

	Singular		Plural	
1. Person	moi	(ich/mich/mir)	nous	(wir)
2. Person	toi	(du/dich/dir)	vous	(ihr/euch/Sie/Ihnen)
3. Person	lui*/elle*	(er/sie)	eux*/elles*	(sie)
	on	(man/wir)		

Die mit * gekennzeichneten betonten Formen kommen erst in *On y va ! A2* vor.

Betonte Personalpronomen stehen
- → vor einem Subjektpronomen: **Moi**, j'habite à Nantes. *Ich wohne in Nantes.*
- → in einem verblosen Satz: **Moi** aussi. *Ich auch.*
- → nach einer Präposition: C'est pour **moi**. *Das ist für **mich**.*

Grammaire

VII Das Verb

A Das Präsens

1 Die Verben *être* und *avoir*

Être und *avoir* dienen zur Bildung des *passé composé* (Perfekts) (s. auch VII B). Weitere unregelmäßige Verben finden Sie in den Verbtabellen am Ende des Buches.

être *sein*	
je	suis
tu	es
il/elle/on	est
nous	sommes
vous	êtes
ils/elles	sont

avoir *haben*	
j'	ai
tu	as
il/elle/on	a
nous	avons
vous	avez
ils/elles	ont

→L1
→L2

2 Die regelmäßigen Verben auf *-er*

Zu dieser Konjugationsgruppe gehören die meisten französischen Verben.

Alle Verben auf *-er* (außer *aller*) haben im Präsens folgende Endungen: Die Endungen *-e, -es, -ent* werden zwar geschrieben, aber nicht gesprochen: Bei den Formen *je parle, tu parles, il parle, ils parlent* wird das Verb nur [paʀl] gesprochen.

parler	
je	parl**e**
tu	parl**es**
il/elle/on	parl**e**
nous	parl**ons**
vous	parl**ez**
ils/elles	parl**ent**

→L3

! Verben auf *-er* mit orthographischen Besonderheiten:

acheter	j'ach**è**te	tu ach**è**tes	il/elle/on ach**è**te
	nous achetons	vous achetez	ils/elles ach**è**tent

appeler	j'appe**ll**e	tu appe**ll**es	il/elle/on appe**ll**e
	nous appelons	vous appelez	ils/elles appe**ll**ent

préférer	je préf**è**re	tu préf**è**res	il/elle/on préf**è**re
	nous préférons	vous préférez	ils/elles préf**è**rent

payer	je pa**i**e / paye	tu pa**i**es / payes	il/elle/on pa**i**e / paye
	nous payons	vous payez	ils/elles pa**i**ent / payent

envoyer	j'envo**i**e	tu envo**i**es	il/elle/on envo**i**e
	nous envoyons	vous envoyez	ils/elles envo**i**ent

commencer	je commence	tu commences	il/elle/on commence
	nous commen**ç**ons	vous commencez	ils/elles commencent

→ Um den Laut [s] zu erhalten, wird **c** zu **ç**: nous commen**ç**ons.

manger	je mange	tu manges	il/elle/on mange
	nous mang**e**ons	vous mangez	ils/elles mangent

→ Um den Laut [ʒ] zu erhalten, fügt man ein **e** vor dem **o** ein: nous mang**e**ons.

Grammaire

→L6
→L9

3 Die Verben auf -ir und -dre

finir *beenden* (mit Stammerweiterung)	
je	fin**is**
tu	fin**is**
il/elle/on	fin**it**
nous	fin**iss**ons
vous	fin**iss**ez
ils/elles	fin**iss**ent
auch: **choisir, réfléchir**	

sortir *ausgehen*	
je	sors
tu	sors
il/elle/on	sort
nous	sortons
vous	sortez
ils/elles	sortent
auch: **dormir, partir**	

vendre *verkaufen*	
je	vends
tu	vends
il/elle/on	ven**d**
nous	vendons
vous	vendez
ils/elles	vendent
auch: **attendre, répondre**	

→L7

4 *Devoir, pouvoir, vouloir* und *savoir*

devoir *müssen, sollen*	
je	dois
tu	dois
il/elle/on	doit
nous	**dev**ons
vous	**dev**ez
ils/elles	doivent

pouvoir *können*	
je	peux
tu	peux
il/elle/on	peut
nous	**pouv**ons
vous	**pouv**ez
ils/elles	peuvent

vouloir *wollen*	
je	veux
tu	veux
il/elle/on	veut
nous	**voul**ons
vous	**voul**ez
ils/elles	veulent

savoir *können*	
je	sais
tu	sais
il/elle/on	sait
nous	**sav**ons
vous	**sav**ez
ils/elles	**sav**ent

→L9

5 Die reflexiven Verben und die Reflexivpronomen

Reflexive Verben werden mit einem Reflexivpronomen verwendet.
Anders als im Deutschen steht das Reflexivpronomen vor dem Verb: je **me** repose.   Ich ruhe **mich** aus.

se reposer *sich ausruhen*		
je	**me**	repose
tu	**te**	reposes
il/elle/on	**se**	repose
nous	**nous**	reposons
vous	**vous**	reposez
ils/elles	**se**	reposent

s'appeler *heißen*		
je	**m'**	appelle
tu	**t'**	appelles
il/elle/on	**s'**	appelle
nous	**nous**	appelons
vous	**vous**	appelez
ils/elles	**s'**	appellent

→L6

B Das *passé composé* (das Perfekt)

Mit dem *passé composé* können Sie sagen, was Sie in der Vergangenheit gemacht haben.
Wie das deutsche Perfekt besteht das *passé composé* aus zwei Teilen:
1. dem Hilfsverb *avoir* oder *être* im Präsens, 2. dem *participe passé* (Partizip Perfekt) des entsprechenden Verbs.

1 Das *passé composé* mit *avoir* und *être*

manger *essen*		
j'	ai	mangé
tu	as	mangé
il	a	mangé
elle	a	mangé
on	a	mangé
nous	avons	mangé
vous	avez	mangé
ils	ont	mangé
elles	ont	mangé

rester *bleiben*		
je	suis	rest**é(e)**
tu	es	rest**é(e)**
il	est	rest**é**
elle	est	rest**ée**
on	est	rest**é(e)s**
nous	sommes	rest**é(e)s**
vous	êtes	rest**é(e)(s)**
ils	sont	rest**és**
elles	sont	rest**ées**

188 | cent quatre-vingt-huit

Grammaire

! Nur beim *passé composé* mit *être* gleicht sich das Partizip Perfekt wie ein Adjektiv dem Subjekt an.

Hilfsverb *avoir*
Die meisten Verben bilden das *passé composé* mit ***avoir***.

Auch Verben der Bewegung, die die Art und Weise der Fortbewegung angeben, wie z. B. marcher *zu Fuß gehen*, nager *schwimmen*, skier *Ski fahren*, courir *rennen* usw.

Nous **avons** marché deux heures.
*Wir **sind** zwei Stunden gelaufen.*

Sogar *être* bildet das *passé composé* mit *avoir*.

J'**ai** été malade.
*Ich **bin** krank gewesen.*

Hilfsverb *être*
Nur wenige Verben bilden das *passé composé* mit *être*.
Davon kennen Sie bereits:
       aller / venir
       arriver / partir
       (r)entrer / sortir
       passer / rester
ebenso: monter *hinaufgehen*, descendre *hinuntergehen*, tomber *(hin-)fallen*,
       naître *geboren werden* und mourir *sterben* (s. On y va ! A2).

Il **est resté** à la maison.
Er ist zu Hause geblieben.
Christiane **est arrivée** à six heures.
Christiane ist um 6 Uhr gekommen.

Anders als im Deutschen verwendet man *être* bei allen reflexiven Verben. (s. *On y va ! A2*).

Je me **suis** douché/e.
*Ich **habe** (mich) geduscht.*

2 Das Partizip Perfekt

Regelmäßige Bildung

Verben auf -er → -é	J'ai téléphoné au bureau.	*Ich habe im Büro angerufen.*
	Nous avons bien mangé.	*Wir haben gut gegessen.*
Verben auf -ir → -i	J'ai mal dormi.	*Ich habe schlecht geschlafen.*
	Nous ne sommes pas sortis.	*Wir sind nicht ausgegangen.*
Verben auf -dre → -u	J'ai attendu une heure.	*Ich habe eine Stunde gewartet.*
	Qu'est-ce que tu as répondu ?	*Was hast du geantwortet?*

Unregelmäßige Formen

Infinitiv →	Partizip Perfekt		
avoir →	eu	J'ai eu des crampes.	*Ich habe Krämpfe gehabt.*
boire →	bu	J'ai bu un thé.	*Ich habe einen Tee getrunken.*
être →	été	J'ai été malade.	*Ich bin krank gewesen.*
faire →	fait	Qu'est-ce que tu as fait hier ?	*Was hast du gestern gemacht?*
lire →	lu	Tu as lu le journal ?	*Hast du die Zeitung gelesen?*
mettre →	mis	J'ai mis les restes à la poubelle	*Ich habe die Reste weggeworfen.*
prendre →	pris	Il a pris le train.	*Er hat den Zug genommen.*
venir →	venu	Ils ne sont pas venus.	*Sie sind nicht gekommen.*
voir →	vu	Vous avez vu ce film ?	*Haben Sie diesen Film gesehen?*

Grammaire

3 *Passé composé* und Verneinung

Die Verneinung *ne… pas* rahmt das Hilfsverb ein.

ne pas manger			
je	n'ai	pas	mangé
tu	n'as	pas	mangé
il	n'a	pas	mangé
elle	n'a	pas	mangé
on	n'a	pas	mangé
nous	n'avons	pas	mangé
vous	n'avez	pas	mangé
ils	n'ont	pas	mangé
elles	n'ont	pas	mangé

ne pas rester			
je	ne suis	pas	resté(e)
tu	n'es	pas	resté(e)
il	n'est	pas	resté
elle	n'est	pas	restée
on	n'est	pas	resté(e)s
nous	ne sommes	pas	resté(e)s
vous	n'êtes	pas	resté(e)(s)
ils	ne sont	pas	restés
elles	ne sont	pas	restées

→L7

C Der Imperativ

Der Imperativ dient dazu, Befehle, Ratschläge oder Verbote (verneinter Imperativ) auszudrücken. Anders als im Deutschen steht am Ende des Imperativsatzes kein Ausrufezeichen.

Die Formen des Imperativs werden vom Präsens abgeleitet. Bei allen Formen fehlt das Subjektpronomen.

Bei den **Verben auf -er** fehlt das **-s** der zweiten Person Singular:

bejahter Imperativ	*verneinter Imperativ*
Regarde la photo.	Ne regarde pas la photo.
Schau …	
Regardons la photo.	Ne regardons pas la photo.
Lasst uns schauen … / Schauen wir …	
Regardez la photo	Ne regardez pas la photo.
Schaut … / Schauen Sie …	

Bei den **anderen Verben** sind die Imperativformen mit den Formen des Präsens identisch:

bejahter Imperativ	*verneinter Imperativ*
Fais l'exercice numéro 3.	Ne fais pas l'exercice numéro 3.
Faisons l'exercice numéro 3.	Ne faisons pas l'exercice numéro 3.
Faites l'exercice numéro 3.	Ne faites pas l'exercice numéro 3.

Der Imperativ klingt im Französischen recht energisch. Mit *pouvoir* und *s'il vous / te plaît* können Sie eine Anweisung höflicher formulieren:

Vous pouvez fermer la fenêtre, s'il vous plaît ?
Können Sie bitte das Fenster schließen?

→L9

D Das *futur composé* (die zusammengesetzte Zukunft)

Das *futur composé* wird mit *aller* im Präsens (als Hilfsverb) und dem Infinitiv des entsprechenden Verbs gebildet:

Je vais réserver.
Ich werde reservieren.

bejaht		
je	vais	réserver
tu	vas	réserver
il/elle/on	va	réserver
nous	allons	réserver
vous	allez	réserver
ils/elles	vont	réserver

verneint			
je	ne vais	pas	réserver
tu	ne vas	pas	réserver
il/elle/on	ne va	pas	réserver
nous	n'allons	pas	réserver
vous	n'allez	pas	réserver
ils/elles	ne vont	pas	réserver

Grammaire

VIII Der Satz

A Wortstellung im Aussagesatz

Subjekt →	Verb →	Ergänzungen	
Les Levert	regardent	souvent la télé.	*Die Leverts schauen oft fern.*
Il	téléphone	à sa femme.	*Er telefoniert mit seiner Frau.*
Nous	sommes allés	au Portugal l'année dernière.	*Wir sind letztes Jahr nach Portugal gefahren.*

Wie im Deutschen sind die adverbialen Bestimmungen im Satz sehr beweglich:

Je regarde la télé **tous les soirs**.
Je regarde **tous les soirs** la télé.
Tous les soirs, je regarde la télé.

*Ich schaue **jeden Abend** fern.*

B Der Fragesatz

1 Fragetypen

Es gibt im Französischen drei Möglichkeiten, eine Frage zu bilden:

Die Intonationsfrage Die Intonationsfrage ist nur an der steigenden Satzmelodie erkennbar (nicht an der Wortstellung).

Vous êtes professeur ? – Oui.
Sind Sie Lehrer?   – Ja.

→L2

Die Frage mit *est-ce que* Die Frage mit *est-ce que* ist sehr gebräuchlich, im Mündlichen wie im Schriftlichen.

→L7

Bei einer Frage ohne Fragewort steht *est-ce que* an erster Stelle im Satz.

Est-ce que vous désirez un apéritif ?
Möchten Sie einen Aperitif?

Bei einer Frage mit Fragewort steht *est-ce que* direkt nach dem Fragewort.

Quand **est-ce que** tu viens ?
Wann kommst du?

Die Inversionsfrage Die Inversionsfrage entspricht der deutschen Frageform: Verb und Subjekt werden umgestellt. Im Alltagsfranzösisch sind nur kurze Inversionsfragen gebräuchlich (s. *On y va ! A2*).

Comment **allez-vous** ?
Wie geht es Ihnen?
Quelle heure **est-il** ?
Wie spät ist es?

2 Fragewörter

Fragewort		Frage	
comment	wie	Tu viens **comment** ? **Comment** est-ce que tu viens ?	*Wie kommst du hierher?*
combien	wie viel/e	Ça coûte **combien** ? **Combien** est-ce que ça coûte ?	*Wie viel kostet das?*
d'où	woher	Vous êtes **d'où** ? **D'où** est-ce que vous êtes ?	*Woher sind Sie?*
où	wo / wohin	Vous habitez **où** ? **Où** est-ce que vous habitez ?	*Wo wohnen Sie?*
qu'est-ce que	was	**Qu'est-ce que** vous aimez ?	*Was mögen Sie?*
quand	wann	On se voit **quand** ? **Quand** est-ce qu'on se voit ?	*Wann sehen wir uns?*
pourquoi	warum	**Pourquoi** est-ce que tu apprends le français ?	*Warum lernst du Französisch?*
qui	wer	**Qui** est-ce ?	*Wer ist das?*

Grammaire

→L4

3 Der Fragebegleiter *quel(s) / quelle(s)*

Quel richtet sich nach dem Substantiv, auf das es sich bezieht.

	maskulin	*feminin*
Singular	**Quel** programme préférez-vous ?	Vous préférez **quelle** activité ?
	Welches Programm bevorzugen Sie?	*Welche Aktivität bevorzugen Sie?*
Plural	**Quels** sports pratiquez-vous ?	Vous parlez **quelles** langues ?
	Welche Sportarten treiben Sie?	*Welche Sprachen sprechen Sie?*

Alle Formen werden [kɛl] gesprochen. Nur vor Vokal oder stummem *h* wird bei der *liaison* das *s* der Mehrzahl hörbar: Tu préfères quelles‿activités? [kɛlzaktivite]

→L3

C Die Verneinung

1 Die Verneinungswörter

Die Verneinung besteht aus zwei Teilen. Das erste Element ist immer *ne*, das zweite variiert je nach Bedeutung. Die konjugierte Verbform steht zwischen den Verneinungswörtern.

ne ... pas	Je **ne** regarde **pas** la télé.
	*Ich schaue **nicht** fern.*
ne ... rien	Je **ne** prends **rien**.
	*Ich nehme **nichts**.*
ne ... jamais	Je **ne** vais **jamais** au cinéma.
	*Ich gehe **niemals** ins Kino.*

Ne wird vor Vokal oder stummem *h* zu *n'*:

Je **n'a**ime pas les chats.
Ich mag keine Katzen.
Il **n'h**abite pas ici.
Er wohnt nicht hier.

Im gesprochenen Französisch wird *ne* oft weggelassen:

Je comprends rien.
Ich verstehe nichts.

Zur Verneinung im *passé composé*, s. auch VII B 3.

→L5

2 *Ne... pas de* (kein)

Dem deutschen *kein* entspricht im Französischen *ne... pas de / d'* (s. auch II C).

Il **n'a pas d'**ordinateur.
*Er hat **keinen** Computer.*
Il **n'**y a **pas de** poste ici.
*Es gibt hier **keine** Post.*

D Der Nebensatz

Ein Nebensatz wird von einer Konjunktion (fett gedruckt in den Beispielen) eingeleitet:

Hauptsatz	**Nebensatz**
Je fais du sport	**parce que** j'ai un travail stressant.
Ich mache Sport,	***weil** ich eine stressige Arbeit habe.*
Je prépare quelque chose	**si** tu veux.
Ich bereite etwas vor,	***wenn** du möchtest.*
Cette fille qui tape	**quand** je fais de la musique.
Dieses Mädchen, das hämmert,	***wenn** ich Musik mache.*

Anders als im Deutschen ist im Französischen im Haupt- und Nebensatz die Wortstellung identisch. Zwischen Haupt- und Nebensatz steht in der Regel kein Komma.

Grammaire

IX Präpositionen

Viele Präpositionen (wie z. B. die Präposition *à* oder *en*) haben je nach Kontext unterschiedliche Entsprechungen. Es ist daher sinnvoll, sie gleich in Wendungen zu lernen. Im Folgenden finden Sie einen Überblick über die gebräuchlichsten Präpositionen, alphabetisch geordnet.

à (au / aux)		
Ortsangabe	Il habite **à** Munich.	Er wohnt **in** München.
	Je vais **au** marché.	Ich gehe **auf** den Markt.
(Frage *Wo?* oder *Wohin?*)	On va **à la** plage.	Wir gehen **zum** Strand.
Ländernamen, maskulin	Il habite **au** Portugal.	Er wohnt **in** Portugal.
Plural	Ils sont **aux** U.S.A.	Sie sind **in den** U.S.A.
Zeitangabe, Uhrzeit *um*	Le cours commence **à** 9 heures.	Der Kurs beginnt **um** 9 Uhr.
in der Bedeutung von *bis*	**A** bientôt !	**Bis** bald!
	A mardi !	**Bis** Dienstag!
	de 3 **à** 5 heures	**von** 3 **bis** 5 Uhr
Entfernung	La poste est **à** 100 mètres.	Die Post ist 100 Meter **von hier**.
	La gare est **à** trois minutes.	Der Bahnhof ist drei Minuten **von hier (entfernt)**.
Art und Weise (Frage *Wie?*)	Je viens **à** pied.	Ich komme **zu** Fuß.
	des côtelettes de porc **à** l'italienne	Schweinekoteletts **nach** italienischer Art
auch „offene" Verkehrsmittel	Nous avons fait une balade **à** vélo.	Wir haben einen Ausflug **mit** dem Fahrrad gemacht.
Preisangabe	un kilo de pêches **à** 4 €	ein Kilo Pfirsiche **zu** 4 €
in Wendungen	C'est **à** qui ? – C'est **à** moi.	Wer ist dran? – Ich bin dran.
nach bestimmten Verben	téléphoner **à**…, poser des questions **à**…	

Zur Verschmelzung von **à** mit dem bestimmten Artikel, s. auch II A 1.

après		
nach	Qu'est-ce que tu fais **après** le cours ?	Was machst du **nach** dem Kurs?

avec		
mit	Tu viens **avec** moi ?	Kommst du **mit** mir?
	Avec plaisir.	**Mit** Vergnügen.

chez		
Personennamen (*bei, zu*)	Je vais **chez** le fleuriste.	Ich gehe **zum** Blumenhändler.
Firmennamen	Elle travaille **chez** Leclerc.	Sie arbeitet **bei** Leclerc.

dans		
Standort in (*innen drin*)	**dans** la classe	**ins / im** Klassenzimmer
	dans l'escalier	**auf** die / der Treppe
	dans la rue	**auf** die / der Straße

de / d' (du / des)		
Herkunft (*Woher?*)	Je suis **de** Concarneau.	Ich bin **aus** Concarneau.
nach Mengenangaben und	un kilo **de** pêches	ein Kilo Pfirsiche
Mengenadverbien	un peu **de** pain	ein bisschen Brot
Zugehörigkeit	le chien **des** voisins	der Hund **der** Nachbarn
nach bestimmten Verben	avoir besoin **de**, venir **de**, parler **de**…	

Zur Verschmelzung von **de** mit dem bestimmten Artikel, s. auch II A 1.

cent quatre-vingt-treize | 193

Grammaire

en			
Länder und Regionen, feminin	*in / nach*	J'habite **en** Allemagne.	Ich wohne **in** Deutschland.
		Je vais **en** Bavière.	Ich fahre **nach** Bayern.
Verkehrsmittel	*mit*	Vous êtes **en** voiture ?	Sind sie **mit** dem Auto hier?
Stoff, Material	*aus*	un pull **en** laine	ein Wollpulli
vor Monatsnamen	*im*	**en** juillet	**im** Juli
		en ville	**in** die / der Stadt
		en banlieue	**in** den / **im** Vorort

en face de		
gegenüber	J'habite **en face de la** bibliothèque.	Ich wohne **gegenüber** der Bücherei.
	J'habite **en face du** parking.	Ich wohne **gegenüber** dem Parkplatz.

jusqu'à		
bis	Vous allez **jusqu'à la** place de la République.	Sie gehen **bis zum** Place de la République.
	Vous allez **jusqu'au** rond-point.	Sie gehen **bis zum** Kreisverkehr.

près de		
in der Nähe von	**près de** la poste	neben die / der Post
	près du musée	neben das / dem Museum

sur		
auf	**sur** le bureau	**auf** den / dem Schreibtisch

X Zahlen und Angabe des Datums

A Die Zahlen

1 Die Grundzahlen

→L1
→L2

Sie finden die Liste der Grundzahlen bis zwanzig auf Seite 15 und bis hundert auf Seite 30.

Im Französischen werden die Zahlen getrennt geschrieben. Zuerst werden die Zehner genannt.	26 **vingt**-six sechsund**zwanzig** 69 **soixante**-neuf neunund**sechzig**
Zur Vereinfachung der Rechtschreibung können alle Zahlen mit Bindestrich geschrieben werden.	31 trente et un / trente-et-un 227 deux cent vingt-sept / deux-cent-vingt-sept
Vingt und *cent* werden mit **-s** geschrieben, wenn sie multipliziert sind und als letzte Zahl stehen. Folgt auf *vingt* und *cent* eine weitere Zahl, sind sie unveränderlich.	80 quatre-**vingts** 83 quatre-**vingt**-trois 200 deux **cents** 215 deux **cent** quinze

Grammaire

2 Die Ordnungszahlen

Die Ordnungszahlen antworten auf die Frage *Der / die / das wievielte?*

Sie werden gebildet, indem man die Endung *-ième* an die jeweilige Grundzahl anhängt.

un	→ 1er / 1ère premier/-ière
deux	→ 2e deuxième
trois	→ 3e troisième
quatre	→ 4e qua**tri**ème
cinq	→ 5e cin**qui**ème…
neuf	→ 9e neu**vi**ème
dix	→ 10e dixième
cent	→ 100e centième…

→L5

! 1er / 1ère premier / première
Die Ordnungszahlen werden im Französischen nicht mit Punkt geschrieben.

B Das Datum

→L9

Die Frage nach dem Datum lautet:

> On est / Nous sommes le combien, aujourd'hui ?
> *Den wievielten haben wir heute?*

Anders als im Deutschen werden zur Angabe des Datums im Französischen die Grundzahlen verwendet. Nur für den Ersten des Monats steht die Ordnungszahl *premier* (erster).

le 1er mai	le premier mai	(der 1. Mai)
le 2 mai	le deux mai	(der 2. Mai)
le 15 juin	le quinze juin	(der 15. Juni)

Zur Angabe des Datums in Briefen werden meist Schrägstriche benutzt.

> Bordeaux, le 21/06/08
> Bordeaux, le 21 juin 2008

XI Adverbien und Mengenangaben

A Zeitadverbien

→L5
→L6

1 Angabe einer chronologischen Reihenfolge

d'abord	**D'abord**, on va chez le fleuriste,	***Zuerst*** gehen wir zum Blumenhändler,
puis	**puis**, on prend la rue Perrière,	***dann*** nehmen wir die rue Perrière,
ensuite	**ensuite**, on achète du fromage,	***anschließend*** kaufen wir Käse,
après	**après** on prend un café,	***danach*** trinken wir einen Kaffee,
enfin	**enfin**, on rentre à la maison.	***schließlich*** gehen wir nach Hause.

2 Angabe des Tages

hier	Qu'est-ce que tu as fait **hier** ?	*Was hast du **gestern** gemacht?*
aujourd'hui	Je suis resté à la maison **aujourd'hui**.	*Ich bin **heute** zu Hause geblieben.*
demain	Tu ne viens pas, **demain** ?	*Kommst du **morgen** nicht?*

Grammaire

3 Angabe der Häufigkeit

souvent	Elle sort **souvent** avec des amis.	Sie geht **oft** mit Freunden aus.
quelquefois	Vous achetez des vêtements d'occasion **quelquefois** ?	Kaufen Sie **manchmal** Secondhand-Kleider?
toujours	Vous allez **toujours** tout droit.	Sie gehen **immer** geradeaus.
jamais	Je ne suis **jamais** allé au Portugal.	Ich bin **niemals** nach Portugal gefahren.

→L7
→L8

B Adverbien zur Angabe der Intensität

assez	Le vin n'est pas **assez** frais.	Der Wein ist nicht kühl **genug**.
beaucoup	J'aime **beaucoup** le rythme.	Ich mag den Rhythmus **sehr**.
un peu	**un peu** monotone	**ein wenig** eintönig
pas du tout	Je n'aime **pas du tout** le sport.	Ich mag Sport **überhaupt nicht**.
plutôt	Elle est **plutôt** forte, pas grosse.	Sie ist **eher** stark, nicht dick.
très	Je suis **très** romantique.	Ich bin **sehr** romantisch.
trop	C'est **trop** cher.	Es ist **zu** teuer.

C Adverbien zur Angabe der Menge

Zur Angabe der Menge werden die folgenden Adverbien **immer mit** der Präposition *de* verwendet.

beaucoup de	Ils font **beaucoup de** choses ensemble.	Sie machen **viel** zusammen.
un peu de	Je voudrais **un peu de** pain.	Ich möchte **ein bisschen** Brot.
trop de	Il y a **trop de** tulipes.	Es gibt **zu viele** Tulpen (dort).

Wortschatz der Arbeitsanweisungen

Ajoutez...	Fügen Sie ... hinzu.
A vous !	Sie sind dran.
Choisissez...	Wählen Sie ... (aus).
Classez...	Ordnen Sie ... (zu).
Cochez.	Kreuzen Sie an.
Comparez avec votre voisin.	Vergleichen Sie mit Ihrem Nachbarn.
Complétez...	Vervollständigen Sie ...
Comptez.	Zählen Sie.
Continuez.	Machen Sie weiter.
Contrôlez...	Kontrollieren Sie ...
Corrigez.	Verbessern Sie.
Décrivez une personne.	Beschreiben Sie eine Person.
Devinez.	Raten Sie.
Ecoutez / Ecoutez de nouveau.	Hören Sie zu / Hören Sie noch einmal.
Ecrivez...	Schreiben Sie ...
Entourez...	Kreisen Sie ... ein.
Entraînez-vous.	Üben Sie, trainieren Sie.
Enumérez...	Zählen Sie auf ...
Faites des projets ensemble.	Planen Sie gemeinsam.
Formez deux groupes.	Bilden Sie zwei Gruppen.
Imaginez...	Stellen Sie sich vor ...
Interrogez votre voisin.	Befragen Sie Ihren Nachbarn.
Jouez la scène.	Spielen Sie die Szene.
Lisez.	Lesen Sie.
Mettez de l'ordre.	Ordnen Sie.
Notez...	Schreiben Sie auf, notieren Sie ...
Numérotez.	Nummerieren Sie.
Parlez de...	Sprechen Sie über ...
Posez des questions.	Stellen Sie Fragen.
Prenez des notes.	Machen Sie sich Notizen.
Préparez des questions pour un sondage dans votre cours.	Bereiten Sie Fragen für eine Umfrage in Ihrem Kurs vor.
Présentez-vous. / Présentez votre voisin.	Stellen Sie sich vor. / Stellen Sie Ihren Nachbarn vor.
Racontez...	Erzählen Sie ...
Rayez les informations inexactes.	Streichen Sie die falschen Informationen durch.
Rédigez un texte court.	Verfassen Sie einen kurzen Text.
Regardez...	Schauen Sie ... an.
Reliez...	Verbinden Sie ...
Relisez.	Lesen Sie noch einmal.
Répétez.	Wiederholen Sie.
Répondez / Répondez aux questions.	Antworten Sie / Beantworten Sie die Fragen.
Le résumé suivant est correct ?	Ist die folgende Zusammenfassung korrekt?
Retrouvez...	Finden Sie ... wieder.
Soulignez.	Unterstreichen Sie.
Soulignez les questions que vous entendez.	Unterstreichen Sie die Fragen, die Sie hören.
Surlignez...	Markieren Sie ... (farbig). / Streichen Sie ... (farbig) an.
Terminez les phrases.	Beenden Sie die Sätze.
Transformez...	Formen Sie ... um.
Travaillez à deux.	Arbeiten Sie zu zweit.
Trouvez l'intrus.	Finden Sie den Eindringling / das Wort, das nicht in die Reihe passt.
Trouvez le titre pour chaque paragraphe.	Finden Sie für jeden Abschnitt den (passenden) Titel.
Trouvez une solution au problème.	Finden Sie für das Problem eine Lösung.
Triez...	Sortieren Sie ...
Utilisez les mots suivants / les expressions suivantes.	Verwenden Sie die folgenden Wörter / die folgenden Ausdrücke.
Vrai ou faux ?	Richtig oder falsch?

Die Laute des Französischen

Schrift und Aussprache

A Vokale (Selbstlaute)

Schreibung	Laut		französische Beispiele
a – â – à	[a]	wie Lisa	cinéma – théâtre – à – Pâques – (sowie: femme)
é – ai	[e]	wie Andrea	café – aimer
er und ez am Wortende			aller – chez
è – ê – ai – aî – ei	[ɛ]	wie wäre	après – fenêtre – lait – naître – la Seine
et am Wortende			alphabet
e – ë			belle – mer – Noël
eu – œu	[ø]	wie böse	vieux – des œufs
eu – œu	[œ]	wie ihr könnt	fleur – sœur
e	[ə]	wie alle	le – petit – (sowie: monsieur)
i – î – ï – y	[i]	wie Lisa	midi – dîner – maïs – dynamique
o – ô – au – eau	[o]	wie Sohn	trop – tôt – haut – manteau
o	[ɔ]	wie Sonne	poste
ou – oû – où	[u]	wie Uwe	tout – goûter – où
u – û	[y]	wie Tür	rue – bien sûr – (sowie: j'ai eu)

B Nasalvokale Beim Sprechen der Nasalvokale entweicht die Luft durch den Mund und durch die Nase.

Schreibung	Laut		französische Beispiele
an – am – en – em	[ã]	wie Croissant	an – ambiance – pendant – temps
on – om	[õ]	wie Pardon	région – combien
in – im – ym – (i)en –			cinq – important – sympa – bien
ain – aim – ein	[ɛ̃]	wie Teint	train – faim – plein
un – um			lundi – parfum

C Halbvokale Halbvokale treten immer in Kombination mit einem anderen Vokal auf. Sie haben im Deutschen keine wirkliche Entsprechung.

Schreibung	Laut		französische Beispiele
ui	[ɥ]	wie üi	huit – nuit
i – il – ill – y	[j]	ähnlich wie ja	pied – travail – fille – payer
ou – oi – oî – oin	[w]	wie Wellness (englische Aussprache)	oui – moi – boîte – loin

D Konsonanten (Mitlaute) In dieser Tabelle sind nur die Konsonanten aufgelistet, die anders als im Deutschen ausgesprochen werden.

Schreibung	Laut		französische Beispiele
c vor a, o und u	[k]	wie kalt	calme – couleur – cuisine
(c)k – ch – qu			ski – ticket – orchestre – qualité
g vor a, o und u	[g]	wie Gabel	gare – goûter – visite guidée
g vor e und i – j	[ʒ]	wie Garage (stimmhaft)	manger – région – jeudi
l – ll	[l]	wie langsam	livre – ville
gn	[ɲ]	wie Champagner	Espagne
s am Wortanfang – ss	[s]	wie Gras, essen (stimmlos)	salade – aussi
c vor e, i			place – merci
ç vor a, o und u			français – garçon – reçu
sc – t – x			piscine – patient – six – soixante
s zwischen Vokalen	[z]	wie Rose (stimmhaft)	maison
z – x			treize – deuxième
ch – sh – sch	[ʃ]	wie Schild	chat – short – schéma
v – w	[v]	wie Wagen	vin – wagon
x – cc – xc	[ks]	wie Taxi (stimmlos)	taxi – accent – excellent
x	[gz]	(stimmhaft)	exactement
ng	[ŋ]	wie singen	parking

Wortschatz nach Lektionen

In dieser Liste finden Sie die Wörter und Wendungen jeder Lektion in der Reihenfolge ihres Vorkommens.
Die deutsche Übersetzung gibt die Bedeutung des Begriffs im jeweiligen Kontext wieder. Die Vokabeln früherer Lektionen werden als bekannt vorausgesetzt. Sollten Sie also einmal ein Wort vermissen, ist es wahrscheinlich schon an anderer Stelle vorgekommen. Sie können es dann auch in der alphabetischen Wortschatzliste nachschlagen.
Zur Erleichterung der Aussprache finden Sie in dieser Liste außerdem die phonetische Umschrift aller Wörter; vergleichen Sie hierzu auch die vorausgehende Übersicht **Die Laute des Französischen**.
Bei Substantiven (z. B. Berufsbezeichnungen) und Adjektiven sind die männliche und die weibliche Form verzeichnet, z. B.:

l'ami/e *m/f*
blond/e
breton/ne

die weibliche Endung wird hier
an die männliche angehängt.

le/la serveur/-euse
particulier/-ière
heureux/-se

die weibliche Endung ersetzt die männliche.

Folgende Abkürzungen werden verwendet:

CE :	cahier d'exercices (Arbeitsbuch)
f :	feminin, weiblich
fpl :	feminin Plural
m :	maskulin, männlich
mpl :	maskulin Plural
m/f :	maskuline / feminine Form
adv :	Adverb
(fam) :	familier (umgangssprachlich)
qc :	quelque chose (etwas)
qn :	quelqu'un (jemand)

Leçon 1

On y va !	[ɔ̃niva]	Auf geht's! Los geht's!
1		
Bonjour, je m'appelle... (s'appeler)	[bɔ̃ʒuʀʒəmapɛl]	Guten Tag, ich heiße ... (heißen)
b		
Et toi ?	[etwa]	Und du? *(betont)*
Moi, c'est Eric.	[mwasɛeʀik]	Ich *(betont)* bin Eric.
Je suis votre professeure de français. (être)	[ʒəsɥivɔtʀ(ə)pʀɔfesœʀd(ə)fʀɑ̃sɛ]	Ich bin Ihre Französischlehrerin. (sein)
Je suis Mme Lebec.	[ʒəsɥimadamləbɛk]	Ich bin Frau Lebec.
Et vous ?	[evu]	Und Sie?
Salut Michel.	[salymiʃɛl]	Hallo Michael.
C'est Alice, une amie.	[sɛtalisynami]	Das ist Alice, eine Freundin.
2 a		
le/la journaliste	[lə/laʒuʀnalist]	Journalist/in
le/la fleuriste	[lə/laflœʀist]	Florist/in
le/la médecin	[lə/lamɛtsɛ̃]	Arzt/Ärztin
l'assistante *f* médicale	[lasistɑ̃tmedikal]	Arzthelferin
l'informaticien/-ienne *m/f*	[lɛ̃fɔʀmatisjɛ̃/ lɛ̃fɔʀmatisjɛn]	Informatiker/in
le/la coiffeur/-euse	[ləkwafœʀ / lakwaføz]	Friseur/in
la femme au foyer	[lafamofwaje]	Hausfrau
le/la dentiste	[lə/ladɑ̃tist]	Zahnarzt/-ärztin
le/la musicien/-ienne	[ləmyzisjɛ̃/ lamyzisjɛn]	Musiker/in
le/la retraité/e	[lə/laʀ(ə)tʀete]	Rentner/in
c		
Comment on dit *Notar* en français ?	[kɔmɑ̃ɔ̃di notaʀɑ̃fʀɑ̃sɛ]	Wie sagt man / Was heißt *Notar* auf Französisch?
3		
Vous êtes d'où ?	[vuzɛtdu]	Woher sind Sie?
a		
privé/e	[pʀive]	privat
professionnel/le	[pʀɔfesjɔnɛl]	beruflich
b		
Et voici ma collègue.	[evwasima kɔ(l)lɛg]	Und hier ist meine Kollegin.
Enchanté/e.	[ɑ̃ʃɑ̃te]	Sehr erfreut, angenehm.
de Berlin	[dəbɛʀlɛ̃]	aus Berlin
C'est breton, ça !	[sɛbʀətɔ̃sa]	Das ist bretonisch.
oui	[ˈwi]	ja
Je suis breton.	[ʒəsɥibʀətɔ̃]	Ich bin Bretone.
Tu connais ? (connaître)	[tykɔnɛ]	Kennst du das? (kennen)
Je connais bien.	[ʒəkɔnɛbjɛ̃]	Das kenne ich gut.
Et toi, tu es d'où ?	[etwatyɛdu]	Und du, woher bist du?
exactement	[ɛgzakt(ə)mɑ̃]	genau genommen
4		
les mots *mpl* internationaux	[lemoɛ̃tɛʀnasjɔno]	internationale Wörter
a		
l'huile *f* d'olive vierge	[lɥildɔlivvjɛʀʒ]	natives Olivenöl
la boutique	[labutik]	Geschäft, Laden
le jardin	[ləʒaʀdɛ̃]	Garten
b		
le sport	[ləspɔʀ]	Sport
le concert	[ləkɔ̃sɛʀ]	Konzert

Wortschatz nach Lektionen

5

Vous parlez français ? (parler)	[vupaʀlefʀɑ̃sɛ]	Sprechen Sie Französisch?

a

l'anglais *m*	[lɑ̃glɛ]	Englisch (*Sprache*)
l'espagnol *m*	[lɛspaɲɔl]	Spanisch (*Sprache*)
l'italien *m*	[litaljɛ̃]	Italienisch (*Sprache*)
le français	[ləfʀɑ̃sɛ]	Französisch (*Sprache*)
l'allemand *m*	[almɑ̃]	Deutsch (*Sprache*)

b

Je parle français.	[ʒəpaʀlfʀɑ̃sɛ]	Ich spreche Französisch.
Tom parle anglais.	[tɔmpaʀlɑ̃glɛ]	Tom spricht Englisch.

c

Et toi, tu parles anglais ?	[etwatypaʀlɑ̃glɛ]	Und du, sprichst du Englisch?
Oui, et un peu espagnol.	[wiɛ̃pøɛspaɲɔl]	Ja, und ein wenig Spanisch.
non	[nɔ̃]	nein

6

Il ou elle ?	[iluɛl]	Er oder sie?

a

Elle est drôle et très sympa.	[ɛlɛdʀoletʀɛsɛ̃pa]	Sie ist lustig und sehr nett.
l'opticien/-ienne *m/f*	[lɔptisjɛ̃/lɔptisjɛn]	Optiker/in
aussi	[osi]	auch
au bureau	[obyʀo]	im Büro
surtout	[syʀtu]	vor allem, hauptsächlich
bien sûr	[bjɛ̃syʀ]	natürlich
Je travaille chez Ford. (travailler)	[ʒətʀavajʃefɔʀ]	Ich arbeite bei Ford.
le/la français/e	[ləfʀɑ̃sɛ/lafʀɑ̃sɛz]	Franzose/Französin
l'allemand/e *m/f*	[almɑ̃/almɑ̃d]	Deutscher/Deutsche
l'autrichien/ne *m/f*	[otʀiʃjɛ̃/otʀiʃjɛn]	Österreicher/in
l'espagnol/e *m/f*	[lɛspaɲɔl]	Spanier/in
l'italien/ne *m/f*	[litaljɛ̃/litaljɛn]	Italiener/in

d

le nom	[lənɔ̃]	Name
le prénom	[ləpʀenɔ̃]	Vorname
la profession	[lapʀɔfesjɔ̃]	Beruf
la langue	[lalɑ̃g]	Sprache
la ville d'origine	[lavildɔʀiʒin]	Herkunftsort
la nationalité	[lanasjɔnalite]	Nationalität

7

les nombres *mpl* de 0 à 20	[lenɔ̃bʀ d(ə)zeʀoavɛ̃]	Zahlen von 0 bis 20

Grammaire

moderne	[mɔdɛʀn]	modern
élégant/e	[elegɑ̃/elegɑ̃t]	elegant

Prononciation

l'alphabet *m*	[lalfabɛ]	Alphabet
blond/e	[blɔ̃/blɔ̃d]	blond
le parlement	[ləpaʀləmɑ̃]	Parlament
faux/fausse	[fo/fos]	falsch
le souvenir	[ləsuv(ə)niʀ]	Andenken
le restaurant	[ləʀɛstɔʀɑ̃]	Restaurant
Au revoir !	[oʀ(ə)vwaʀ]	Auf Wiedersehen!
A bientôt !	[abjɛ̃to]	Bis bald!

CE 2

Bonsoir	[bɔ̃swaʀ]	Guten Abend

3 a

le/la mannequin	[lə/laman(ə)kɛ̃]	Mannequin
le/la photographe	[lə/lafɔtɔgʀaf]	Fotograf/in
le/la reporter	[lə/laʀ(ə)pɔʀtɛʀ]	Reporter/in
le/la chirurgien/-ienne	[lə/ʃiʀyʀʒjɛ̃/laʃiʀyʀʒjɛn]	Chirurg/in
le/la psychiatre	[lə/lapsikjatʀ]	Psychiater/in
le/la couturier/-ière	[ləkutyʀje/lakutyʀjɛʀ]	Schneider/in
le/la dermatologue	[lə/ladɛʀmatɔlɔg]	Dermatologe/-in, Hautarzt/-ärztin
le chauffeur de taxi	[ləʃofœʀd(ə)taksi]	Taxifahrer
le/la styliste	[lə/lastilist]	Stylist/in
le/la pilote	[lə/lapilɔt]	Pilot/in
le chauffeur de bus	[ləʃofœʀd(ə)bys]	Busfahrer

b

la médecine	[lamedsin]	Medizin
l'information *f*	[lɛ̃fɔʀmasjɔ̃]	Informationswesen, Medien
les transports *mpl*	[letʀɑ̃spɔʀ]	Transportwesen
la technique	[latɛknik]	Technik
le tourisme	[lətuʀism(ə)]	Tourismus
la mode	[lamɔd]	Mode

5

sympathique	[sɛ̃patik]	sympathisch, nett

7

l'hôtel *m*	[lɔtɛl]	Hotel
le week-end	[ləwikɛnd]	Wochenende
le stress	[ləstʀɛs]	Stress
le massage	[ləmasaʒ]	Massage
aromatique	[aʀɔmatik]	aromatisch
le masque	[ləmask]	Maske
le cosmétique	[ləkɔsmetik]	Kosmetikprodukt

8

le trottoir	[lətʀɔtwaʀ]	Gehsteig
la chanson	[laʃɑ̃sɔ̃]	Lied, Schlager
russe	[ʀys]	russisch

10

le/la belge	[lə/labɛlʒ(ə)]	Belgier/in
autoritaire	[ɔtɔʀitɛʀ]	autoritär
mais	[mɛ]	aber
dynamique	[dinamik]	dynamisch
intelligent/e	[ɛ̃teliʒɑ̃/ɛ̃teliʒɑ̃t]	intelligent

12

le million	[ləmiljɔ̃]	Million

14

le boulevard	[ləbulvaʀ]	Boulevard
le climat	[ləklima]	Klima
le/la chanteur/-euse	[ləʃɑ̃tœʀ/laʃɑ̃tøz]	Sänger/in

Leçon 2

Comment allez-vous ?	[kɔmɑ̃talevu]	Wie geht es Ihnen?

1 a

Ça va ?	[sava]	Wie geht's?
très bien	[tʀɛbjɛ̃]	sehr gut
merci	[mɛʀsi]	danke
Vous allez bien ?	[vuzallebjɛ̃]	Geht es Ihnen gut?
la famille	[lafamij]	Familie
à vous aussi	[avuosi]	Ihnen auch
à toi aussi	[atwaosi]	dir auch

Wortschatz nach Lektionen

allez…	[ale]	hier: also … (als Signal, dass man das Gespräch beenden möchte)
Bonne journée !	[bɔnʒuʀne]	(Einen) Schönen Tag!
Salut !	[saly]	Hallo! Tschüss!
A la semaine prochaine !	[alas(ə)mɛnpʀɔʃɛn]	Bis nächste Woche!
d'accord	[dakɔʀ]	einverstanden

3 a

l'homme	[lɔm]	Mann
le père	[ləpɛʀ]	Vater
la mère	[lamɛʀ]	Mutter
la grand-mère	[lagʀɑ̃mɛʀ]	Großmutter
la femme	[lafam]	Ehefrau, Frau
le mari	[ləmaʀi]	Ehemann
le frère	[ləfʀɛʀ]	Bruder
la sœur	[lasœʀ]	Schwester
le fils	[ləfis]	Sohn
la fille	[lafij]	Tochter
le grand-père	[ləgʀɑ̃pɛʀ]	Großvater
la grand-mère	[lagʀɑ̃mɛʀ]	Großmutter
la petite-fille	[lap(ə)titfij]	Enkelin
le petit-fils	[ləp(ə)tifis]	Enkel
le compagnon	[ləkõpaɲõ]	Lebensgefährte
la compagne	[lakõpaɲ]	Lebensgefährtin
l'oncle m	[lõkl(ə)]	Onkel
la tante	[latɑ̃t]	Tante

d

le/la portugais/e	[ləpɔʀtygɛ/ lapɔʀtygɛz]	Portugiese/-in
le père	[ləpɛʀ]	Vater
Mon père habite… (habiter)	[mõpɛʀabit]	Mein Vater wohnt …
à Munich	[amynik]	in München
marié/e	[maʀje]	verheiratet
l'enfant m/f	[lɑ̃fɑ̃]	Kind
Mon frère a un enfant.	[mõfʀɛʀaœ̃nɑ̃fɑ̃]	Mein Bruder hat ein Kind.
célibataire	[selibatɛʀ]	ledig
divorcé/e	[divɔʀse]	geschieden

f

là	[la]	da
Là, c'est mon père.	[lasɛmõpɛʀ]	Das (da) ist mein Vater.
voici	[vwasi]	hier ist / sind
ma mère	[mamɛʀ]	meine Mutter
elle s'appelle (s'appeler)	[ɛlsapɛl]	sie heißt
les parents mpl	[lepaʀɑ̃]	Eltern
Elle a quel âge ?	[ɛlakɛlaʒ]	Wie alt ist sie?

4

qu'est-ce que	[kɛsk(ə)]	was
il y a…	[ilja]	es gibt / es ist / sind …
Qu'est-ce qu'il y a…	[kɛskilja]	Was gibt es …
dans	[dɑ̃]	in
la classe	[laklas]	hier: Klassenzimmer

a

le livre	[ləlivʀ(ə)]	Buch
le cahier	[ləkaje]	Heft
le crayon	[ləkʀɛjõ]	Bleistift
la gomme	[lagɔm]	Radiergummi
le CD	[ləsede]	CD
le tableau	[lətablo]	Tafel
le dictionnaire	[lədiksjɔnɛʀ]	Wörterbuch
l'agenda m	[laʒɛ̃da]	Terminkalender
l'ordinateur m	[lɔʀdinatœʀ]	Computer
la feuille	[lafœj]	Blatt (Papier)
la table	[latabl(ə)]	Tisch
la chaise	[laʃɛz]	Stuhl
les lunettes fpl	[lelynɛt]	Brille
la clé	[lakle]	Schlüssel
le stylo	[ləstilo]	Kugelschreiber
le lecteur de CD	[ləlɛktœʀd(ə)sede]	CD-Player

b

Dans ma classe, il y a…	[dɑ̃maklasilja]	In meinem Klassenzimmer gibt es …

c

Vous avez… ?	[vuzave]	Haben Sie …? / Habt ihr …?
Tu as… ?	[tya]	Hast du …?
s'il vous plaît	[silvuplɛ]	Bitte (wenn man jdn siezt)
s'il te plaît	[siltəplɛ]	Bitte (wenn man jdn duzt)
voilà	[vwala]	Bitte sehr, Bitte schön (wenn man jdm etw gibt)

5

Quel est votre numéro de téléphone ?	[kɛlevɔtʀ(ə)nymeʀo d(ə)telefɔn]	Wie ist Ihre / eure Telefonnummer?
le numéro de téléphone	[lənymeʀo d(ə)telefɔn]	Telefonnummer
Mon numéro de téléphone, c'est le…	[mõnymeʀod(ə) telefɔnsɛlə]	Meine Telefonnummer, das ist die …
Vous pouvez répéter, s'il vous plaît ?	[vupuveʀepete silvuplɛ]	Können Sie bitte wiederholen?
Tu peux répéter, s'il te plaît ?	[typøʀepete siltəplɛ]	Kannst du bitte wiederholen?

Grammaire

Tu as quel âge ?	[tyakɛlaʒ]	Wie alt bist du?
le CD-ROM	[ləsedeʀɔm]	CD-ROM
le problème	[ləpʀɔblɛm]	Problem
la cassette	[lakasɛt]	Kassette

Prononciation

l'hôtel m de luxe	[lɔtɛld(ə)lyks]	Luxushotel

Info-zapping

conseils mpl pratiques pour téléphoner en France	[kõsɛjpʀatik puʀtelefɔneɑ̃fʀɑ̃s]	praktische Tipps für das Telefonieren in Frankreich
la France	[lafʀɑ̃s]	Frankreich
les zones fpl géographiques	[lezɔnʒeɔgʀafik]	geographische Gebiete / Zonen
Chaque zone a un numéro particulier.	[ʃakzonaœ̃nymeʀo paʀtikylje]	Jede Zone hat eine spezielle Nummer.
particulier/-ière	[paʀtikylje/ paʀtikyljɛʀ]	besondere/r/s
la région parisienne	[laʀeʒjõpaʀizjɛn]	Region von Paris
le nord-ouest	[lənɔʀwɛst]	Nordwesten
le nord-est	[lənɔʀɛst]	Nordosten
le sud-est	[ləsydɛst]	Südosten
la Corse	[lakɔʀs]	Korsika
le sud-ouest	[ləsydwɛst]	Südwesten
le portable	[ləpɔʀtabl(ə)]	Handy
l'indicatif m	[lɛ̃dikatif]	hier: Vorwahlnummer
l'Allemagne f	[lalmaɲ]	Deutschland

Wortschatz nach Lektionen

CE

4
| le numéro complémentaire | [lənymeʀo kõplemãtɛʀ] | Zusatzzahl (beim Lotto) |

6
| le cours d'allemand | [ləkuʀdalmã] | Deutschkurs |

7
| Vous avez quel âge ? | [vuzavekɛlaʒ] | Wie alt sind Sie? |

10
l'adresse f	[ladʀɛs]	Adresse
la ville	[lavil]	Stadt
le pays	[ləpei]	Land
le mél	[ləmɛl]	E-mail
la situation de famille	[lasityasjõ d(ə)famij]	Familienstand
Voulez-vous étudier le français ?	[vulevuzetydje ləfʀãsɛ]	Wollen Sie Französisch lernen?
le niveau	[lənivo]	Niveau / Stufe
le débutant	[lədebytã]	Anfänger
le (niveau) débutant	[lənivodebytã]	Grundstufe
le (niveau) intermédiaire	[lənivoɛ̃tɛʀmedjɛʀ]	Mittelstufe
le (niveau) avancé	[lənivoavãse]	Oberstufe

11
| sur | [syʀ] | auf |
| sur mon bureau | [syʀmõbyʀo] | auf meinem Schreibtisch |

Histoire drôle
| je ne sais pas | [ʒən(ə)sɛpa] | ich weiß (es) nicht |

Leçon 3

| Un café, s'il vous plaît ! | [ɛ̃kafesilvuplɛ] | Einen Kaffee bitte! |
| le café | [ləkafe] | Kaffee |

1 a
la carte des consommations	[lakaʀt(ə)de kõsɔmasjõ]	hier: Getränkekarte
la boisson	[labwasõ]	Getränk
les boissons fpl fraîches	[lebwasõfʀɛʃ]	kalte Getränke
la limonade	[lalimɔnad]	Limonade
le jus	[ləʒy]	Saft
le jus de fruits	[ləʒyd(ə)fʀɥi]	Fruchtsaft
le jus de tomate	[ləʒyd(ə)tɔmat]	Tomatensaft
l'eau f minérale / eaux fpl minérales	[lomineʀal]	Mineralwasser
les boissons fpl chaudes	[lebwasõʃod]	warme Getränke
le café allongé	[ləkafealõʒe]	dünner Kaffee (mit Wasser)
le café crème	[ləkafekʀɛm]	Kaffee mit Sahne/ etwas Milch
le café au lait	[ləkafeolɛ]	Milchkaffee
le décaféiné	[lədekafeine]	entkoffeinierter Kaffee
le chocolat chaud	[ləʃɔkɔlaʃo]	Heiße Schokolade
le thé	[ləte]	Schwarztee
l'infusion f	[lɛ̃fyzjõ]	Kräutertee
la bière	[labjɛʀ]	Bier
les bières fpl pression	[lebjɛʀpʀɛsjõ]	Bier vom Fass
le panaché	[ləpanaʃe]	Radler, Alsterwasser (Bier mit Limonade)
les bières fpl bouteilles	[lebjɛʀbutɛj]	Flaschenbiere
la bouteille	[labutɛj]	Flasche
sans alcool m	[sãzalkɔl]	ohne Alkohol, alkoholfrei
l'apéritif m	[lapeʀitif]	Aperitif
blanc/blanche	[blã/blãʃ]	weiß
rouge	[ʀuʒ]	rot
le vin	[ləvɛ̃]	Wein
le pichet	[ləpiʃɛ]	(Wein)krug
le (vin) rouge	[lə(vɛ̃)ʀuʒ]	Rotwein
le (vin) blanc	[lə(vɛ̃)blã]	Weißwein
le (vin) rosé	[lə(vɛ̃)ʀoze]	Roséwein

b
| Un panaché, qu'est-ce que c'est ? | [ɛ̃panaʃekɛskəsɛ] | Was ist ein Panaché? |
| le mélange | [ləmelãʒ] | Mischung |

e
| Qu'est-ce que vous prenez ? (prendre) | [kɛskəvupʀəne] | Was nehmen Sie? |

2
Messieurs dames !	[mesjødam]	Meine Herrschaften!
Vous désirez ? (désirer)	[vudeziʀe]	Sie wünschen?
Je voudrais... (vouloir)	[ʒ(ə)vudʀɛ]	Ich hätte gern ...
Plate ou gazeuse ?	[platugazøz]	Mit oder ohne Kohlensäure?
la pression	[lapʀɛsjõ]	gezapftes Bier
le café, c'est pour...	[ləkafesɛpuʀ]	der Kaffee ist für ...
pour	[puʀ]	für
C'est pour moi !	[sɛpuʀmwa]	(Das ist) Für mich!
Où sont les toilettes ?	[usõletwalɛt]	Wo ist die Toilette?
Au fond, à droite.	[ofõadʀwat]	Hinten, rechts.
On y va ?	[õniva]	Gehen wir?
C'est combien, le café ?	[sɛkõbjɛ̃ləkafe]	Was kostet der Kaffee?
Laissez, laissez, c'est pour moi.	[leselese sɛpuʀmwa]	Lasst, lasst, das geht auf mich.
Je vous dois combien ?	[ʒəvudwakõbjɛ̃]	Was bin ich Ihnen schuldig?

3
| Qu'est-ce que vous aimez ? (aimer) | [kɛsk(ə)vuzɛme] | Was mögen Sie? |

a
j'adore (adorer)	[ʒadɔʀ]	ich mag sehr gern
je n'aime pas	[ʒənɛmpa]	ich mag nicht
je déteste (détester)	[ʒədetɛst]	ich hasse / mag ganz und gar nicht
l'ordre m	[lɔʀdʀ(ə)]	Ordnung
l'aventure f	[lavãtyʀ]	Abenteuer
danser	[dãse]	tanzen
le chat	[ləʃa]	Katze
les voitures fpl de sport	[levwatyʀd(ə)spɔʀ]	Sportwagen
la voiture	[lavwatyʀ]	Auto
regarder la télé	[ʀəgaʀdelatele]	fernsehen
regarder	[ʀəgaʀde]	(an)schauen, betrachten

d
| moi aussi | [mwaosi] | ich auch |
| moi pas | [mwapa] | ich nicht |

4
| le portrait | [ləpɔʀtʀɛ] | Porträt |

a
la nature	[lanatyʀ]	Natur
la maison	[lamɛzõ]	Haus
le chien	[ləʃjɛ̃]	Hund
à la télé	[alatele]	im Fernsehen
le conflit	[ləkõfli]	Konflikt

Wortschatz nach Lektionen

Je voudrais m'engager. (s'engager)	[ʒ(ə)vudʀɛ mɑ̃gaʒe]	Ich würde mich gern engagieren.
les Restos mpl du Cœur	[lerɛstodykœʀ]	Restaurants des Herzens (eine Art Suppenküchen für Obdachlose
par exemple	[paʀɛgzɑ̃pl(ə)]	zum Beispiel
le/la caissier/-ière	[ləkɛsje/lakɛsjɛʀ]	Kassierer/in
avec humour m	[avɛkymuʀ]	mit Humor
rire	[ʀiʀ]	lachen
spontané/e	[spɔ̃tane]	spontan
le cinéma	[ləsinema]	Kino
le film	[ləfilm]	Film
le film d'amour	[ləfilmdamuʀ]	Liebesfilm
le confort	[ləkɔ̃fɔʀ]	Komfort
le luxe	[ləlyks]	Luxus
c'est vrai	[sɛvʀɛ]	das stimmt
les bons hôtels mpl	[lebɔ̃zɔtɛl]	gute Hotels
le produit de marque	[ləpʀɔdɥi d(ə)maʀk]	Markenprodukt
romantique	[ʀɔmɑ̃tik]	romantisch
la vie	[lavi]	Leben
le voyage	[ləvwajaʒ]	Reise
le risque	[ləʀisk]	Risiko
compliqué/e	[kɔ̃plike]	kompliziert
indépendant/e	[ɛ̃depɑ̃dɑ̃/ɛ̃depɑ̃dɑ̃t]	unabhängig
sans	[sɑ̃]	ohne
tout	[tu]	alles
l'art m	[laʀ]	Kunst
la bonne cuisine	[labɔnkɥizin]	gute Küche
la spontanéité	[laspɔ̃taneite]	Spontanität
allergique	[alɛʀʒik]	allergisch
le caractère	[ləkaʀaktɛʀ]	Charakter(eigenschaft)
b		
Qui va avec qui ?	[kivaavɛkki]	Wer passt zu wem?
Elle va bien avec Joseph.	[ɛlvabjɛ̃navɛk ʒɔsef]	Sie passt gut zu Josef.

Grammaire
surfer sur Internet	[sœʀfesyʀɛ̃tɛʀnɛt]	im Internet surfen
le camping	[ləkɑ̃piŋ]	Camping, Zelten
Je comprends. (comprendre)	[ʒəkɔ̃pʀɑ̃]	Ich verstehe.

Prononciation
Nous chantons une chanson française. (chanter)	[nuʃɑ̃tɔ̃yn ʃɑ̃sɔ̃fʀɑ̃sɛz]	Wir singen ein französisches Lied.

Info-zapping
au café	[okafe]	im Café
pour	[puʀ]	hier: um … zu
appeler	[ap(ə)le]	rufen
le/la serveur/-euse	[ləsɛʀvœʀ/lasɛʀvøz]	Kellner/in
on dit (dire)	[ɔ̃di]	man sagt
Excusez-moi !	[ɛkskyzemwa]	Entschuldigen Sie!
on peut (pouvoir)	[ɔ̃pø]	man kann
prendre place	[pʀɑ̃dʀ(ə)plas]	Platz nehmen, sich hinsetzen
à une table déjà occupée	[ayntabl(ə) deʒaɔkype]	an einem bereits besetzten Tisch
apporter	[apɔʀte]	bringen
l'addition f	[ladisjɔ̃]	Rechnung
par client	[paʀklijɑ̃]	pro Person / Gast
toute la table	[tutlatabl(ə)]	der ganze Tisch
laisser	[lese]	lassen
le pourboire	[ləpuʀbwaʀ]	Trinkgeld
donner	[dɔne]	geben
C'est la même chose ?	[sɛlamɛmʃoz]	Ist es das Gleiche?

Objectif Profession
l'objectif m	[lɔbʒɛktif]	Ziel
1		
la réservation	[laʀezɛʀvasjɔ̃]	Reservierung
réserver	[ʀezɛʀve]	reservieren
la salle de séminaire	[lasald(ə)seminɛʀ]	Seminarraum
la personne	[lapɛʀsɔn]	Person
2		
Ça s'écrit comment ?	[sasekʀikɔmɑ̃]	Wie schreibt sich das?
Quelle est votre adresse mail ?	[kɛlevɔtʀ(ə) adʀɛsmɛl]	Wie ist ihre E-Mail-Adresse?
3		
le formulaire	[ləfɔʀmylɛʀ]	Formular
la société	[lasɔsjete]	Firma
Je souhaite (souhaiter)	[ʒəswɛt]	Ich wünsche / möchte
la date	[ladat]	Datum

CE
3		
Tchin, tchin ! (fam)	[tʃintʃin]	Prost! (locker)
A votre santé !	[avɔtʀ(ə)sɑ̃te]	Prost! Zum Wohl! (förmlich)
4		
le/la client/e	[ləklijɑ̃/laklijɑ̃t]	Kunde/-in
le vocabulaire	[ləvɔkabylɛʀ]	Wortschatz
la grammaire	[lagʀam(m)ɛʀ]	Grammatik
10		
grand/e	[gʀɑ̃/gʀɑ̃d]	groß
riche	[ʀiʃ]	reich
égoïste	[egɔist]	egoistisch

Histoire drôle
transporter	[tʀɑ̃spɔʀte]	transportieren
le piano	[ləpjano]	Klavier
troisième	[tʀwazjɛm]	dritte/r/s
répondre	[ʀepɔ̃dʀ]	antworten
je préfère (préférer)	[ʒəpʀefɛʀ]	ich mag lieber
la flûte	[laflyt]	Flöte

Avant d'aller plus loin
Vous croisez… (croiser)	[vukʀwaze]	hier: Sie treffen auf…
noir/e	[nwaʀ]	schwarz
étranger/-ère	[etʀɑ̃ʒe/etʀɑ̃ʒɛʀ]	ausländisch, fremd

Leçon 4
Le temps libre, c'est quand ?	[lətɑ̃libʀ(ə)sɛkɑ̃]	Wann haben wir Freizeit?
1 a		
faire	[fɛʀ]	machen, tun

Wortschatz nach Lektionen

faire du sport	[fɛʀdyspɔʀ]	Sport treiben
la natation	[lanatasjɔ̃]	Schwimmen
le roller	[ləʀɔlœʀ]	Inliner
le jogging	[lədʒɔgiŋ]	Joggen
l'haltère m	[laltɛʀ]	Hantel, Gewicht
les haltères mpl	[lezaltɛʀ]	hier: Krafttraining
la randonnée	[laʀɑ̃dɔne]	Wandern, Wanderung
la danse	[ladɑ̃s]	Tanz
le foot(ball)	[ləfut(bol)]	Fußball
l'escalade f	[lɛskalad]	Klettern
la marche nordique	[lamaʀʃnɔʀdik]	Nordic Walking
le taï chi	[lətajʃi]	Tai Chi
le fitness	[ləfitnɛs]	Fitness

b

le yoga	[lə'jɔga]	Yoga
la gym(nastique)	[laʒim(nastik)]	Gymnastik

2

pourquoi	[puʀkwa]	warum

a

le/la policier/-ière	[ləpɔlisje/ lapɔlisjɛʀ]	Polizist/in
l'infirmier/-ière	[lɛ̃fiʀmje/ lɛ̃fiʀmjɛʀ]	Krankenpfleger/in

c

parce que	[paʀs(ə)kə]	weil
c'est bon pour la santé	[sɛbɔ̃puʀlasɑ̃te]	das ist gesund / das ist gut für die Gesundheit
le plaisir	[ləpleziʀ]	Vergnügen
ne pas avoir le temps	[nəpasavwaʀlətɑ̃]	keine Zeit haben
des problèmes mpl de dos	[depʀɔblɛmdədo]	Rückenprobleme
le dos	[lədo]	Rücken

3 a

Il est quelle heure ?	[ilɛkɛlœʀ]	Wie spät ist es?
l'heure f	[lœʀ]	Uhrzeit, Stunde
midi	[midi]	Mittag
minuit	[minɥi]	Mitternacht
et quart	[ekaʀ]	Viertel nach
moins le quart	[mwɛ̃ləkaʀ]	dreiviertel, Viertel vor
et demie	[edəmi]	und eine halbe Stunde

d

les heures fpl d'ouverture	[lezœʀduvɛʀtyʀ]	Öffnungszeiten
le jour	[ləʒuʀ]	Tag
la semaine	[las(ə)mɛn]	Woche
le jour de la semaine	[ləʒuʀd(ə)las(ə)mɛn]	Wochentag
lundi m	[lɛ̃di]	Montag
mardi m	[maʀdi]	Dienstag
mercredi m	[mɛʀkʀədi]	Mittwoch
jeudi m	[ʒødi]	Donnerstag
vendredi m	[vɑ̃dʀədi]	Freitag
samedi m	[samdi]	Samstag
dimanche m	[dimɑ̃ʃ]	Sonntag
le cabinet	[ləkabinɛ]	hier: Arzt-Praxis

4 a

pendant	[pɑ̃dɑ̃]	während
le loisir	[ləlwaziʀ]	Freizeit(beschäftigung)
l'activité f	[laktivite]	Aktivität
scanner	[skane]	scannen
la photo	[lafoto]	Foto
le montage vidéo	[ləmɔ̃taʒvideo]	Videomontage
le blogue	[ləblɔg]	Online-Tagebuch
télécharger qc	[teleʃaʀʒekɛlkəʃoz]	etw. herunterladen
être passionné/e de	[ɛtʀ(ə)pasjɔned(ə)]	begeistert sein von
le jeu	[ləʒø]	Spiel
le jeu télévisé	[ləʒøtelevize]	Fernsehquiz
le calme	[ləkalm]	Ruhe
bricoler	[bʀikɔle]	heimwerken, basteln
réparer	[ʀepaʀe]	reparieren
l'appareil m	[lapaʀɛj]	Gerät, Apparat
électrique	[elɛktʀik]	elektrisch
la télé(vision)	[latele(vizjɔ̃)]	Fernseher
en panne	[ɑ̃pan]	defekt, kaputt
même	[mɛm]	sogar
tricoter	[tʀikɔte]	stricken
sportif/-ve	[spɔʀtif/spɔʀtiv]	sportlich
la fois	[lafwa]	Mal
par semaine	[paʀs(ə)mɛn]	pro Woche, wöchentlich
cette année	[sɛtane]	dieses Jahr
préparer	[pʀepaʀe]	vorbereiten
le marathon	[ləmaʀatɔ̃]	Marathon
la chorale	[lakɔʀal]	Chor
souvent	[suvɑ̃]	oft, häufig
le week-end	[ləwikɛnd]	hier: am / jedes Wochenende
l'église f	[legliz]	Kirche
la salle de fête	[lasald(ə)fɛt]	Festsaal
la région	[laʀeʒjɔ̃]	Region, Gegend
le cours particulier	[ləkuʀpaʀtikylje]	Einzelstunde
le chant	[ləʃɑ̃]	Gesang
beaucoup de…	[bokud(ə)]	viel …
la chose	[laʃoz]	Ding, Sache
ensemble	[ɑ̃sɑ̃bl(ə)]	zusammen, miteinander
le soir	[ləswaʀ]	abends
jouer	[ʒwe]	spielen
jouer au scrabble	[ʒweoskʀabl]	Scrabble spielen
l'excursion f	[lɛkskyʀsjɔ̃]	Ausflug, Exkursion

d

on	[ɔ̃]	man, wir
notre groupe m	[nɔtʀ(ə)gʀup]	unsere Gruppe

5 a

le domaine	[lədɔmɛn]	Bereich, Gebiet
le musée	[ləmyze]	Museum
la ville	[lavil]	Stadt

Grammaire

la couture	[lakutyʀ]	Nähen, Nähkunst
quel/quelle	[kɛl]	welche/r/s
pratiquer	[pʀatike]	hier: ausüben

Info-zapping

quelques	[kɛlkə]	einige
Quel est ce sport ?	[kɛlɛsəspɔʀ]	Wie heißt diese Sportart?
d'origine f anglaise	[dɔʀiʒinɑ̃glɛz]	von englischer Herkunft
populaire	[pɔpylɛʀ]	beliebt
la main	[lamɛ̃]	Hand
le pied	[ləpje]	Fuß
le ballon	[ləbalɔ̃]	Ball

Wortschatz nach Lektionen

olympique	[ɔlɛ̃pik]	olympisch
associer	[asɔsje]	assoziieren, verbinden mit
le sport individuel	[ləspɔRɛ̃dividɥɛl]	Einzelsportart
familial/e	[familjal]	familiär
né/e (naître)	[ne]	geboren
la boule	[labul]	Kugel
en métal	[ɑ̃metal]	aus Metall
en bois	[ɑ̃bwa]	aus Holz
Quel plaisir !	[kɛlpleziR]	Was für / Welch ein Vergnügen!
bon/ne	[bɔ̃/bɔn]	gut

Objectif Profession

le séminaire de formation	[ləseminɛR d(ə)fɔRmasjɔ̃]	Fortbildungsseminar
l'entreprise f	[lɑ̃tRəpRiz]	Unternehmen
se présenter	[səpRezɑ̃te]	sich vorstellen

a

l'ordre m du jour	[lɔRdRdyʒuR]	Tagesordnung
l'accueil m	[lakœj]	Empfang
le/la participant/e	[ləpaRtisipɑ̃/lapaRtisipɑ̃t]	Teilnehmer/in
l'exposé m	[lɛkspoze]	Referat
les relations fpl publiques	[leR(ə)lasjɔ̃pyblik]	Öffentlichkeitsarbeit
la perspective	[lapɛRspɛktiv]	Perspektive
la table ronde	[latabl(ə)Rɔ̃d]	hier: Diskussionsrunde
la question	[lakɛstjɔ̃]	Frage
la réponse	[laRepɔ̃s]	Antwort
la pause-café	[lapozkafe]	Kaffeepause
l'atelier m de production	[latəlje(d)əpRɔdyksjɔ̃]	Werkshalle, Produktionshalle
la visite	[lavizit]	Besichtigung, Besuch
le déjeuner	[ledeʒøne]	Mittagessen
la présentation	[lapRezɑ̃tasjɔ̃]	Präsentation, Vorstellung
le groupe de travail	[ləgRupdətRavaj]	Arbeitsgruppe
le résultat	[ləRezylta]	Ergebnis
la discussion	[ladiskysjɔ̃]	Diskussion
le verre de l'amitié	[ləvɛRd(ə)lamitje]	hier: Abschlusstrunk

CE

1

le sport en salle	[ləspɔRɑ̃sal]	Hallensport(art)

2 a

la montagne	[lamɔ̃taɲ]	Berg, Gebirge
à la montagne	[alamɔ̃taɲ]	in den Bergen
le snowboard	[ləsnobɔRd]	Snowboard
le ski	[ləski]	Ski(fahren)
à la mer	[alamɛR]	am Meer
la voile	[lavwal]	Segeln
le surf	[ləsœRf]	Wellenreiten
à la campagne	[alakɑ̃paɲ]	auf dem Land
le vélo	[ləvelo]	Fahrrad
à l'université f populaire	[alynivɛRsite pɔpylɛR]	an der Volkshochschule
l'informatique m	[lɛ̃fɔRmatik]	Informatik
le théâtre	[ləteatR(ə)]	Theater

3

donc	[dɔ̃k]	also, folglich
la sculpture	[laskyltyR]	Bildhauerei
la guitare	[lagitaR]	Gitarre
la bonne cuisine	[labɔnkɥizin]	gute Küche, Kochkunst
bien manger	[bjɛ̃mɑ̃ʒe]	gut essen

4

voyager	[vwajaʒe]	reisen

7

les jeux mpl apéritif	[leʒøapeRitif]	hier: Spiele beim Aperitif
le tournoi de foot	[lətuRnwad(ə)fut]	Fußballturnier

8

C'est noté !	[sɛnɔte]	Es ist notiert / vermerkt!
demain	[d(ə)mɛ̃]	morgen
Je vous remercie ! (remercier qn)	[ʒəvuRəmɛRsi]	Ich danke Ihnen!
le rendez-vous	[ləRɑ̃devu]	hier: Termin

9

le bus	[ləbys]	Bus
la douche	[laduʃ]	Dusche
l'autoroute m	[lɔtɔRut]	Autobahn

Leçon 5

Le marché, c'est loin? [ləmaRʃesɛlwɛ̃] Ist der Markt weit (weg)?

1 a

le brunch	[ləbRœnʃ]	Brunch
le lait	[ləlɛ]	Milch
le beurre	[ləbœR]	Butter
le fromage	[ləfRɔmaʒ]	Käse
l'huile f	[lɥil]	Öl
le crémant	[ləkRemɑ̃]	Sekt
le jambon	[ləʒɑ̃bɔ̃]	Schinken
le rosbif	[ləRɔsbif]	Roastbeef
la salade	[lasalad]	Salat
l'œuf m / les œufs mpl	[lœf/lezø]	Ei / Eier
le sucre	[ləsykR(ə)]	Zucker
la viande hachée	[lavjɑ̃d'aʃe]	Hackfleisch
la pomme de terre	[lapɔmdətɛR]	Kartoffel
les saucisses	[lesosis]	Würstchen
le pain complet	[ləpɛ̃kɔ̃plɛ]	Vollkornbrot
le cabillaud	[ləkabijo]	Kabeljau
la crevette	[lakRəvɛt]	Garnele, Krabbe

b

le rayon	[ləRɛjɔ̃]	Abteilung
le supermarché	[ləsypɛRmaRʃe]	Supermarkt
les fruits mpl	[lefRɥi]	Früchte, Obst
les légumes mpl	[lelegym]	Gemüse
la boucherie	[labuʃRi]	Metzgerei, Fleischerei
la charcuterie	[laʃaRkytRi]	Wurstwaren(theke)
le salami	[ləsalami]	Salami
la poissonnerie	[lapwasɔnRi]	Fischabteilung/-geschäft
la sardine	[lasaRdin]	Sardine
la crèmerie	[lakRɛmRi]	Milch und Käseabteilung/-geschäft
l'épicerie f	[lepisRi]	Lebensmittelabteilung/-geschäft
la boulangerie	[labulɑ̃ʒRi]	Bäckerei

c

le champignon	[ləʃɑ̃piɲɔ̃]	Pilz
il me faut	[ilməfo]	ich brauche
acheter	[aʃte]	kaufen

2

faire les courses	[fɛRlekuRs]	einkaufen

deux cent cinq | 205

Wortschatz nach Lektionen

la pêche	[lapɛʃ]	Pfirsich
le concombre	[ləkõkõbʀ(ə)]	(Salat)Gurke
la frisée	[lafʀize]	Friseesalat
le haricot	[ləˈaʀiko]	Bohne
le pâté	[ləpate]	Pastete

b

la livre	[lalivʀ(ə)]	Pfund
le kilo	[ləkilo]	Kilo
le gramme	[ləgʀam]	Gramm
la tranche	[latʀɑ̃ʃ]	Scheibe
le morceau	[ləmɔʀso]	Stück (ein Teil vom Ganzen)

c

le/la marchand/e	[ləmaʀʃɑ̃/ lamaʀʃɑ̃d]	Händler/in
C'est à qui ?	[sɛtaki]	hier: Wer ist dran? / Wer ist an der Reihe?
C'est à moi !	[sɛtamwa]	hier: Ich bin dran.
je crois (croire)	[ʒəkʀwa]	ich glaube
Autre chose ?	[otʀ(ə)ʃoz]	Sonst noch etwas?
ensuite	[ɑ̃sɥit]	dann, anschließend
coûter	[kute]	kosten
alors	[alɔʀ]	da, nun
Donnez-moi ! (donner)	[dɔnemwa]	Geben Sie mir!
Avec ceci ?	[avɛksəsi]	hier: Und außerdem?
C'est tout !	[sɛtu]	Das ist alles.
Ça fait ...	[safɛ]	Das macht ...
Comme ça ?	[kɔmsa]	So (viel)?
un peu moins	[ɛ̃pømwɛ̃]	etwas weniger
Ce sera tout !	[səsʀatu]	hier: Das wäre alles.
Ça fait combien ?	[safɛkõbjɛ̃]	Was kostes das?
un peu plus	[ɛ̃pøplys]	etwas mehr

3

On va en ville.	[õvaɑ̃vil]	Wir gehen in die Stadt.

a

l'aéroport m	[laeʀɔpɔʀ]	Flugplatz
le commissariat de police	[ləkɔmisaʀja d(ə)pɔlis]	Polizeirevier
l'école f	[lekɔl]	Schule
l'arrêt m de bus	[laʀɛ(ə)bys]	Bushaltestelle
la discothèque	[ladiskɔtɛk]	Diskothek
le carrefour	[ləkaʀfuʀ]	Kreuzung
la gare	[lagaʀ]	Bahnhof
le jardin public	[ləʒaʀdɛ̃pyblik]	öffentlicher Park
la piscine	[lapisin]	Schwimmbad
la ville natale	[lavilnatal]	Geburtsstadt

c

chez moi	[ʃemwa]	bei mir (zu Hause)
facile	[fasil]	einfach
trouver	[tʀuve]	finden
passer devant	[pased(ə)vɑ̃]	vorbeigehen (an)
tout droit	[tudʀwa]	geradeaus
le feu	[ləfø]	hier: Ampel
au feu	[ofø]	an der Ampel
tourner	[tuʀne]	hier: abbiegen
à gauche	[agoʃ]	nach links
deuxième	[døzjɛm]	zweite/r/s
la rue	[laʀy]	Straße
à droite	[adʀwat]	nach rechts
jusqu'à	[ʒyska]	bis
le rond-point	[ləʀõpwɛ̃]	Kreisvekehr
troisième	[tʀwazjɛm]	dritte/r/s
la sortie	[lasɔʀti]	Ausgang, hier: Ausfahrt
premier/-ière	[pʀəmje/pʀəmjɛʀ]	erste/r/s
en face (de)	[ɑ̃fasd(ə)]	gegenüber (von)
cordialement	[kɔʀdjalmɑ̃]	herzlich, herzliche Grüße

e

chercher	[ʃɛʀʃe]	suchen

f

l'hôtel de ville	[lotɛldəvil]	Rathaus (einer größeren Stadt)
ce/cet/cette/ces	[sə/sɛt/se]	diese/r/s
la direction	[ladiʀɛksjõ]	Richtung
continuer	[kõtinɥe]	hier: weitergehen, -fahren
merci beaucoup	[mɛʀsiboku]	vielen Dank
De rien !	[dəʀjɛ̃]	Keine Ursache!
la poste	[lapɔst]	Post
Désolé/e !	[dezɔle]	hier: Es tut mir leid!
Je ne suis pas d'ici.	[ʒənəsɥipadisi]	Ich bin nicht von hier.
Pour aller à... ?	[puʀalea]	hier: Wie komme ich zu ...?
traverser	[tʀavɛʀse]	überqueren
à pied	[apje]	zu Fuß
C'est à ... minutes.	[sɛta...minyt]	Es ist ... Minuten von hier.

4

Promenade f en ville	[pʀɔmnadɑ̃vil]	Spaziergang in der Stadt
le marché	[ləmaʀʃe]	Markt
la pâtisserie	[lapatisʀi]	Konditorei
le salon de thé	[ləsalõdəte]	Teestube
le chocolatier	[ləʃɔkɔlatje]	Schokoladen- / Pralinengeschäft
la boutique de mode	[labutikd(ə)mɔd]	Modegeschäft
le glacier	[ləglasje]	hier: Eisdiele
la poterie	[lapɔtʀi]	Töpferei
le château	[ləʃato]	Schloss
la plage	[laplaʒ]	Strand
l'art m contemporain	[laʀkõtɑ̃pɔʀɛ̃]	zeitgenössische Kunst
le magasin	[ləmagazɛ̃]	Geschäft
la chaussure	[laʃosyʀ]	Schuh
la bijouterie	[labiʒutʀi]	Juwelier- / Schmuckgeschäft
la librairie	[alibʀɛʀi]	Buchhandlung
le bar	[ləbaʀ]	Bar

b

d'abord	[dabɔʀ]	zunächst
puis	[pɥi]	dann

Info-zapping

la route	[laʀut]	(Land)Straße
la dame	[ladam]	Dame
âgé/e	[aʒe]	betagt, alt
plus de	[plydə]	mehr als
l'histoire f	[listwaʀ]	Geschichte
turbulent/e	[tyʀbylɑ̃/ tyʀbylɑ̃t]	ausgelassen, turbulent, wild
célèbre	[selɛbʀ(ə)]	berühmt

Wortschatz nach Lektionen

européen/ne	[øʀɔpeɛ̃/øʀɔpeɛn]	Europäer/in, europäisch
alsacien/ne	[alzasjɛ̃/alzasjɛn]	elsässisch
l'Ill f	[lil]	Name eines französischen Flusses
flâner	[flane]	bummeln, schlendern
la Petite France	[lap(ə)titfʀɑ̃s]	Name eines Stadtteils in Straßburg
visiter	[vizite]	besichtigen
magnifique	[maɲifik]	wunderschön, herrlich
la cathédrale	[lakatedʀal]	Kathedrale, Münster
gothique	[gɔtik]	gotisch
la spécialité	[laspesjalite]	Spezialität
la choucroute	[laʃukʀut]	Sauerkraut
le Kouglof	[ləkuglɔf]	hier: Gugelhupf / elsässischer Hefekuchen
préféré/e	[pʀefeʀe]	Lieblings-, bevorzugt
le/la plus grand/e	[ləplygʀɑ̃/ laplygʀɑ̃d]	der/die größte/r
l'enclave f	[lɑ̃klav]	Enklave
francophone	[fʀɑ̃kɔfɔn]	französischsprachig, -sprechend
flamand/e	[flamɑ̃/flamɑ̃d]	flämisch
bilingue	[bilɛ̃g]	zweisprachig
petit/e	[p(ə)ti/p(ə)tit]	klein
le/la petit/e ami/e	[ləp(ə)titami/ lap(ə)titami]	feste/r Freund/in
à la royale	[alaʀwajal]	hier: nach königlicher Art (zubereitet)
excellent/e	[ɛksɛlɑ̃/ɛksɛlɑ̃t]	ausgezeichnet
vraiment	[vʀɛmɑ̃]	wirklich, tatsächlich

Objectif Profession

s'orienter	[sɔʀjɑ̃te]	sich zurechtfinden
a		
les archives fpl	[lezaʀʃiv]	Archiv
le secrétariat	[ləsəkʀetaʀja]	Sekretariat
la photocopie	[lafɔtɔkɔpi]	Fotokopie
le service	[ləsɛʀvis]	Abteilung
le service ressources humaines	[ləsɛʀvis ʀ(ə)suʀsymɛn]	Personalabteilung
le marketing	[ləmaʀketiŋ]	Marketing
la direction	[lədiʀɛksjɔ̃]	Direktion, Leitung

CE
3

l'énergie f	[lenɛʀʒi]	Energie
la vitamine	[lavitamin]	Vitamin
4		
le hachis parmentier	[lə'aʃipaʀmɑ̃tje]	Hackfleisch-Kartoffelauflauf
la fête	[lafɛt]	Fest
6		
l'office m de tourisme	[lɔfisdətuʀism(ə)]	Touristenbüro, Fremdenverkehrsamt
le/la boulanger/-ère	[ləbulɑ̃ʒe/ labulɑ̃ʒɛʀ]	Bäcker/in
la banque	[labɑ̃k]	Bank

Histoire drôle

demander le chemin	[d(ə)mɑ̃deləʃmɛ̃]	nach dem Weg fragen
la station-service	[lastasjɔ̃sɛʀvis]	Tankstelle

Leçon 6

Sept jours sur Sept	[sɛtʒuʀsyʀsɛt]	hier: Rund um die Uhr
1		
Une journée comme les autres	[ynʒuʀnekɔmlez otʀ(ə)]	Ein Tag wie jeder andere
a		
le matin	[ləmatɛ̃]	morgens
partir	[paʀtiʀ]	weggehen
le travail	[lətʀavaj]	Arbeit
vers	[vɛʀ]	gegen
dormir	[dɔʀmiʀ]	schlafen
le petit déjeuner	[ləptideʒœne]	Frühstück
écouter la radio	[ekutelaʀadjo]	Radio hören
à midi	[amidi]	mittags
lire	[liʀ]	lesen
le journal	[ləʒuʀnal]	Zeitung
quitter	[kite]	verlassen
le bureau	[ləbyʀo]	Büro, Schreibisch
manger	[mɑ̃ʒe]	essen
la cantine	[lakɑ̃tin]	Kantine
discuter	[diskyte]	sich unterhalten, diskutieren
l'après-midi m	[lapʀɛmidi]	nachmittags
finir	[finiʀ]	beenden
en général	[ɑ̃ʒeneʀal]	im Allgemeinen
rentrer	[ʀɑ̃tʀe]	heimkehren, zurückkommen
rentrer à la maison	[ʀɑ̃tʀealamɛzɔ̃]	heimgehen, heimkommen
faire le ménage	[fɛʀləmenaʒ]	Hausarbeit machen, putzen
un peu (de)	[ɛ̃pødə]	ein bisschen
sortir	[sɔʀtiʀ]	aus-, weggehen
arroser	[aʀoze]	gießen
la plante	[laplɑ̃t]	Pflanze
aller au lit	[aleoli]	ins Bett gehen
b		
le quotidien	[ləkɔtidjɛ̃]	Alltag
c		
la nuit	[lanɥi]	nachts
2		
Qu'est-ce que tu as fait hier ?	[kɛsk(ə)ty afɛ(i)jɛʀ]	Was hast du gestern gemacht?
b		
Allô ?	[alo]	Hallo? (Begrüßung am Telefon)
Dis donc, …	[didɔ̃k]	Sag mal, …
j'ai appelé (appeler)	[ʒeaple]	ich habe angerufen
je suis resté/e (rester)	[ʒəsɥiʀɛste]	ich bin geblieben
être en forme	[ɛtʀɑ̃fɔʀm]	fit, in Form sein
ce matin	[səmatɛ̃]	heute Morgen
mal	[mal]	schlecht
j'ai mal dormi	[ʒemaldɔʀmi]	ich habe schlecht geschlafen
les crampes fpl d'estomac	[lekʀɑ̃pdɛstɔma]	Magenkrämpfe
toute la nuit	[tutlanɥi]	die ganze Nacht
faire la fête	[fɛʀlafɛt]	feiern
ce week-end	[səwikɛnd]	dieses Wochenende
le compte-rendu	[ləkɔ̃tʀɑ̃dy]	Bericht, Protokoll
la réunion	[laʀeynjɔ̃]	Versammlung, Sitzung

deux cent sept | 207

Wortschatz nach Lektionen

dernier/-ière	[dɛʀnje/dɛʀnjɛʀ]	letzte/r/s	**Info-zapping**		
malade	[malad]	krank	le chiffre	[ləʃifʀ(ə)]	Zahl, Ziffer
être malade comme un chien	[ɛtʀ(ə)malad kɔmɛʃjɛ̃]	sich hundeelend fühlen	en semaine	[ãs(ə)mɛn]	in der Woche, im Laufe der Woche
rien de grave	[ʀjɛ̃d(ə)gʀav]	nichts Schlimmes / Ernsthaftes	généralement	[ʒeneʀalmã]	allgemein
			le repas	[ləʀəpa]	Mahlzeit
la tisane	[latisan]	Kräutertee	un Français sur trois	[ɛ̃fʀãsɛsyʀtʀwa]	jeder dritte Franzose
mieux	[mjø]	besser	faire la sieste	[fɛʀlasjɛst]	Mittagsschlaf machen
Quoi de neuf ?	[kwad(ə)nœf]	Was gibt's Neues?	quotidiennement	[kɔtidjɛnmã]	täglich
Qu'est-ce que tu as fait de beau ?	[kɛsk(ə)tyafɛ d(ə)bo]	Was hast du Schönes gemacht?	faire la queue	[fɛʀlakø]	Schlange stehen
rien de spécial	[ʀjɛ̃d(ə)spesjal]	nichts Besonderes	en moyenne	[ãmwajɛn]	im Durchschnitt
le beau-père	[ləbopɛʀ]	Schwiegervater	payer	[peje]	zahlen
le match	[ləmatʃ]	Spiel, Match	la liste de courses	[lalistd(ə)kuʀs]	Einkaufsliste
venir	[v(ə)niʀ]	kommen	le côté	[ləkote]	Seite
Soigne-toi bien. (se soigner)	[swaɲətwabjɛ̃]	Pflege Dich gut.	**Objectif** *Profession*		
Merci de...	[mɛʀsidə]	Vielen Dank für ...	le travail au quotidien	[lətʀavajokɔtidjɛ̃]	Arbeitsalltag
l'appel *m*	[lapɛl]	(Telefon)Anruf	**a**		
c			avoir besoin de	[avwaʀbəzwɛ̃də]	brauchen, nötig haben
la journée de libre	[laʒuʀned(ə)libʀ(ə)]	freier Tag	les ciseaux *mpl*	[lesizo]	Schere
3			les patins *mpl* à roulettes	[lepatɛ̃aʀulɛt]	Rollschuhe
Bonne semaine !	[bɔns(ə)mɛn]	Eine schöne Woche!	l'ordinateur *m* portable	[lɔʀdinatœʀ pɔʀtabl(ə)]	Laptop
le/la chéri/e	[lə/laʃeʀi]	Liebling			
a			le fax	[ləfaks]	Fax
le reste	[ləʀɛst(ə)]	Rest	la montre	[lamõtʀ]	(Armband)Uhr
finir les restes	[finiʀlɛʀɛst]	hier: Reste aufessen	l'imprimante *f*	[lɛ̃pʀimãt]	Drucker
le frigo	[ləfʀigo]	Kühlschrank	la boîte à outils	[labwatauti]	Werkzeugkasten
Attention !	[atãsjõ]	Vorsicht!	**b**		
annuler	[anyle]	absagen, abbestellen, annullieren	déjeuner	[deʒøne]	zu Mittag essen
			en voiture	[ãvwatyʀ]	mit dem Auto
dîner	[dine]	zu Abend essen	écrire	[ekʀiʀ]	schreiben
la mairie	[lamɛʀi]	Rathaus (einer Gemeinde)	les gens *mpl*	[leʒã]	Menschen, Leute
			seul/e	[sœl]	allein
la carte d'identité	[lakaʀtdidãtite]	Personalausweis	la formation	[lafɔʀmasjõ]	Fortbildung
rapporter	[ʀapɔʀte]	hier: zurückbringen			
la bibliothèque	[labibli(j)ɔtɛk]	Bücherei	**CE**		
le cadeau	[ləkado]	Geschenk	**7**		
l'anniversaire *m*	[lanivɛʀsɛʀ]	Geburtstag	prendre des notes	[pʀãdʀ(ə)dɛnɔt]	Notizen machen, etw aufschreiben
à dimanche	[adimãʃ]	bis Sonntag	apprendre	[apʀãdʀ(ə)]	lernen
la bise	[labiz]	Küsschen	**8**		
b			le train	[lətʀɛ̃]	Zug
jeter	[ʒəte]	werfen	**11**		
la poubelle	[lapubɛl]	Abfalleimer	de bonne heure	[dəbɔnœʀ]	früh
heureux/-se	[øʀø/øʀøz]	glücklich	les informations *fpl*	[lezɛ̃fɔʀmasjõ]	Nachrichten
l'écran *m* plat	[lekʀãpla]	Flachbildschirm	**12**		
plat/e	[pla/plat]	flach	commencer	[kɔmãse]	beginnen
la soupe de légumes	[lasupd(ə)legym]	Gemüsesuppe	plus tard	[plytaʀ]	später
la salade composée	[lasaladkõpoze]	gemischter Salat	la veste	[lavɛst(ə)]	Jacke, Jackett
repartir	[ʀ(ə)paʀtiʀ]	aufbrechen, wieder gehen	reprendre	[ʀ(ə)pʀãdʀ(ə)]	wieder aufnehmen, weitermachen
être crevé/e	[ɛtʀ(ə)kʀəve]	sehr müde sein, kaputt sein	le tableau	[lətablo]	hier: Tabelle
			le rite	[ləʀit]	Ritual
tard	[taʀ]	spät	choisir	[ʃwaziʀ]	(aus)wählen
Zut !	[zyt]	Verflixt!	le bloc-notes	[ləblɔknɔt]	Notizblock
oublier	[ublije]	vergessen	se connecter sur qc	[səkɔnɛkte syʀkɛlkəʃoz]	sich in etw einloggen
Tant pis !	[tãpi]	Was soll's!			
fatigué/e	[fatige]	müde	la météo	[lameteo]	Wettervorhersage
Grammaire			**Histoire drôle**		
l'exercice *m*	[lɛgzɛʀsis]	Aufgabe, Übung	amoureux/-euse	[amuʀø/amuʀøz]	verliebt
			penser à	[pãsea]	denken an

Wortschatz nach Lektionen

avoir faim	[avwaʀfɛ̃]	Hunger haben

Avant d'aller plus loin… II

On se voit quand ?	[õs(ə)vwakã]	Wann sehen wir uns?
l'emploi *m* du temps	[lãplwadytã]	Stundenplan
rempli/e	[ʀãpli]	voll, ausgefüllt

Leçon 7

On sort, ce soir ?	[õsɔʀsəswaʀ]	Gehen wir heute Abend aus?

1

a

Quel restaurant choisir ?	[kɛlʀɛstɔʀã ʃwaziʀ]	Welches Restaurant nehmen wir ?
avoir l'air	[avwaʀlɛʀ]	scheinen, aussehen wie
marocain/e	[maʀɔkɛ̃/maʀɔkɛn]	marokkanisch
simple	[sɛ̃pl]	einfach
calme	[kalm]	ruhig
pas cher	[paʃɛʀ]	nicht teuer, preiswert

b

l'ambiance *f*	[lãbjãs]	Stimmung
le décor	[lədekɔʀ]	Dekor, *hier*: Einrichtung
le prix	[ləpʀi]	Preis
le service	[ləsɛʀvis]	Service, Bedienung
l'équipe *f*	[lekip]	Team, Crew, Mannschaft
le gourmet	[ləguʀmɛ]	Feinschmecker/in
le/la gourmand/e	[ləguʀmã/ laguʀmãd]	Schlemmer
la cuisine	[lakɥizin]	Küche
chaleureux/-se	[ʃalœʀø/ʃalœʀøz]	warm, warmherzig
profiter de	[pʀɔfitedə]	ausnutzen, profitieren von
convivial/e	[kõvivjal]	gesellig
l'animal *m*, les animaux *mpl*	[lanimal, lezanimo]	Tier
admis/e	[admi/admiz]	zugelassen
les heures *fpl* de service	[lezœʀd(ə)sɛʀvis]	*hier*: Essenszeiten
découvrir	[dekuvʀiʀ]	entdecken
raffiné/e	[ʀafine]	fein
ouvert/e	[uvɛʀ / uvɛʀt]	offen
fermé/e	[fɛʀme]	geschlossen
le déjeuner d'affaires	[lədeʒœnedafɛʀ]	Geschäftsessen
climatisé/e	[klimatize]	klimatisiert

c

important/e	[ɛ̃pɔʀtã/ɛ̃pɔʀtãt]	wichtig
la qualité	[lakalite]	Qualität

d

recommander	[ʀ(ə)kɔmãde]	empfehlen

2

a

au téléphone	[otelefɔn]	am Telefon
complet/-ète	[kõplɛ/kõplɛt]	*hier*: ausgebucht
C'est à quel nom ?	[sɛtakɛlnõ]	Auf welchen Namen?

3

l'entrée *f*	[lãtʀe]	*hier*: Vorspeise
le plat	[ləpla]	Gang, Gericht
le dessert	[lədesɛʀ]	Nachtisch, Dessert
le choix	[ləʃwa]	(Aus)Wahl
au choix	[oʃwa]	wahlweise
la terrine de campagne	[latɛʀin d(ə)kãpaɲ]	Landpastete
la soupe	[lasup]	Suppe
le melon	[lǝm(ə)lõ]	Melone
l'assiette *f*	[lasjɛt]	Teller
les crudités	[lekʀydite]	Rohkost
le poivre	[ləpwavʀ]	Pfeffer
la côtelette	[lakotlɛt]	Kotelett
le porc	[ləpɔʀ]	Schweinefleisch
le filet	[ləfilɛ]	Filet
servir	[sɛʀviʀ]	servieren
la garniture	[lagaʀnityʀ]	Beilage

c

Tout va bien ?	[tuvabjɛ̃]	Ist alles in Ordnung?

4

la réclamation	[laʀeklamasjõ]	Beschwerde, Reklamation

a

arriver	[aʀive]	(an)kommen
apporter	[apɔʀte]	(mit)bringen
assez	[ase]	genug
frais/fraîche	[fʀɛ/fʀɛʃ]	frisch, *hier*: kühl, kalt
le couteau	[ləkuto]	Messer
trop	[tʀo]	zu sehr
Tout de suite !	[tutsɥit]	Sofort!
demander	[dəmãde]	*hier*: verlangen
régler	[ʀegle]	regeln, klären,

b

salé/e	[sale]	salzig, gesalzen
sucré/e	[sykʀe]	süß, gesüßt
chaud/e	[ʃo/ʃod]	warm, heiß
cuit/e	[kɥi/kɥit]	gar, gekocht,
fade	[fad]	fad, geschmacklos
épicé/e	[epise]	gewürzt
la fourchette	[lafuʀʃɛt]	Gabel
la serviette	[lasɛʀvjɛt]	Serviette
le verre	[ləvɛʀ]	Glas
la cuillère	[lakɥijɛʀ]	Löffel

5

l'invitation *f*	[lɛ̃vitasjõ]	Einladung
entre amis	[ãtʀ(ə)ami]	unter Freunden

a

l'apéro *m (fam)*	[lapeʀo]	Aperitif
fêter	[fɛte]	feiern
confirmer	[kõfiʀme]	bestätigen
espérer	[ɛspeʀe]	hoffen
pouvoir	[puvwaʀ]	können, dürfen
ça marche	[samaʀʃ]	*hier*: es klappt
si	[si]	wenn, falls
tu veux (vouloir)	[tyvø]	du willst
Je t'embrasse	[ʒ(ə)tãbʀas]	*hier*: Liebe Grüße
dommage	[dɔmaʒ]	schade
se voir	[səvwaʀ]	sich sehen
devoir	[dəvwaʀ]	müssen, sollen
à plus *(fam)*	[aplys]	bis bald

Grammaire

le message	[ləmesaʒ]	Nachricht

Info-zapping

se privatiser	[səpʀivatize]	privat werden
l'occasion *f*	[lɔkazjõ]	Gelegenheit

Wortschatz nach Lektionen

faire connaissance	[fɛʀkɔnɛsɑ̃s]	Bekanntschaft machen, sich kennenlernen
au moins	[omwɛ̃]	mindestens
les lieux publics	[leljøpyblik]	öffentliche Plätze
devenir	[dəv(ə)niʀ]	werden
l'apéritif dînatoire	[lapeʀitif dinatwaʀ]	hier: Aperitif mit Snacks
proposer	[pʀɔpoze]	vorschlagen, hier: anbieten
le couvert	[ləkuvɛʀ]	Besteck
la convivialité	[lakɔ̃vivjalite]	Geselligkeit

Objectif Profession
b

à l'appareil m	[alapaʀɛj]	am Apparat
je pourrais (pouvoir)	[ʒəpuʀɛ]	ich könnte (Höflichkeitsform)
C'est de la part de qui ?	[sɛd(ə)lapaʀd(ə)ki]	hier: Wen darf ich melden?
au sujet de	[osyʒɛdə]	bezüglich
Je vous le/la passe.	[ʒəvulə/lapas]	Ich verbinde.
être en communication	[ɛtʀ(ə)ɑ̃kɔmynikasjɔ̃]	im Gespräch sein
rappeler	[ʀap(ə)le]	hier: zurückrufen

CE
3

le bruit	[ləbʀɥi]	Krach, Lärm
beaucoup de monde	[bokud(ə)mɔ̃d]	hier: viel Betrieb, viele Leute
vivant/e	[vivɑ̃/vivɑ̃t]	lebhaft
propre	[pʀɔpʀ(ə)]	sauber
bruyant/e	[bʀyjɑ̃/bʀyjɑ̃t]	laut

10

non-fumeur	[nɔ̃fymœʀ]	Nichtraucher

11

à l'occasion de	[alɔkazjɔ̃də]	anlässlich

Leçon 8
Vivre ensemble [vivʀ(ə)ɑ̃sɑ̃bl(ə)] Zusammenleben

1

vêtements mpl d'occasion	[vɛtmɑ̃dɔkazjɔ̃]	Second-Hand-Kleider
le vêtement	[ləvɛtmɑ̃]	Kleidungsstück

a

vendre	[vɑ̃dʀ(ə)]	verkaufen
rose	[ʀoz]	rosa(farben)
le coton	[ləkɔtɔ̃]	Baumwolle
beau/belle	[bo/bɛl]	schön
le pull	[ləpyl]	Pulli, Pullover
la laine	[lalɛn]	Wolle
le pantalon	[ləpɑ̃talɔ̃]	Hose
noir/e	[nwaʀ]	schwarz
le jean	[lədʒin]	Jeans
le costume	[ləkɔstym]	(Herren-)Anzug
neuf/-ve	[nœf/nœv]	neu
jamais porté/e	[ʒamepɔʀte]	nie getragen
porter	[pɔʀte]	tragen
le cachemire	[ləkaʃmiʀ]	Kaschmir
la marque	[lamaʀk(ə)]	Marke
la pièce	[lapjɛs]	Teil, Stück
à la demande	[alad(ə)mɑ̃d]	hier: auf Anfrage
la jupe	[laʒyp]	Rock
court/e	[kuʀ/kuʀt]	kurz
la robe de mariée	[laʀɔbd(ə)maʀje]	Brautkleid
la taille	[lataj]	hier: Kleidergröße
presque	[pʀɛsk(ə)]	fast
le lin	[ləlɛ̃]	Leinen
bleu/e	[blø]	blau
bleu foncé	[bløfɔ̃se]	dunkelblau
le tailleur	[lətajœʀ]	Damen-Kostüm
le style	[ləstil]	Stil
classique	[klasik]	klassisch
essentiellement	[ɛsɑ̃sjɛlmɑ̃]	im Wesentlichen, v.a.
la botte	[labɔt]	Stiefel
marron	[maʀɔ̃]	braun
le cuir	[ləkɥiʀ]	Leder
la pointure	[lapwɛ̃tyʀ]	Schuhgröße
le blouson	[ləbluzɔ̃]	Blouson
la chemise	[laʃ(ə)miz]	Hemd
le manteau	[ləmɑ̃to]	Mantel
la robe	[laʀɔb]	Kleid
décontracté/e	[dekɔ̃tʀakte]	hier: lässig, salopp
mettre	[mɛtʀ(ə)]	hier: anziehen

2

plutôt	[plyto]	eher, ziemlich
fort/e	[fɔʀ/fɔʀt]	dick, kräftig, stark
gros/se	[gʀo/gʀos]	dick, fett
les cheveux mpl	[leʃ(ə)vø]	Haare
roux/-sse	[ʀu/ʀus]	rot(haarig)
vieux/vieille	[vjø/vjɛj]	alt
la barbe	[labaʀb]	Bart
long/longue	[lɔ̃/lɔ̃g]	lang
gris/e	[gʀi/gʀiz]	grau
mince	[mɛ̃s]	dünn, schlank
la moustache	[lamustaʃ]	Schnauzbart
stressé/e	[stʀɛse]	gestresst
joli/e	[ʒɔli]	hübsch, nett, schön
souriant/e	[suʀjɑ̃/suʀjɑ̃t]	lächelnd
bouclé/e	[bukle]	lockig
brun/e	[bʀɛ̃/bʀyn]	braun, brünett
extravagant/e	[ɛkstʀavagɑ̃/ɛkstʀavagɑ̃t]	extravagant, mondän

3 a

le/la voisin/e	[ləvwazɛ̃/lavwazin]	Nachbar/in
le rythme	[ləʀitm(ə)]	Rhythmus
monotone	[mɔnɔtɔn]	monoton, eintönig
la voix	[lavwa]	Stimme
la parole	[lapaʀɔl]	Wort
articuler	[aʀtikyle]	artikulieren
agréable	[agʀeabl]	angenehm

b

le balcon	[ləbalkɔ̃]	Balkon
la fenêtre	[laf(ə)nɛtʀ]	Fenster
le maniaque du marteau	[ləmanjak dymaʀto]	hier: besessener Heimwerker
le marteau	[ləmaʀto]	Hammer
le/la locataire	[lə/lalɔkatɛʀ]	Mieter/in
aboyer	[abwaje]	bellen
chaque fois	[ʃakfwa]	jedes Mal

Wortschatz nach Lektionen

le/la gamin/e *(fam)*	[ləgamɛ̃/lagamin]	Bub, Mädel, Göre
ils m' le rendent bien *(fam)*	[ilmlərãndbjɛ̃]	sie zahlen's mir heim
le sourire	[ləsuʀiʀ]	Lächeln
hystérique	[isteʀik]	hysterisch
frapper	[fʀape]	klopfen
bronzer	[bʀɔ̃ze]	sich sonnen
le type	[lətip]	Typ
guetter qn	[gete]	auflauern

4

lieux *mpl* de vie	[ljødə(ə)vi]	Wohnorte
le lieu	[ləljø]	Ort, Platz
capituler	[kapityle]	aufgeben, kapitulieren
l'étage *m*	[letaʒ]	Etage, Geschoss
l'immeuble *m*	[lim(m)œbl(ə)]	Wohnblock, Mietshaus
le quartier	[ləkaʀtje]	Stadtteil, Stadtviertel
le hic *(fam)*	[lə'ik]	Haken (an einer Sache)
toute la journée	[tutlaʒuʀne]	den ganzen Tag
réagir	[ʀeaʒiʀ]	reagieren
en boucle	[ãbukl(ə)]	*hier:* Endloswiederholung
aider qn	[ede]	jdm helfen
le/la banlieusard/e	[ləbãljøzaʀ / labãljøzaʀd]	Vorortbewohner/in
la banlieue	[labãljø]	Vorort
près de	[pʀɛdə]	nahe bei, in der Nähe von
les transports *mpl* en commun	[letʀãspɔʀãkɔmɛ̃]	öffentliche Verkehrsmittel
la campagne	[lakãpaɲ]	Land (i.Ggs. zur Stadt)
pour	[puʀ]	*hier:* um zu
retrouver	[ʀətʀuve]	wiederfinden
le cadre	[ləkadʀ(ə)]	*hier:* Umgebung
idyllique	[idilik]	idyllisch
gentil/le	[ʒãti/ʒãtij]	nett, freundlich
le commerce	[ləkɔmɛʀs]	Geschäft
à proximité (de)	[apʀɔksimitedə]	in der Nähe (von)
le trafic	[lətʀafik]	Verkehr
insupportable	[ɛ̃sypɔʀtabl]	unerträglich

b

la solution	[lasɔlysjɔ̃]	Lösung
le covoiturage	[ləkovwatyʀaʒ]	Fahrgemeinschaft, Mitfahrgelegenheit
écologique	[ekɔlɔʒik]	ökologisch
économique	[ekɔnɔmik]	ökonomisch

d

le/la meilleur/e	[lə/lamɛjœʀ]	der/die/das beste

Grammaire

mettre	[mɛtʀ(ə)]	setzen, stellen, legen, *hier auch:* anziehen
ne... jamais	[nə...ʒamɛ]	niemals
mauvais/e	[mɔvɛ/mɔvɛz]	schlecht
jeune	[ʒœn]	jung
le bras	[ləbʀa]	Arm

Info-zapping

le geste	[ləʒɛst(ə)]	Geste
croiser les doigts	[kʀwazeledwa]	*hier:* die Daumen drücken
le doigt	[ledwa]	Finger
fou/folle	[fu/fɔl]	verrückt
l'œil *m*, les yeux	[lœj / lezjø]	Auge
J'en ai marre. *(fam)*	[ʒãnemaʀ]	Ich habe die Nase voll.
deviner	[d(ə)vine]	raten, erraten

Objectif *Profession*

a

cliquer	[klike]	(an)klicken
la souris	[lasuʀi]	Maus *(auch beim Computer)*
sauvegarder	[sovgaʀde]	sichern *(beim Computer)*
le document	[lədɔkymã]	*hier:* Datei
le cédérom	[ləsedeʀɔm]	CD-Rom
la clé USB	[lakleyɛsbe]	USB-Stick
le scanner	[ləskanɛʀ]	Scanner
l'émission *f*	[lemisjɔ̃]	Sendung
l'écouteur *m*	[lekutœʀ]	Kopfhörer
le haut-parleur	[lə'opaʀlœʀ]	Lautsprecher
taper	[tape]	*hier:* tippen
le clavier	[ləklavje]	Tastatur
imprimer	[ɛ̃pʀime]	drucken

b

la barre de menu	[labaʀ d(ə)m(ə)ny]	Menüleiste
le fichier	[ləfiʃje]	Datei
l'édition *f*	[ledisjɔ̃]	*hier:* Bearbeiten
l'affichage *m*	[lafiʃaʒ]	*hier:* Ansicht
le format	[ləfɔʀma]	Format
les outils *mpl*	[lezuti]	*hier:* Extras
le tableau	[lətablo]	Tabelle
l'insertion *f*	[lɛ̃sɛʀsjɔ̃]	Einfügen

c

envoyer qc à qn	[ãvwaje]	jdm etw schicken
jouer à des jeux	[ʒweadeʒø]	Spiele spielen
chatter	[tʃate]	chatten

CE

1

pessimiste	[pesimist]	pessimistisch
dépressif/-ve	[depʀesif/ depʀesiv]	depressiv
gratuit/e	[gʀatɥi/gʀatɥit]	umsonst, gratis
l'annuaire *m* téléphonique	[lanɥɛʀtelefɔnik]	Telefonbuch
l'intention *f*	[lɛ̃tãsjɔ̃]	Absicht
la page	[lapaʒ]	Seite
la carte bancaire	[lakaʀtbãkɛʀ]	Geldkarte, EC-Karte
le mariage	[ləmaʀjaʒ]	Heirat
le/la jardinier/-ière	[ləʒaʀdinje/ laʒaʀdinjɛʀ]	Gärtner/in

6

Je peux vous aider ?	[ʒəpøvuzede]	Kann ich Ihnen helfen?
la cabine	[lakabin]	*hier:* Umkleidekabine
essayer	[eseje]	(an)probieren

Wortschatz nach Lektionen

8

rencontrer	[ʀãkõtʀe]	treffen

9

le village	[ləvilaʒ]	Dorf

12 a

le cadre commercial	[ləkadʀ(ə) kɔmɛʀsjal]	leitende/r Angestellte/r im kaufmännischen Bereich
directement	[diʀɛktəmã]	direkt
contacter	[kõtakte]	kontaktieren, Kontakt aufnehmen
l'instruction f	[lɛ̃stʀyksjõ]	Anweisung

b

la retraite	[laʀ(ə)tʀɛt]	Rente
le cercle	[ləsɛʀkl(ə)]	Kreis
la passion	[lapasjõ]	Leidenschaft

15

mieux vivre ensemble	[mjøvivʀ(ə)ãsãbl(ə)]	besser zusammenleben
développer	[dev(ə)lɔpe]	entwickeln
la solidarité	[lasɔlidaʀite]	Solidarität
prendre un verre	[pʀãdʀ(ə)ɛ̃vɛʀ]	hier: etw trinken
la relation	[laʀ(ə)lasjõ]	Beziehung
se limiter	[səlimite]	sich beschränken
au strict minimum	[ostʀiktminimɔm]	auf das strikte Minimum
briser la glace	[bʀizelaglas]	das Eis brechen
le hall	[lə'ol]	hier: Eingangshalle
la cour	[lakuʀ]	Hof
promis (promettre)	[pʀɔmi]	versprochen
l'affiche f	[lafiʃ]	Anzeige

Histoire drôle

tu sais (savoir)	[tysɛ]	du weißt
les moustaches fpl	[lemustaʃ]	Schnurrhaare

Leçon 9

L'évasion f	[levazjõ]	Ausbrechen, Entkommen

1 a

la balade	[labalad]	Bummel, Streifzug
les vacances fpl	[levakãs]	Ferien

b

l'offre	[lɔfʀ]	Angebot
la destination	[ladɛstinasjõ]	Reiseziel
hospitalier/-ière	[ɔspitalje/ɔspitaljɛʀ]	gastfreundlich
l'établissement m	[letablismã]	hier: Hotel
accueillant/e	[akœjã/akœjãt]	einladend, freundlich
plaisant/e	[plɛzã/plɛzãt]	gefällig
le mur	[ləmyʀ]	Mauer
le son	[ləsõ]	Ton
réunir	[ʀeyniʀ]	vereinen, zusammenführen
la tristesse	[latʀistɛs]	Traurigkeit
situé/e	[situe]	gelegen an / bei / in …
offrir	[ɔfʀiʀ]	anbieten
le gâteau	[ləgato]	Kuchen
le grand magasin	[ləgʀãmagazɛ̃]	Kaufhaus
la croisière	[lakʀwazjɛʀ]	Schifffahrt
faire les magasins	[fɛʀlemagazɛ̃]	einen Einkaufsbummel machen, shoppen
le bateau	[ləbato]	Schiff
en bateau	[ãbato]	mit dem Schiff
le budget	[ləbydʒɛ]	Budget
le spectacle	[ləspɛktakl(ə)]	Vorstellung

d

le séjour	[ləseʒuʀ]	Aufenthalt
faire des photos	[fɛʀdefɔto]	fotografieren
dans la rue	[dãlaʀy]	auf der Straße
déguster	[degyste]	kosten, probieren
faire un tour	[fɛʀɛ̃tuʀ]	einen Rundgang machen
la visite guidée	[lavizitgide]	Besichtigung mit Führung
l'avion m	[lavjõ]	Flugzeug
la moto	[lamoto]	Motorrad

2

Vous avez une chambre libre ?	[vuzaveynʃãbʀ(ə) libʀ(ə)]	Haben Sie ein Zimmer frei?

a

la chambre	[laʃãbʀ(ə)]	Zimmer
la salle de bains	[lasaldəbɛ̃]	Badezimmer
la douche	[laduʃ]	Dusche
la baignoire	[labɛɲwaʀ]	Badewanne
compris (comprendre)	[kõpʀi]	hier: inbegriffen
l'accès m Internet	[laksɛɛ̃tɛʀnɛt]	Internetanschluss
les facilités fpl	[lefasilite]	hier: Einrichtungen
la personne handicapée	[lapɛʀsɔn 'ãdikape]	Behinderte/r
le lit	[ləli]	Bett

c

le catalogue	[ləkatalɔg]	Katalog
l'agence f	[laʒãs]	hier: (Reise)Agentur
payant/e	[pɛjã/pɛjãt]	gebührenpflichtig, kostenpflichtig
le grand lit	[ləgʀãli]	Doppelbett
la période	[lapeʀiɔd]	hier: Zeitraum
le déjeuner continental	[lədeʒøne kõtinãtal]	hier: französisches Frühstück
la formule	[lafɔʀmyl]	hier: Angebot
le buffet	[ləbyfɛ]	Buffet
anglo-saxon/ne	[ãglosaksõ/ãglosaksɔn]	angelsächsisch/e/s

d

derrière	[dɛʀjɛʀ]	hinter
l'ascenseur m	[lasãsœʀ]	Aufzug
supplémentaire	[syplemãtɛʀ]	zusätzlich
la nuitée	[lanɥite]	Übernachtung
basse saison	[bassɛzõ]	Nebensaison
bas/se	[ba/bas]	niedrig
haute saison	['otsɛzõ]	Hochsaison
haut/e	['o/'ot]	hoch

3

la carte postale	[lakaʀtpɔstal]	Ansichtskarte, Postkarte

a

Il fait beau.	[ilfɛbo]	Das Wetter ist schön.
il pleut (pleuvoir)	[ilplø]	es regnet
l'orage m	[lɔʀaʒ]	Gewitter

Wortschatz nach Lektionen

le vent	[ləvã]	Wind
il neige (neiger)	[ilnɛʒ]	es schneit
froid/e	[fʀwa/fʀwad]	kalt
b		
cher/chère	[ʃɛʀ]	*hier:* lieber … / liebe …
meilleur/e	[mɛjœʀ]	besser/e
bien se passer	[bjɛ̃səpase]	gut verlaufen
génial/e	[ʒenjal]	genial
malheureusement	[maløʀøzmã]	unglücklicherweise
le soleil	[ləsɔlɛj]	Sonne
les amitiés *fpl*	[lezamitje]	*hier:* Grüße
se baigner	[səbeɲe]	baden
tous les jours	[tuleʒuʀ]	jeden Tag
s'amuser	[samyze]	Spaß haben, sich amüsieren
les Ramblas	[leʀãbla]	berühmte Straße in Barcelona
espérer	[espeʀe]	hoffen
embrasser qn	[ãbʀase]	jdn küssen
le bout	[ləbu]	Ende
le monde	[ləmõd]	Welt
se débrouiller	[sədebʀuje]	zurechtkommen
la toundra	[latundʀa]	Tundra
se reposer	[səʀ(ə)poze]	sich ausruhen
Tu me manques.	[tyməmãk]	Du fehlst mir.
la pensée	[lapãse]	Gedanke
c		
saluer	[salɥe]	grüßen
dire	[diʀ]	sagen
le temps	[lətã]	Wetter

Grammaire

le circuit	[ləsiʀkɥi]	Rundreise
s'énerver	[seneʀve]	sich aufregen

Info-zapping

le panneau, *pl* -x	[ləpano]	Schild
à mobilité réduite	[amɔbiliteʀedɥit]	gehbehindert
attendre	[atãdʀ(ə)]	warten
rouler	[ʀule]	fahren
vite	[vit]	schnell
le danger	[lədãʒe]	Gefahr
le/la cycliste	[lə/lasiklist]	Radfahrer/in
le/la piéton/ne	[ləpjetõ/lapjetɔn]	Fußgänger/in
stationner	[stasjɔne]	parken
le mois	[ləmwa]	Monat
circuler	[siʀkyle]	fahren
ralentir	[ʀalãtiʀ]	*hier:* langsamer fahren
Bonne route !	[bɔnʀut]	Gute Fahrt!
Bonnes vacances !	[bɔnvakãs]	Schöne Ferien!

Objectif *Profession*

a

comme convenu	[kɔmkõv(ə)ny]	wie vereinbart
convenir	[kõv(ə)niʀ]	vereinbaren, übereinkommen
envoyer qc à qn	[ãvwaje]	jdm etw schicken
en pièce jointe	[ãpjɛsʒwɛ̃t]	als Anhang
la confirmation	[lakõfiʀmasjõ]	Bestätigung
le plan d'accès	[ləplãdaksɛ]	*hier:* Wegbeschreibung
la confiance	[lakõfjãs]	Vertrauen

CE

1

la tulipe	[latylip]	Tulpe
ça te dit ?	[satədi]	hast du Lust?
2		
aller chez le docteur	[aleʃelədɔktœʀ]	zum Arzt gehen
l'argent *m*	[laʀʒã]	Geld
6		
le début	[lədeby]	Anfang
le carnaval	[ləkaʀnaval]	Karneval
7		
l'instant *m*	[lɛ̃stã]	Augenblick
possible	[pɔsibl(ə)]	möglich
Je vous en prie !	[ʒəvuzãpʀi]	Ich bitte Sie! Keine Ursache!
12		
la situation géographique	[lasityasjõ ʒeɔgʀafik]	geographische Lage
les manifestations *fpl* culturelles	[lemanifɛstasjõ kyltyʀɛl]	kulturelle Veranstaltungen
les moyens *mpl* de transport	[lemwajɛ̃ dətʀãspɔʀ]	Transportmittel
les possibilités *fpl* d'excursions	[lepɔsibilite dɛkskyʀsjõ]	Ausflugsmöglickeiten

Avant d'aller plus loin… III

1

la rencontre	[laʀãkõtʀ]	Begegnung, Treffen
faire partie de…	[fɛʀpaʀtidə]	gehören zu…
l'anniversaire *m*	[laniveʀsɛʀ]	*hier:* Jubiläum, Jahrestag
le jumelage	[ləʒym(ə)laʒ]	Städtepartnerschaft
2		
a		
la répartition	[laʀepaʀtisjõ]	Auf-/Ein-/Verteilung
la famille d'accueil	[lafamijdakœj]	Gastfamilie
participer à…	[paʀtisipea]	teilnehmen an…
3		
b		
l'évaluation *f*	[levalyasjõ]	Auswertung, Bewertung
la fin	[lafɛ̃]	Ende
le/la participant/e	[ləpaʀtisipã/ lapaʀtisipãt]	Teilnehmer/in
regretter	[ʀəgʀete]	bedauern
s'inscrire à qc	[sɛ̃skʀiʀa]	sich zu etwas anmelden
fatigant/e	[fatigã/fatigãt]	anstrengend, ermüdend
formidable	[fɔʀmidabl(ə)]	ausgezeichnet

Alphabetischer Wortschatz

Alphabetischer Wortschatz

In dieser Liste sind nun alle Wörter und Wendungen der Lektionen plus der Wortschatz der authentischen Dokumente und des *Coin lecture* noch einmal in ihrer alphabetischen Reihenfolge aufgeführt. Die grauen Ziffern verweisen auf die Lektion bzw. Übungsnummer, bei der das Wort zum ersten Mal vorkommt. Wörter, die in unterschiedlichen Bedeutungen auftreten, sind mehrmals verzeichnet (z. B. *temps* L4, 2 Zeit – *temps* L9, 3 Wetter). Bitte bedenken Sie aber, dass diese Liste ein Wörterbuch weder ersetzen kann noch will! Sie soll Ihnen lediglich als ‚Wegweiser' dienen, an welcher Stelle Sie ein bestimmtes Wort in der jeweiligen Bedeutung finden können. Substantive (z. B. Berufsbezeichnungen) und Adjektive sind auch hier mit ihrer männlichen und weiblichen Form verzeichnet (vgl. hierzu auch die Wortschatzliste nach Lektionen). Wendungen finden Sie jeweils unter dem Substantiv, z. B. âge *m* (tu as quel ~ ?), alcool *m* (sans ~), doigts *mpl* (croiser les ~), queue *f* (faire la ~) etc.

Folgende Abkürzungen werden verwendet:

f :	feminin, weiblich
fpl :	feminin Plural
m :	maskulin, männlich
mpl :	maskulin Plural
m/f :	maskuline / feminine Form
adv :	Adverb
(fam) :	familier (umgangssprachlich)
qc :	quelque chose (etwas)
qn :	quelqu'un (jemand)

Abkürzungen der Verweise:

L 8, 3 :	Leçon 8, *activité* 3
L 8 Pro :	Leçon 8 *Objectif Profession*
L 8 Gr :	Leçon 8 *Grammaire*
CE 8, 4 :	Leçon 8 *Cahier d'exercices*, exercice 4
L 8 P :	Leçon 8 *Prononciation*
CE 8 H :	Leçon 8 *Histoire drôle*
L 8 I :	Leçon 8 *Info-zapping*
CL :	*Coin lecture*
B I :	*Bilan* I

A

abord (d'~)	L5, 4	zunächst
aboyer	L8, 3	bellen
accès *m* Internet	L9, 2	Internetanschluss
accord (d'~)	L2, 1	einverstanden
accueil *m*	L4 Pro	Empfang
accueillant/e	L9, 1	einladend, freundlich
acheter	L5, 1	kaufen
acteur/-trice *m/f*	CL	Schauspieler/in
activité *f*	L4, 4	Aktivität
addition *f*	L3 I	Rechnung
admis/e	L7, 1	zugelassen
adorer	L3, 3	sehr gerne mögen, lieben
adresse *f* mail	L3 Pro	E-Mail-Adresse
aéroport *m*	L5, 3	Flugplatz
affichage *m*	L8 Pro	*hier:* Ansicht
affiche *f*	CE 8, 15	Anzeige
âge *m* (Tu as quel ~ ?)	L2 Gr	Wie alt bist du?
âge *m* (Vous avez quel ~ ?)	CE 2, 7	Wie alt sind Sie?
âgé/e	L5 I	betagt, alt
agence *f*	L9, 2	*hier:* (Reise)Agentur
agenda *m*	L2, 4	Terminkalender
agréable	L8, 3	angenehm
agression *f*	CL	Angriff, *hier:* körperliche Belästigung
aide *f* (appeler à l' ~)	CL	Hilfe (herbei)rufen
aider qn	L8, 4	jdm helfen
aimer	L3, 3	mögen
air *m* (avoir l'~)	L7, 1	scheinen, aussehen wie
alcool *m* (sans ~)	L3, 1	ohne Alkohol, alkoholfrei
Allemagne *f*	L2 I	Deutschland
allemand *m*	L1, 5	Deutsch (*Sprache*)
allemand/e *m/f*	L1, 6	Deutscher/Deutsche
allergique	L3, 4	allergisch
allez…	L2, 1	also … (*Signal, dass man das Gespräch beenden möchte*)
Allô ?	L6, 2	Hallo? (*Begrüßung am Telefon*)
alors	L5, 2	da, nun
alphabet *m*	L1 P	Alphabet
alsacien/ne	L5 I	elsässisch
amateur/-trice *m/f* de bière	L7, 1	Bierliebhaber/in
ambiance *f*	L7, 1	Stimmung
ami/e *m/f*	L1, 1	Freund/in
ami/e *m/f* (le/la petit/e ~)	L5 I	feste/r Freund/in
amis *mpl* (entre ~)	L7, 5	unter Freunden
amitiés *fpl*	L9, 3	*hier:* Grüße
amoureux/-euse	CE 6, H	verliebt
amuser (s'~)	L9, 3	Spaß haben, sich amüsieren
anglais *m*	L1, 5	Englisch (*Sprache*)
anglo-saxon/ne	L9, 2	angelsächsisch/e/s
animal *m*, animaux *mpl*	L7, 1	Tier
année *f* (cette ~)	L4, 4	dieses Jahr
Année *f* (Bonne ~ !)	CL	Frohes Neues Jahr!
anniversaire *m*	L6, 3	Geburtstag
anniversaire *m*	B 3	*hier:* Jubiläum
anniversaire *m* (Bon ~ !)	CL	Alles Gute zum Geburtstag!
annuaire *m* téléphonique	CE 8, 1	Telefonbuch
annuler	L6, 3	absagen, annullieren
anorexique	CL	magersüchtig
août *m*	L9, 2	August
apéritif *m*	L3, 1	Aperitif

Alphabetischer Wortschatz

apéritif *m* dînatoire	L7 I	*hier:* Aperitif mit Snacks
apéro *m (fam)*	L7, 5	Aperitif
appareil *m*	L4, 4	Gerät, Apparat
appareil *m* (à l'~)	L7 Pro	am Apparat
appel *m*	L6, 2	(Telefon)Anruf
appeler	L3 I	rufen
appeler	L6, 2	*hier:* anrufen
appeler (s'~)	L1, 1	heißen
apporter	L3 I	(mit)bringen
apprendre	CE 6, 7	lernen
après-midi *m*	L6, 1	nachmittags
archives *fpl*	L5 Pro	Archiv
argent *m*	CE 9, 2	Geld
aromatique	CE 1, 7	aromatisch
arrêt *m* de bus	L5, 3	Bushaltestelle
arrêter	CL	aufhören
arriver	L7, 4	(an)kommen
arroser	L6, 1	gießen
art *m*	L 3, 4	Kunst
art *m* contemporain	L5, 4	zeitgenössische Kunst
articuler	L8, 3	artikulieren, äußern
ascenseur *m*	L9, 2	Aufzug
assez	L7, 4	genug
assez	L8, 2	recht, ziemlich
assiette *f*	L7, 3	Teller
assistante *f* médicale	L1, 2	Arzthelferin
associer	L4 I	assoziieren, verbinden mit
atelier *m* de production	L4 Pro	Werkshalle, Produktionshalle
attendre	L9 I	warten
Attention !	L6, 3	Vorsicht!
aussi	L1, 6	auch
autochtone	CL	einheimisch
autographe *m*	CL	Autogramm
automne *m*	L4, 5	Herbst
autoritaire	CE 1, 10	autoritär
autoroute *m*	CE 4, 9	Autobahn
autre	L6, 1	andere/r/s
autrichien/ne *m/f*	L1, 6	Österreicher/in
avancé/e *m/f*	CE 2, 10	Fortgeschrittene/r
Avec ceci ?	L5, 2	*hier:* Und außerdem?
aventure *f*	L3, 3	Abenteuer
avion *m*	L9, 1	Flugzeug
avril m	L9, 2	April

B

baigner (se ~)	L9, 3	baden
baignoire *f*	L9, 2	Badewanne
balade *f*	L9, 1	Bummel, Streifzug
ballon *m*	L4 I	Ball
banlieue *f*	L8, 4	Vorort
banlieusard/e *m/f*	L8, 4	Vorortbewohner/in
banque *f*	CE 5, 6	Bank
barbe *f*	L8, 2	Bart
barre *f* de menu	L8 Pro	Menüleiste
bas/se	L9, 2	niedrig
bateau *m*	L9, 1	Schiff
bateau *m* (en ~)	L9, 1	mit dem Schiff
beau/belle	L8, 1	schön
beaucoup de…	L4, 4	viel …
beau-père *m*	L6, 2	Schwiegervater

belge *m/f*	CE 1, 10	Belgier/in
besoin *m* (avoir ~ de)	L6 Pro	brauchen, nötig haben
beurre *m*	L5, 1	Butter
bibliothèque *f*	L6, 3	Bücherei
bien *adv*	L1, 3	gut
bien sûr	L1, 6	natürlich
bientôt (A ~ !)	L1 P	Bis bald!
bière *f*	L3, 1	Bier
bières *fpl* bouteille	L3, 1	Flaschenbiere
bières *fpl* pression	L3, 1	Biere vom Fass
bijouterie *f*	L5, 4	Juwelier-/Schmuckgeschäft
bilingue	L5 I	zweisprachig
bise *f*	L6, 3	Küsschen
blanc/blanche	L3, 1	weiß
bleu/e	L8, 1	blau
bleu foncé	L8, 1	dunkelblau
bloc-notes *m*	CE 6, 12	Notizblock
blogue *m*	L4, 4	Online-Tagebuch
blond/e	L1 P	blond
blouson *m*	L8, 1	Blouson
boire	CL	trinken
bois *m* (en ~)	L4 I	aus Holz
boisson *f*	L3, 1	Getränk
boissons *fpl* chaudes	L3, 1	warme Getränke
boissons *fpl* fraîches	L3, 1	kalte Getränke
boîte *f* à outils	L6 Pro	Werkzeugkasten
bon/ne	L4 I	gut
Bonjour	L1, 1	Guten Tag
Bonsoir	CE 1, 2	Guten Abend
botte *f*	L8, 1	Stiefel
boucherie *f*	L5, 1	Metzgerei, Fleischerei
boucle *f* (en ~)	L8, 4	*hier:* Endloswiederholung
bouclé/e	L8, 2	lockig
boulanger/-ère *m/f*	CE 5, 6	Bäcker/in
boulangerie *f*	L5, 1	Bäckerei
boule *f*	L4 I	Kugel
boulimique	CL	esssüchtig
bout *m*	L9, 3	Ende
bouteille *f*	L3, 1	Flasche
boutique *f*	L1, 4	Geschäft, Laden
boutique *f* de mode	L5, 4	Modegeschäft
bras *m*	L8 P	Arm
breton/ne *m/f*	L1, 3	Bretone/Bretonin
breton/ne	L1, 3	bretonisch
bricoler	L4, 4	heimwerken, basteln
bronzer	L8, 3	sich sonnen
bruit *m*	CE 7, 3	Krach, Lärm
brun/e	L8, 2	braun, brünett
bruyant/e	CE 7, 3	laut
bureau *m*	CE 2, 11	Schreibtisch
bureau *m* (au ~)	L1, 6	im Büro

C

C'est…	L1, 1	Das ist …
C'est à moi !	L5, 2	*hier:* Ich bin dran.
C'est à qui ?	L5, 2	*hier:* Wer ist dran? / Wer ist an der Reihe?
C'est combien... ?	L3, 2	Wieviel kostet …?
C'est de la part de qui ?	L7 Pro	*hier:* Wen darf ich melden?
C'est tout !	L5, 2	Das ist alles.
c'est vrai	L3, 4	das stimmt

Alphabetischer Wortschatz

Ça fait…	L5, 2	Das macht …
Ça fait combien ?	L5, 2	Was kostes das?
ça marche	L7, 5	*hier:* es klappt, es läuft
Ça va ?	L2, 1	Wie geht's?
cabillaud *m*	L5, 1	Kabeljau
cabine *f*	CE 8, 6	*hier:* Umkleidekabine
cabinet *m*	L4, 3	*hier:* Arzt-Praxis
cachemire *m*	L8, 1	Kaschmir
cadeau *m*	L6, 3	Geschenk
cadre *m*	L8, 4	*hier:* Umgebung
cadre *m* commercial	CE 8, 12	leitende/r Angestellte/r im kaufmännischen Bereich
café *m*	L3, 1	Kaffee
café *m* (au ~)	L3 I	im Café
café *m* allongé	L3, 1	dünner Kaffee (mit Wasser)
café *m* au lait	L3, 1	Milchkaffee
café *m* crème	L3, 1	Kaffee mit Sahne/ etwas Milch
cahier *m*	L2, 4	Heft
caissier/-ière *m/f*	L3, 4	Kassierer/in
calme *m*	L4, 4	Ruhe
calme	L7, 1	ruhig
campagne *f*	L8, 4	Land *i.Ggs. zur Stadt*
campagne *f* (à la ~)	CE 4, 2	auf dem Land
capituler	L8, 4	aufgeben, kapitulieren
caractère *m*	L3, 4	Charakter(eigenschaft)
carrefour *m*	L5, 3	Kreuzung
carte *f* bancaire	CE 8, 1	Geldkarte, EC-Karte
carte *f* d'identité	L6, 3	Personalausweis
carte *f* des consommations	L3, 1	Getränkekarte
carte *f* postale	L9, 3	Ansichtskarte, Postkarte
catalogue *m*	L9, 2	Katalog
cathédrale *f*	L5 I	Kathedrale, Münster
Ce sera tout !	L5, 2	*hier:* Das wäre alles.
ce/cette	L5, 3	diese/r/s
cédérom *m*	L8 Pro	CD-ROM
célèbre	L5 I	berühmt
célibataire	L2, 3	ledig
centre *m* de remise en forme	CL	Fitnesscenter
cercle *m*	CE 8, 12	Kreis
chaise *f*	L2, 4	Stuhl
chaleureux/-se	L7, 1	warm, warmherzig
chambre *f*	L9, 2	Zimmer
champignon *m*	L5, 1	Pilz
chanson *f*	CE 1, 8	Lied, Schlager
chant *m*	L4, 4	Gesang
chanter	L3 P	singen
chanteur/-euse *m/f*	CE 1, 14	Sänger/in
charcuterie *f*	L5, 1	Wurstwaren(theke)
chat *m*	L3, 3	Katze
château *m*	L5, 4	Schloss
chatter	L8 Pro	chatten
chaud/e	L7, 4	warm, heiß
chauffeur *m* de bus	CE 1, 3	Busfahrer
chauffeur *m* de taxi	CE 1, 3	Taxifahrer
chaussure *f*	L5, 4	Schuh
chemin *m* (demander le ~ à qn)	CE 5, H	jdn nach dem Weg fragen
chemise *f*	L8, 1	Hemd
cher (pas ~)	L7, 1	nicht teuer, preiswert
cher/chère…	L9, 3	*hier:* lieber ... / liebe …
chercher	L5, 3	suchen
chéri/e *m/f*	L6, 3	Liebling
cheveux *mpl*	L8, 2	Haare
chez	L1, 6	bei
chien *m*	L3, 4	Hund
chiffre *m*	L6 I	Zahl, Ziffer
chirugien *m/f*	CE 1, 3	Chirurg/in
chocolat *m* chaud	L3, 1	heiße Schokolade
chocolatier *m*	L5, 4	Schokoladen- / Pralinengeschäft
choisir	CE 6, 12	(aus)wählen
choix *m*	L7, 3	(Aus)Wahl
choix *m* (au ~)	L7, 3	wahlweise
chorale *f*	L4, 4	Chor
chose *f*	L4, 4	Ding, Sache
chose *f* (la même ~)	L3 I	dasselbe
choucroute *f*	L5 I	Sauerkraut
cinéma *m*	L3, 4	Kino
circuit *m*	L9 Gr	Rundreise
circuler	L9 I	fahren
ciseaux *mpl*	L6 Pro	Schere
citation *f*	CL	Zitat
classe *f*	L2, 4	*hier:* Klassenzimmer
classique	L8, 1	klassisch
clavier *m*	L8 Pro	Tastatur
clé *f*	L2, 4	Schlüssel
clé *f* USB	L8 Pro	USB-Stick
client/e *m/f*	CE 3, 4	Kunde/-in
client/e *m/f* (par ~)	L3 I	pro Gast
climat *m*	CE 1, 14	Klima
climatisé/e	L7, 1	klimatisiert
cliquer	L8 Pro	(an)klicken
cœur *m*	CL	Herz
coiffeur/-euse *m/f*	L1, 2	Friseur/in
collègue *m/f*	L1, 3	Kollege/-in
combien ?	L3, 2	wieviel?
Comme ça ?	L5, 2	So (viel)?
commencer	CE 6, 12	beginnen, anfangen
comment ?	L1, 2	wie?
commerce *m*	L8, 4	Geschäft
commissariat *m* de police	L5, 3	Polizeirevier
communication *f* (être en ~)	L7 Pro	im Gespräch sein
compagne *f*	L2, 3	Lebensgefährtin
compagnon *m*	L2, 3	Lebensgefährte
complet/-ète	L7, 2	*hier:* ausgebucht
compliqué/e	L3, 4	kompliziert
comprendre	L3 Gr	verstehen
compris (comprendre)	L9, 2	*hier:* inbegriffen
compte-rendu *m*	L6, 2	Bericht, Protokoll
comptes *mpl* (faire ses ~)	CL	ausrechnen
concombre *m*	L5, 2	(Salat)Gurke
confiance *f*	L9 Pro	Vertrauen
confirmation *f*	L9 Pro	Bestätigung
confirmer	L7, 5	bestätigen
confiture *f*	L5, 1	Konfitüre, Marmelade
conflit *m*	L3, 4	Konflikt
confort *m*	L3, 4	Komfort, Bequemlichkeit
connaissance *f* (faire ~)	L7 I	Bekanntschaft machen
connaître	L1, 3	kennen
connecter (se ~ sur qc)	CE 6, 12	sich in etw einloggen
connu (mal ~) (connaître)	CL	kaum bekannt

Alphabetischer Wortschatz

conseils *mpl* pratiques	L2 I	praktische Tipps, Hinweise	de…	L1, 3	aus …
contacter	CE 8, 12	kontaktieren, Kontakt aufnehmen	débrouiller (se ~)	L9, 3	zurechtkommen
			début *m*	CE 9, 6	Anfang
continuer	L5, 3	*hier:* weitergehen/-fahren	débutant/e *m/f*	CE 2, 10	Anfänger/in
convenir	L9 Pro	vereinbaren, übereinkommen	déca(féiné) *m*	L3, 1	entkoffeinierter Kaffee
			décembre *m*	L9, 2	Dezember
convenu (comme ~)	L9 Pro	wie vereinbart	décontracté/e	L8, 1	*hier:* lässig, salopp
converser	CL	plaudern, sich unterhalten	décor *m*	L7, 1	Dekor, *hier:* Einrichtung
conviction *f*	CL	Überzeugung	découvrir	L7, 1	entdecken
convivial/e	L7, 1	gesellig	déguster	L9, 1	kosten, probieren
convivialité *f*	L7 I	Geselligkeit	déjà	L3 I	schon
copain/copine *m/f*	CL	Freund/in	déjeuner	L6 Pro	zu Mittag essen
copain *m* (le petit ~)	CL	fester Freund/Liebhaber	déjeuner *m*	L4 Pro	Mittagessen
cordialement	L5, 3	herzlich, herzliche Grüße	déjeuner *m* continental	L9, 2	*hier:* französisches Frühstück
Corse *f*	L2 I	Korsika	déjeuner *m* d'affaires	L7, 1	Geschäftsessen
cosmétique *m*	CE 1, 7	Kosmetikprodukt	déjeuner *m* (petit ~)	L6, 1	Frühstück
costume *m*	L8, 1	(Herren)Anzug	demain	CE 4, 8	morgen
côté *m*	L6 I	Seite	demande *f* (à la ~)	L8, 1	*hier:* auf Anfrage
coton *m*	L8, 1	Baumwolle	demander	L7, 4	*hier:* verlangen
cour *f*	CE 8, 15	Hof	demie (et ~)	L4, 3	und eine halbe Stunde
cours *m* particulier	L4, 4	Einzelstunde	dentiste *m/f*	L1, 2	Zahnarzt/-ärztin
courses *fpl* (faire les ~)	L5, 2	einkaufen	dermatologue *m/f*	CE 1, 3	Dermatologe/-in, Hautarzt/-ärztin
court/e	L8, 1	kurz	dernier/-ière	L6, 2	letzte/r/s
cousin/e *m/f*	L2 Gr	Cousin/e	derrière	L9, 2	hinter
couteau *m*	L7, 4	Messer	désirer	L3, 2	wünschen
coûter	L5, 2	kosten	Désolé/e !	L5, 3	*hier:* Es tut mir leid!
couture *f*	L4 Gr	Nähen, Nähkunst	détester	L3, 3	hassen
couturier/-ière *m/f*	CE 1, 3	Schneider/in	destination *f*	L9, 1	Reiseziel
couvert *m*	L7 I	Besteck	deuxième	L5, 3	zweite/r/s
covoiturage *m*	L8, 4	Fahrgemeinschaft, Mitfahrgelegenheit	développer	CE 8, 15	entwickeln
			devenir	L7 I	werden
crampes *fpl* d'estomac	L6, 2	Magenkrämpfe	deviner	L8 I	raten, erraten
craquer	CL	zusammenbrechen *hier:* nachgeben	devoir	L7, 5	müssen, sollen
			dictionnaire *m*	L2, 4	Wörterbuch
crayon *m*	L2, 4	Bleistift	dimanche *m*	L4, 3	Sonntag
crémant *m*	L5, 1	Sekt	dimanche (à ~)	L6, 3	bis Sonntag
crèmerie *f*	L5, 1	Milch und Käseabteilung/-geschäft	dîner	L6, 3	zu Abend essen
			dire	L9, 3	sagen
crevé/e	L6, 3	sehr müde, kaputt	directement	CE 8, 12	direkt
crevette *f*	L5, 1	Garnele, Krabbe	direction *f*	L5 Pro	Direktion, Leitung
crise *f* d'identité	CL	Identitätskrise	direction *f*	L5, 3	Richtung
croire	L5, 2	glauben, meinen	Dis donc, …	L6, 2	Sag mal, …
croisière *f*	L9, 1	Schifffahrt	discuter	L6, 1	sich unterhalten, diskutieren
croiser…	B I	*hier:* treffen auf …			
crudités *fpl*	L7, 3	Rohkost	divorcé/e	L2, 3	geschieden
cuillère *f*	L7, 4	Löffel	docteur *m*	CE 5, 6	Arzt
cuir *m*	L8, 1	Leder	document *m*	L8 Pro	*hier:* Datei
cuisine *f*	L7, 1	Küche	doigt *m*	L8 I	Finger
cuisine *f* (la bonne ~)	L3, 4	die gute Küche	doigts *mpl* (croiser les ~)	L8 I	die Daumen drücken
cuit/e	L7, 4	gar, gekocht	domaine *m*	L4, 5	Bereich, Gebiet
cure *f* de thalasso	CL	Thalassokur (*Kur mit vielen Wasseranwendungen*)	dommage	L7, 5	schade
			donc	CE 4, 3	also, folglich
cycliste *m/f*	L9 I	Radfahrer/in	donner	L3 I	geben
			Donnez-moi !	L5, 2	Geben Sie mir!
D			dormir	L6, 1	schlafen
dame *f*	L5 I	Dame	dos *m*	L4, 2	Rücken
danger *m*	L9 I	Gefahr	douche *f*	CE 4, 9	Dusche
dans	L2, 4	in	draguer qn (*fam*)	CL	jdn anmachen
danse *f*	L4, 1	Tanz	droit (tout ~)	L5, 3	geradeaus
danser	L3, 3	tanzen	droite *f* (à ~)	L3, 2	rechts
date *f*	L3 Pro	Datum	drôle	L1, 6	lustig

Alphabetischer Wortschatz

durée f	CL	Dauer	exposé m	L4 Pro	Referat
dynamique	CE 1, 10	dynamisch	extravagant/e	L8, 2	extravagant, mondän

E

eau f minérale	L3, 1	Mineralwasser
école f	L5, 3	Schule
écologique	L8, 4	ökologisch
économique	L8, 4	ökonomisch
écouteur m	L8 Pro	Kopfhörer
écran m plat	L6, 3	Flachbildschirm
écrire	L6 Pro	schreiben
écrire (s'~)	L3 Pro	sich schreiben
édition f	L8 Pro	*hier:* Bearbeiten
église f	L4, 4	Kirche
égoïste	CE 3, 10	egoistisch
électrique	L4, 4	elektrisch
élégant/e	L1 Gr	elegant
elle	L1, 6	sie
embrasser qn	L9, 3	jdn küssen
émission f	L8 Pro	Sendung
emploi m du temps	B II	Stundenplan
Enchanté/e.	L1, 3	Sehr erfreut / angenehm.
enclave f	L5 I	Enklave
énergie f	CE 5, 3	Energie
énerver (s'~)	L9 Gr	sich aufregen
enfant m/f	L2, 3	Kind
engager (s'~)	L3, 4	sich engagieren
énorme	CL	enorm
ensemble	L4, 4	zusammen, miteinander
ensuite	L5, 2	dann, anschließend
entrée f	L7, 3	*hier:* Vorspeise
entreprise f	L4 Pro	Unternehmen
envoyer qc à qn	L8 Pro	jdm etw schicken
épicé/e	L7, 4	gewürzt
épicerie f	L5, 1	Lebensmittelabteilung/-geschäft
équipe f	L7, 1	Team, Crew, Mannschaft
équitation f	CL	Reiten
escalade f	L4, 1	Klettern
espagnol m	L1, 5	Spanisch (*Sprache*)
espagnol/e m/f	L1, 6	Spanier/in
espérer	L7, 5	hoffen
essayer	CE 8, 6	(an)probieren
essentiellement	L8, 1	im Wesentlichen
et	L1, 5	und
établissement m	L9, 1	*hier:* Hotel
étage m	L8, 4	Etage, Geschoss
été m	L4, 5	Sommer
étranger/-ère m/f	CL	Ausländer/in
être	L1, 1	sein
étudier	CE 2, 10	*hier:* lernen
européen/ne	L5 I	Europäer/in, europäisch
évaluation f	B 3	Auswertung, Bewertung
évasion f	L9, 1	Ausbrechen, Entkommen
exactement	L1, 3	genau genommen
excellent/e	L5 I	ausgezeichnet
excursion f	L4, 4	Ausflug, Exkursion
Excusez-moi !	L3 I	Entschuldigen Sie!
exemplaire	CL	beispielhaft
exemple m (par ~)	L3, 4	zum Beispiel
exercice m	L6 Gr	Aufgabe, Übung
exotique	L7, 1	exotisch

F

face f (en ~ de)	L5, 3	gegenüber von
facile	L5, 3	einfach
facilités fpl	L9, 2	*hier:* Einrichtungen
fade	L7, 4	fad, geschmacklos
faim m (avoir ~)	CE 6, H	Hunger haben
faire	L4, 1	machen, tun
familial/e	L4 I	familiär
famille f	L2, 1	Familie
famille f d'accueil	B 3	Gastfamilie
fan m/f	CL	Fan
fatigant/e	B III	anstrengend, ermüdend
fatigué/e	L6, 3	müde
faux/fausse	L1 P	falsch
fax m	L6 Pro	Fax
femme f	L2, 3	Frau, Ehefrau
femme f au foyer	L1, 2	Hausfrau
fenêtre f	L8, 2	Fenster
fermé/e	L7, 1	geschlossen
fête f	CE 5, 4	Fest
fête f (faire la ~)	L6, 2	feiern
fêter	L7, 5	feiern
feu m	L5, 3	*hier:* Ampel
feu m (au ~)	L5, 3	an der Ampel
feuille f	L2, 4	Blatt (Papier)
février m	L9, 2	Februar
fichier m	L8 Pro	Datei
fier/fière	CL	stolz
filet m	L7, 3	Filet
fille f	L2, 3	Tochter
film m	L3, 4	Film
film m d'amour	L3, 4	Liebesfilm
fils m	L2, 3	Sohn
fin f	B III	Ende
finir	L6, 1	beenden
fitness m	L4, 1	Fitness
flamand/e	L5 I	flämisch
flâner	L5 I	bummeln, schlendern
fleuriste m/f	L1, 2	Florist/in
flûte f	CE 3, H	Flöte
fois f	L4, 4	Mal
fois f (chaque ~)	L8, 3	jedes Mal
fond m (au ~)	L3, 2	hinten
foot(ball) m	L4, 1	Fußball
format m	L8 Pro	Format
formation f	L6 Pro	Fortbildung
forme f (être en ~)	L6, 2	fit, in Form sein
formidable	B 3	ausgezeichnet
formulaire m	L3 Pro	Formular
formule f	L9, 2	*hier:* Angebot
fort/e	L8, 2	dick, kräftig, stark
fou/folle	L8 I	verrückt
fourchette f	L7, 4	Gabel
frais/fraîche	L7, 4	frisch, *hier:* kühl, kalt
français m	L1, 5	Französisch (*Sprache*)
français (en ~)	L1, 2	auf Französisch
français/e m/f	L1, 6	Franzose/Französin
France f	L2 I	Frankreich

218 | deux cent dix-huit

Alphabetischer Wortschatz

francophone	L5 I	französischsprachig/ -sprechend	heures *fpl* de service	L7, 1	*hier:* Essenszeiten
frapper	L8, 3	klopfen	heureux/-se	L6, 3	glücklich
frère *m*	L2, 3	Bruder	hic *m (fam)*	L8, 4	Haken *(an einer Sache)*
frigo *m (fam)*	L6, 3	Kühlschrank	hier	L6, 2	gestern
frisée *f*	L5, 2	Friseesalat	histoire *f*	L5 I	Geschichte
froid/e	L9, 3	kalt	histoire *f* drôle	CE 3, H	Witz, lustige Geschichte
fromage *m*	L5, 1	Käse	hiver *m*	L4, 5	Winter
fruits *mpl*	L5, 1	Früchte, Obst	homme *m*	L2, 3	Mann
			hospitalier/-ière	L9, 1	gastfreundlich
G			hôtel *m*	CE 1, 7	Hotel
gamin/e *m/f (fam)*	L8, 3	Bub, Mädel, Göre	hôtel *m* de luxe	L2 P	Luxushotel
garde *m/f* du corps	CL	Leibwächter/in	hôtel *m* de ville	L5, 3	Rathaus *(einer größeren Stadt)*
gare *f*	L5, 3	Bahnhof	huile *f*	L5, 1	Öl
garniture *f*	L7, 3	Beilage	huile *f* d'olive vierge	L1, 4	natives Olivenöl
gâteau *m*	L9, 1	Kuchen	humour *m* (avec ~)	L3, 4	mit Humor
gauche (à ~)	L5, 3	nach links	hystérique	L8, 3	hysterisch
gazeuse	L3, 2	*hier:* mit Kohlensäure			
général (en ~)	L6, 1	im Allgemeinen	**I**		
généralement	L6 I	allgemein	ici	L5, 3	hier
génial/e	L9, 3	genial	ici (d'~)	L5, 3	von hier
gens *mpl*	L6 Pro	Leute	idyllique	L8, 4	idyllisch
gentil/le	L8, 4	nett, freundlich	il	L1, 6	er
geste *m*	L8 I	Geste	il me faut	L5, 1	ich brauche
glace *f* (briser la ~)	CE 8, 15	das Eis brechen	il y a	L2, 4	es gibt/es ist/es sind
glacier *m*	L5, 4	*hier:* Eisdiele	Ill *f*	L5 I	*Name eines französischen Flusses*
gomme *f*	L2, 4	Radiergummi			
gothique	L5 I	gotisch	immeuble *m*	L8, 4	Wohnblock, Mietshaus
gourmand/e *m/f*	L7, 1	Schlemmer/in	important/e	L7, 1	wichtig
gourmet *m*	L7, 1	Feinschmecker/in	imprimante *f*	L6 Pro	Drucker
grammaire *f*	CE 3, 4	Grammatik	imprimer	L8 Pro	drucken
gramme *m*	L5, 2	Gramm	incendie *f*	CL	Brand
grand/e	CE 3, 10	groß	indépendant/e	L3, 4	unabhängig
grand/e (le/la plus ~)	L5 I	der/die größte/r	indicatif *m*	L2 I	Vorwahl(nummer)
grand magasin *m*	L9, 1	Kaufhaus	infirmier/-ière *m/f*	L4, 2	Krankenpfleger/ Krankenschwester
grand-mère *f*	L2, 3	Großmutter	informaticien/-ienne *m/f*	L1, 2	Informatiker/in
grand-père *m*	L2, 3	Großvater	information *f*	CE 1, 3	Informationswesen, Medien
gratuit/e	CE 8, 1	umsonst, gratis	informations *fpl*	CE 6, 11	Nachrichten
gris/e	L8, 2	grau	informatique *m*	CE 4, 2	Informatik
gros/se	L8, 2	dick, fett, grob	infusion *f*	L3, 1	Kräutertee
groupe *m* (notre ~)	L4, 4	unsere Gruppe	inscrire (s'~ à qc)	B 3	sich zu etw anmelden
groupe *m* de travail	L4 Pro	Arbeitsgruppe	insertion *f*	L8 Pro	Einfügen
guetter qn	L8, 3	jdm auflauern	instant *m*	CE 9, 7	Augenblick
guitare *f*	CE 4, 3	Gitarre	instruction *f*	CE 8, 12	Anweisung
gym(nastique) *f*	L4, 1	Gymnastik	insupportable	L8, 4	unerträglich
			intelligent/e	CE 1, 10	intelligent
H			intensité *f*	CL	Intensität
habiter	L2, 3	wohnen	intention *f*	CE 8, 1	Absicht
hachis *m* parmentier	CE 5, 4	Hackfleisch-Kartoffelauflauf	Internet *m* (surfer sur ~)	L3 Gr	im Internet surfen
hall *m*	CE 8, 15	*hier:* Eingangshalle	invitation *f*	L7, 5	Einladung
haltère *m*	L4, 1	Hantel, Gewicht	italien *m*	L1, 5	Italienisch *(Sprache)*
haltères *mpl*	L4, 1	*hier:* Krafttraining	italien/ne *m/f*	L1, 6	Italiener/in
haricot *m*	L5, 2	Bohne	italienne (à l'~)	L7, 3	nach italienischer Art
harmonie *f*	L3, 4	Harmonie			
haut/e	L9, 2	hoch	**J**		
haut-parleur *m*	L8 Pro	Lautsprecher	jambon *m*	L5, 1	Schinken
hebdomadaire	CL	wöchentlich	janvier *m*	L9, 2	Januar
hésiter	CL	zögern	jardin *m*	L1, 4	Garten
heure *f*	L4, 3	Uhrzeit, Stunde	jardin *m* public	L5, 3	öffentlicher Park
heure *f* (de bonne ~)	CE 6, 11	früh	jardinier/-ière *m/f*	CE 8, 1	Gärtner/in
heure *f* (Il est quelle ~ ?)	L4, 3	Wie spät ist es?	J'en ai marre. *(fam)*	L8 I	Ich habe die Nase voll.
heures *fpl* d'ouverture	L4, 3	Öffnungszeiten	Je ne sais pas.	CE 2 H	Ich weiß nicht.

Alphabetischer Wortschatz

Je t'embrasse.	L7, 5	*hier:* Liebe Grüße.
Je vous en prie !	CE 9, 7	Ich bitte Sie! Keine Ursache!
Je vous le/la passe.	L7 Pro	Ich verbinde.
jean *m*	L8, 1	Jeans
jeter	L6, 3	werfen
jeu *m*	L4, 4	Spiel
jeu *m* télévisé	L4, 4	Fernsehquiz
jeudi *m*	L4, 3	Donnerstag
jeune	L8 Gr	jung
jeunesse *f*	CL	Jugend
jeux *mpl* (jouer à des ~)	L8 Pro	Spiele spielen
jeux *mpl* apéritif	CE 4, 7	*hier:* Spiele beim Aperitif
jogging *m*	L4, 1	Joggen
joli/e	L8, 2	hübsch, nett, schön
jouer	L4, 4	spielen
juillet *m*	L9, 2	Juli
juin *m*	L9, 2	Juni
jour *m*	L4, 3	Tag
jour *m* de la semaine	L4, 3	Wochentag
journal *m*	L6, 1	Zeitung
journaliste *m/f*	L1, 2	Journalist/in
journée *f*	L6, 1	Tag
journée (Bonne ~ !)	L2, 1	Einen schönen Tag!
journée *f* (toute la ~)	L8, 4	den ganzen Tag
journée *f* de libre	L6, 2	freier Tag
jours *mpl* (tous les ~)	L9, 3	jeden Tag
jumelage *m*	B 3	Städtepartnerschaft
jupe *f*	L8, 1	Rock
jus *m*	L3, 1	Saft
jus *m* de fruits	L3, 1	Fruchtsaft
jus *m* de tomates	L3, 1	Tomatensaft
jusqu'à	L5, 3	bis

K
kilo *m*	L5, 2	Kilo
Kouglof *m*	L5 I	*hier:* Gugelhupf, elsässischer Hefekuchen

L
là	L2, 3	da
laine *f*	L8, 1	Wolle
laisser	L3 I	lassen
lait *m*	L5, 1	Milch
langue *f*	L1, 6	Sprache
lecteur *m* de CD	L2, 4	CD-Player
légumes *mpl*	L5, 1	Gemüse
librairie *f*	L5, 4	Buchhandlung
lieu *m*	L8, 4	Ort, Platz
lieux *mpl* de vie	L8, 4	Wohnorte
lieux *mpl* publics	L7 I	öffentliche Plätze
limiter (se ~)	CE 8, 15	sich beschränken
lin *m*	L8, 1	Leinen
lire	L6, 1	lesen
liste *f* de courses	L6 I	Einkaufsliste
lit *m*	L9, 2	Bett
lit *m* (grand ~)	L9, 2	Doppelbett
livre *f*	L5, 2	Pfund
livre *m*	L2, 4	Buch
locataire *m/f*	L8, 3	Mieter/in
loin	L5, 1	weit (weg)
loisir *m*	L4, 4	Freizeit(beschäftigung)
long/longue	L8, 2	lang
loup *m* garou	CL	Werwolf
lundi *m*	L4, 3	Montag
lunettes *fpl*	L2, 4	Brille
luxe *m*	L3, 4	Luxus

M
magasin *m*	L5, 4	Geschäft
magasins *mpl* (faire les ~)	L9, 1	einen Einkaufsbummel machen, shoppen
magnifique	L5 I	wunderschön, herrlich
mai *m*	L9, 2	Mai
main *f*	L4 I	Hand
mairie *f*	L6, 3	Rathaus (*einer Gemeinde*)
mais	CE 1, 10	aber
maison *f*	L3, 4	Haus
maîtresse *f*	CL	Geliebte
mal *adv*	L6, 2	schlecht
malade	L6, 2	krank
malade (être ~ comme un chien)	L6, 2	sich hundeelend fühlen
malheureusement	L9, 3	unglücklicherweise
manger	L6, 1	essen
maniaque *m* du marteau	L8, 3	*hier:* besessener Heimwerker
manifestations *fpl* culturelles	CE 9, 12	kulturelle Veranstaltungen
mannequin *m/f*	CE 1, 3	Mannequin
manquer	L9, 3	fehlen
manteau *m*	L8, 1	Mantel
marchand/e *m/f*	L5, 2	Händler/in
marche *f* nordique	L4, 1	Nordic Walking
marché *m*	L5, 1	Markt
mardi *m*	L4, 3	Dienstag
mari *m*	L2, 3	Ehemann
mariage *m*	CE 8, 1	Heirat
marié/e	L2, 3	verheiratet
marier (se ~)	CL	heiraten
marocain/e	L7, 1	marokkanisch
marque *f*	L8, 1	Marke
marron	L8, 1	braun
mars *m*	L9, 2	März
marteau *m*	L8, 3	Hammer
masque *m*	CE 1, 7	Maske
match *m*	L6, 2	Spiel, Match
matin *m* (ce ~)	L6, 2	heute Morgen
matin *m* (le ~)	L6, 1	morgens
mauvais/e	L8 Gr	schlecht
médecin *m/f*	L1, 2	Arzt/Ärztin
médecine *f*	CE 1, 3	Medizin
meilleur/e (le/la ~)	L8, 4	der/die/das beste
mél *m*	CE 2, 10	E-Mail
mélange *m*	L3, 1	Mischung
melon *m*	L7, 3	Melone
même	L4, 4	sogar
ménage *m* (faire le ~)	L6, 1	Hausarbeit machen, putzen
mer *f* (à la ~)	CE 4, 2	am Meer
merci	L2, 1	danke
merci beaucoup	L5, 3	vielen Dank
merci de…	L6, 2	vielen Dank für …
mercredi *m*	L4, 3	Mittwoch
mère *f*	L2, 3	Mutter

Alphabetischer Wortschatz

message *m*	L7 Gr	Nachricht
Messieurs dames !	L3, 2	Meine Herrschaften!
métal *m* (en ~)	L4 I	aus Metall
météo *f*	CE 6, 12	Wettervorhersage
mettre	L8, 1	*hier:* anziehen
mettre	L8 Gr	setzen, stellen, legen
midi (à ~)	L6, 1	mittags
mieux	L6, 2	besser
million *m*	CE 1, 12	Million
mince	L8, 2	dünn, schlank
minimum *m* (au strict ~)	CE 8, 15	auf das strikte Minimum
minuit *m*	L4, 3	Mitternacht
minute *f* (être à … ~s)	L5, 3	… Minuten von hier entfernt sein
mobilité *f* (à ~ réduite)	L9 I	gehbehindert
mode *f*	CE 1, 3	Mode
moderne	L1 Gr	modern
moi aussi	L3, 3	ich auch
moi pas	L3, 3	ich nicht
Moi, c'est…	L1, 1	Ich (*betont*) bin …
moi-même	CL	ich selbst
moins	L5, 2	weniger
moins (au ~)	L7 I	mindestens
mois *m*	L9 I	Monat
monde *m*	L9, 3	Welt
monde *m* (beaucoup de ~)	CE 7, 3	*hier:* viel Betrieb, viele Leute
monde *m* (tout le ~)	CL	jeder(mann), alle
monotone	L8, 3	monoton, eintönig
montage *m* vidéo	L4, 4	Videomontage
montagne *f*	CE 4, 2	Berg, Gebirge
montagne *f* (à la ~)	CE 4, 2	in den Bergen
montre *f*	L6 Pro	(Armband)Uhr
morceau *m*	L5, 2	Stück (*ein Teil vom Ganzen*)
moto *f*	L9, 1	Motorrad
mots *mpl* internationaux	L1, 4	internationale Wörter
moustache *f*	L8, 2	Schnauzbart
moustaches *fpl*	CE 8, H	Schnurrhaare
moyenne (en ~)	L6 I	im Durchschnitt
moyens *mpl* de transport	CE 9, 12	Transportmittel
mur *m*	L9, 1	Mauer
muscle *m*	CL	Muskel
musée *m*	L4, 5	Museum
musicien/-ienne *m/f*	L1, 2	Musiker/in

N

natation *f*	L4, 1	Schwimmen
nationalité *f*	L1, 6	Nationalität
nature *f*	L3, 4	Natur
né/e (naître)	L4 I	geboren
ne… jamais	L8 Gr	niemals
neiger	L9, 3	schneien
nettoyage *m*	CL	Reinigen, Saubermachen
neuf/-ve	L8, 1	neu
niveau *m*	CE 2, 10	Niveau(stufe)
niveau *m* avancé	CE 2, 10	Oberstufe
niveau *m* débutant	CE 2, 10	Grundstufe
niveau *m* intermédiaire	CE 2, 10	Mittelstufe
Noël *m* (Joyeux ~ !)	CL	Frohe Weihnachten!
noir/e	L8, 1	schwarz
nom *m*	L1, 6	Name
nombre *m*	L1, 7	Zahl
non	L1, 5	nein
non-fumeur *m*	CE 7, 10	Nichtraucher
nord-est *m*	L2 I	Nordosten
nord-ouest *m*	L2 I	Nordwesten
noté (C'est ~ !)	CE 4, 8	Es ist notiert / vermerkt!
notes *fpl* (prendre des ~)	CE 6, 7	Notizen machen / etw aufschreiben
novembre *m*	L9, 2	November
nuit *f*	L6, 1	nachts
nuit *f* (toute la ~)	L6, 2	die ganze Nacht
nuitée *f*	L9, 2	Übernachtung
numéro *m* complémentaire	CE 2, 4	Zusatzzahl
numéro *m* d'urgence	CL	Notfallnummer
numéro *m* de téléphone	L2, 5	Telefonnummer

O

objectif *m*	L3 Pro	Ziel
occasion *f*	L7 I	Gelegenheit
occasion *f* (à l'~ de)	CE 7, 11	anlässlich
occupé/e	L3 I	besetzt
octobre *m*	L9, 2	Oktober
œil *m*, les yeux	L8 I	Auge
œuf *m*	L5, 1	Ei
office *m* de tourisme	CE 5, 6	Touristenbüro, Fremdenverkehrsamt
offre *f*	L9, 1	Angebot
offrir	L9, 1	anbieten
olympique	L4 I	olympisch
on	L4, 4	man, wir
on dit	L3 I	man sagt
On y va !	L1, 1	Auf geht's! Los geht's!
On y va ?	L3, 2	Gehen wir?
oncle *m*	L2, 3	Onkel
opticien/-ienne *m/f*	L1, 6	Optiker/in
orage *m*	L9, 3	Gewitter
orange *f*	L5, 1	Orange
ordinateur *m*	L2, 4	Computer
ordinateur *m* portable	L6 Pro	Laptop
ordre *m*	L3, 3	Ordnung
ordre *m* du jour	L4 Pro	Tagesordnung
oriental/e	L7, 1	orientalisch
orienter (s'~)	L5 Pro	sich zurechtfinden
origine *f* (d'~ anglaise)	L4 I	von englischer Herkunft
ou	L1, 6	oder
où ?	L3, 2	wo?
où (d'~ ?)	L1, 3	woher?
oublier	L6, 3	vergessen
oui	L1, 3	ja
outils *mpl*	L8 Pro	*hier:* Extras
ouvert/e	L7, 1	offen

P

page *f*	CE 8, 1	Seite
pain *m* complet	L5, 1	Vollkornbrot
panaché *m*	L3, 1	Radler, Alsterwasser
panne *f* (en ~)	L4, 4	defekt, kaputt
panneau *m*	L9 I	Schild
pantalon *m*	L8, 1	Hose
paradis *m*	L7, 1	Paradies
parce que	L4, 2	weil

Alphabetischer Wortschatz

parents *mpl*	L2, 3	Eltern
parlement *m*	L1 P	Parlament
parler	L1, 5	sprechen
parole *f*	L8, 3	Wort
partager	CL	teilen
participant/e *m/f*	L4 Pro	Teilnehmer/in
participer à…	B III	teilnehmen an …
particulier/-ière	L2 I	besonde/r/s
partie *f* (faire ~ de)	B III	gehören zu …
partir	L6, 1	weggehen
pas du tout	L3 Gr	überhaupt nicht
passer (bien se ~)	L9, 3	gut verlaufen
passer devant	L5, 3	vorbeigehen (an)
passion *f*	CE 8, 12	Leidenschaft
passionné/e (être ~ de)	L4, 4	begeistert sein von
pâté *m*	L5, 2	Pastete
patins *mpl* à roulettes	L6 Pro	Rollschuhe
pâtisserie *f*	L5, 4	Konditorei
pause-café *f*	L4 Pro	Kaffeepause
payant/e	L9, 2	gebührenpflichtig, kostenpflichtig
payer	L6 I	zahlen
pays *m*	CE 2, 10	Land
pêche *f*	L5, 2	Pfirsich
pendant	L4, 4	während
pensée *f*	L9, 3	Gedanke
penser à	CE 6, H	denken an
père *m*	L2, 3	Vater
période *f*	L9, 2	*hier:* der Zeitraum
personne *f*	L3 Pro	Person
personne *f* handicapée	L9, 2	Behinderte/r
perspective *f*	L4 Pro	Perspektive
pessimiste	CE 8, 1	pessimistisch
petit/e	L5 I	klein
Petite France	L5 I	*Name eines Stadtteils in Straßburg*
petite-fille *f*	L2, 3	Enkelin
petit-fils *m*	L2, 3	Enkel
peu (un ~)	L1, 5	ein wenig
photo *f*	L4, 4	Foto
photocopie *f*	L5 Pro	Fotokopie
photographe *m/f*	CE 1, 3	Fotograf/in
photos *fpl* (faire des ~)	L9, 1	fotografieren
piano *m*	CE 3, H	Klavier
pichet *m*	L3, 1	kleiner Krug
pièce *f*	L8, 1	Teil, Stück
pièce *f* (en ~ jointe)	L9 Pro	als Anhang
pied *m*	L4 I	Fuß
pied *m* (à ~)	L5, 3	zu Fuß
piéton/ne *m/f*	L9 I	Fußgänger/in
pilote *m/f*	CE 1, 3	Pilot/in
piscine *f*	L5, 3	Schwimmbad
place *f* (prendre ~)	L3 I	Platz nehmen
plage *f*	L5, 4	Strand
plaisant/e	L9, 1	gefällig
plaisir *m*	L4, 2	Vergnügen
plaisir *m* (Quel ~ !)	L4 I	Was für / Welch ein Vergnügen!
plan *m* d'accès	L9 Pro	*hier:* Wegbeschreibung
plante *f*	L6, 1	Pflanze
plat *m*	L7, 3	Gang, Gericht
plat/e	L6, 3	flach
plate	L3, 2	*hier:* ohne Kohlensäure
plats *mpl* allégés	CL	kalorienarme Gerichte
pleuvoir	L9, 3	regnen
plus	L5, 2	mehr
plus (à ~)	L7, 5	bis bald
plus de	L5 I	mehr als
plutôt	L8, 2	eher, ziemlich
pointure *f*	L8, 1	Schuhgröße
poissonnerie *f*	L5, 1	Fischabteilung/-geschäft
poivre *m*	L7, 3	Pfeffer
policier/-ière *m/f*	L4, 2	Polizist/in
pomme *f* de terre	L5, 1	Kartoffel
populaire	L4 I	beliebt
porc *m*	L7, 3	Schweinefleisch
portable *m*	L2 I	Handy
porter	L8, 1	tragen
portrait *m*	L3, 4	Porträt
portugais/e *m/f*	L2, 3	Portugiese/-in
possibilités *fpl* d'excursions	CE 9, 12	Ausflugsmöglichkeiten
possible	CE 9, 7	möglich
poste *f*	L5, 3	Post
poterie *f*	L5, 4	Töpferei
poubelle *f*	L6, 3	Abfalleimer
poupée *f*	CL	Puppe
pour	L3, 2	für
pour	L8, 4	*hier:* um … zu
Pour aller à… ?	L5, 3	*hier:* Wie komme ich zu …?
pourboire *m*	L3 I	Trinkgeld
pourquoi	L4, 2	warum
pouvoir	L3 I	können, dürfen
pratiquer	L4 Gr	*hier:* ausüben
préféré/e	L5 I	Lieblings-…, bevorzugt
préférer	CE 3, H	vorziehen, lieber mögen
premier/-ière	L5, 3	erste/r/s
prendre	L3, 1	nehmen
prénom *m*	L1, 6	Vorname
préparer	L4, 4	vorbereiten
près de	L8, 4	nahe bei, in der Nähe von
présentation *f*	L4 Pro	Präsentation, Vorstellung
présenter (se ~)	L4 Pro	sich vorstellen
presque	L8, 1	fast
pression *f*	L3, 2	gezapftes Bier
printemps *m*	L4, 5	Frühling
privatiser (se ~)	L7 I	privat werden
privé/e	L1, 3	privat
prix *m*	L7, 1	Preis
problème *m*	L2 Gr	Problem
problèmes *mpl* de dos	L4, 2	Rückenprobleme
produit *m* de marque	L3, 4	Markenprodukt
professeur/e *m/f*	L1, 2	Lehrer/in
professeur/e *m/f* de français	L1, 1	Französischlehrer/in
profession *f*	L1, 6	Beruf
professionnel/le	L1, 3	beruflich
profiter de	L7, 1	ausnutzen, profitieren von
promenade *f*	L5, 4	Spaziergang
promis (promettre)	CE 8, 15	versprochen
proposer	L7 I	*hier:* anbieten
proposer	L9, 2	vorschlagen
propre	CE 7, 3	sauber
province *f*	CE 2, 10	Provinz
proximité *f* (à ~ de)	L8, 4	in der Nähe von

Alphabetischer Wortschatz

psychiatre *m/f*	CE 1, 3	Psychiater/in
puis	L5, 4	dann
pull *m*	L8, 1	Pulli, Pullover
purée *f*	CL	Püree

Q

qu'est-ce que… ?	L2, 4	was …?
Qu'est-ce que c'est ?	L3, 1	Was ist das?
qualité *f*	L7, 1	Qualität
quart (et ~)	L4, 3	Viertel nach
quart (moins le ~)	L4, 3	dreiviertel, Viertel vor
quartier *m*	L8, 4	Stadtteil, Stadtviertel
quel/quelle	L4 Gr	welche/r/s
quelquefois	CL	manchmal
quelques	L4 I	einige
question *f*	L4 Pro	Frage
questions *fpl* (se poser des ~)	CL	sich Fragen stellen
queue *f* (faire la ~)	L6 I	Schlange stehen
qui ?	L3, 4	wer?
Qui va avec qui ?	L3, 4	Wer passt zu wem?
quitter	L6, 1	verlassen
Quoi de neuf ?	L6, 2	Was gibt's Neues?
quotidien *m*	L6, 1	Alltag
quotidiennement	L6 I	täglich

R

radio *f* (écouter la ~)	L6, 1	Radio hören
raffiné/e	L7, 1	fein
ralentir	L9 I	*hier:* langsamer fahren
Ramblas	L9, 3	*berühmte Straße in Barcelona*
rameur *m*	CL	Ruder(gerät)
randonnée *f*	L4, 1	Wandern, Wanderung
rappeler	L7 Pro	*hier:* zurückrufen
rapporter	L6, 3	*hier:* zurückbringen
rayon *m*	L5, 1	Abteilung
réagir	L8, 4	reagieren
réclamation *f*	L7, 4	Beschwerde, Reklamation
réclamer	CL	anfordern
recommander	L7, 1	empfehlen
réflexion *f*	CL	Nachdenken
regarder	L3, 3	(an)schauen, betrachten
région *f*	L4, 4	Region, Gegend
régler	L7, 4	regeln, klären, bereinigen
regretter	B 3	bedauern
relation *f*	CE 8, 15	Beziehung
relations *fpl* publiques	L4 Pro	Öffentlichkeitsarbeit
relations *fpl* sexuelles	CL	sexuelle Kontakte
remercier qn	CE 4, 8	jdm danken
rempli/e	B II	*hier:* ausgefüllt
rencontre *f*	B III	Begegnung, Treffen
rencontrer	CE 8, 8	treffen
rendez-vous *m*	CE 4, 8	*hier:* Termin
rentrer (à la maison)	L6, 1	heimgehen, heimkommen, zurückkommen
réparer	L4, 4	reparieren
repartir	L6, 3	aufbrechen, wieder gehen
répartition *f*	B 3	Auf-/Ein-/Verteilung
repas *m*	L6 I	Mahlzeit
répéter	L2, 5	wiederholen
répondre	CE 3 H	antworten
réponse *f*	L4 Pro	Antwort
reporter *m/f*	CE 1, 3	Reporter/in
reposer (se ~)	L9, 3	sich ausruhen
reprendre	CE 6, 12	wieder aufnehmen, weitermachen
réservation *f*	L3 Pro	Reservierung
réserver	L3 Pro	reservieren
ressources *fpl* humaines	L5 Pro	Personalabteilung
restaurant *m*	L1 P	Restaurant
reste *m*	L6, 3	Rest
rester	L6, 2	bleiben
restes *mpl* (finir les ~)	L6, 3	*hier:* Reste aufessen
Restos *mpl* du Cœur	L3, 4	*Restaurants des Herzens (eine Art Suppenküchen für Obdachlose)*
résultat *m*	L4 Pro	Ergebnis
retenir	CL	sich merken, einprägen
retraite *f*	CE 8, 12	Rente
retraité/e *m/f*	L1, 2	Rentner/in
retrouver	L8, 4	wiederfinden
réunion *f*	L6, 2	Versammlung, Sitzung
réunir	L9, 1	vereinen, zusammenführen
revoir (Au ~ !)	L1 P	Auf Wiedersehen!
riche	CE 3, 10	reich
rien de grave	L6, 2	nichts Schlimmes/ Ernsthaftes
rien de spécial	L6, 2	nichts Besonderes
rien (De ~ !)	L5, 3	Keine Ursache!
rire	L3, 4	lachen
risque *m*	L3, 4	Risiko
rite *m*	CE 6, 12	Ritual
rituel *m*	CL	Ritual
robe *f*	L8, 1	Kleid
robe *f* de mariée	L8, 1	Brautkleid
rôle *m*	CL	Rolle
roller *m*	L4, 1	Inliner
romantique	L3, 4	romantisch
rond-point *m*	L5, 3	Kreisvekehr
rosbif *m*	L5, 1	Roastbeef
rose	L8, 1	rosa(farben)
rouge	L3, 1	rot
rouler	L9 I	fahren
route *f*	L5 I	(Land)Straße
route *f* (Bonne ~ !)	L9 I	Gute Fahrt!
roux/rousse	L8, 2	rot(haarig)
royale (à la ~)	L5 I	*hier:* nach königlicher Art (zubereitet)
rue *f*	L5, 3	Straße
rue *f* (dans la ~)	L9, 1	auf der Straße
russe	CE 1, 8	russisch
rythme *m*	L8, 3	Rhythmus

S

saison *f* (basse ~)	L9, 2	Nebensaison
saison *f* (haute ~)	L9, 2	Hochsaison
salade *f*	L5, 1	Salat
salade *f* composée	L6, 3	gemischter Salat
salé/e	L7, 4	salzig, gesalzen
salle *f* de bains	L9, 2	Badezimmer
salle *f* de fête	L4, 4	Festsaal
salle *f* de séminaire	L3 Pro	Seminarraum

deux cent vingt-trois | 223

Alphabetischer Wortschatz

salon *m* de thé	L5, 4	Teestube	
saluer	L9, 3	grüßen	
Salut !	L1, 1	Hallo!	
samedi *m*	L4, 3	Samstag	
sans	L3, 4	ohne	
santé *f* (c'est bon pour la ~)	L4, 2	das ist gesund	
santé *f* (A votre ~ !)	CE 3, 3	Prost! Zum Wohl!	
sardine *f*	L5, 1	Sardine	
saucisse *f*	L5, 1	Würstchen	
sauvegarder	L8 Pro	sichern (*beim Computer*)	
savoir	CE 8 H	wissen	
scanner *m*	L8 Pro	Scanner	
sculpture *f*	CE 4, 3	Bildhauerei	
séance *f* de fitness	CL	Fitnessstunde	
secrétariat *m*	L5 Pro	Sekretariat	
séjour *m*	L9, 1	Aufenthalt	
semaine *f*	L4, 3	Woche	
semaine *f* (à la ~ prochaine)	L2, 1	bis nächste Woche	
semaine *f* (Bonne ~ !)	L6, 3	Eine schöne Woche!	
semaine *f* (en ~)	L6 I	in der Woche, im Laufe der Woche	
semaine *f* (par ~)	L4, 4	pro Woche, wöchentlich	
séminaire *m* de formation	L4 Pro	Fortbildungsseminar	
septembre *m*	L9, 2	September	
serait (être)	CL	wäre	
serveur/-euse *m/f*	L3 I	Kellner/in	
service *m*	L5 Pro	Abteilung	
service *m*	L7, 1	Service, Bedienung	
serviette *f*	L7, 4	Serviette	
servir	L7, 3	servieren	
seul/e	L6 Pro	allein	
si	L7, 5	wenn, falls	
sieste *f* (faire la ~)	L6 I	Mittagsschlaf machen	
signe *m*	CL	(Kenn)Zeichen	
s'il te plaît	L2, 4	bitte (*du-Form*)	
s'il vous plaît	L2, 4	bitte (*Sie-Form*)	
simple	L7, 1	einfach	
situation *f* de famille	CE 2, 10	Familienstand	
situation *f* géographique	CE 9, 12	geographische Lage	
situé/e	L9, 1	gelegen an/bei/in ...	
ski *m*	CE 4, 2	Ski(fahren)	
société *f*	L3 Pro	Firma	
sœur *f*	L2, 3	Schwester	
soigner (se ~)	L6, 2	sich pflegen	
soir *m*	L4, 4	abends	
soleil *m*	L9, 3	Sonne	
solidarité *f*	CE 8, 15	Solidarität	
solliciter	CL	beanspruchen	
solution *f*	L8, 4	Lösung	
son *m*	L9, 1	Ton	
sortie *f*	L5, 3	Ausgang, *hier:* Ausfahrt	
sortir	L6, 1	aus-/weggehen	
souhaiter	L3 Pro	wünschen	
soupe *f*	L7, 3	Suppe	
soupe *f* de légumes	L6, 3	Gemüsesuppe	
soupirer	CL	seufzen	
souriant/e	L8, 2	lächelnd	
sourire *m*	L8, 3	Lächeln	
souris *f*	L8 Pro	Maus (*auch beim Computer*)	
souvenir *m*	L1 P	Andenken	
souvent	L4, 4	oft, häufig	
spécialité *f*	L5 I	Spezialität	
spectacle *m*	L9, 1	Vorstellung	
spontané/e	L3, 4	spontan	
spontanéité *f*	L3, 4	Spontanität	
sport *m*	L1, 4	Sport	
sport *m* (faire du ~)	L4, 1	Sport treiben	
sport *m* en salle	CE 4, 1	Hallensport(art)	
sport *m* individuel	L4 I	Einzelsport(art)	
sport *m* (Quel est ce ~ ?)	L4 I	Wie heißt diese Sportart?	
sportif/-ve	L4, 4	sportlich	
stationner	L9 I	parken	
station-service *f*	CE 5, H	Tankstelle	
stressé/e	L8, 2	gestresst	
style *m*	L8, 1	Stil	
styliste *m/f*	CE 1, 3	Stylist/in	
stylo *m*	L2, 4	Kugelschreiber	
succès *m*	CL	Erfolg	
sucre *m*	L5, 1	Zucker	
sucré/e	L7, 4	süß, gesüßt	
sud-est *m*	L2 I	Südosten	
sud-ouest *m*	L2 I	Südwesten	
sujet *m* (au ~ de)	L7 Pro	bezüglich	
supermarché *m*	L5, 1	Supermarkt	
supplémentaire	L9, 2	zusätzlich	
sur	CE 2, 11	auf	
surf *m*	CE 4, 2	Wellenreiten	
surgelés *mpl*	CL	*hier:* Tiefühlkost	
surtout	L1, 6	vor allem, hauptsächlich	
sympa (*fam*)	L1, 6	nett	
sympathique	CE 1, 5	sympathisch, nett	

T

table *f*	L2, 4	Tisch	
table *f* (pour toute la ~)	L3 I	für den ganzen Tisch	
table *f* ronde	L4 Pro	*hier:* Diskussionsrunde	
tableau *m*	CE 6, 12	*hier:* Tabelle	
tableau *m*	L2, 4	Tafel	
tableau *m*	L8 Pro	Tabelle	
taille *f*	L8, 1	*hier:* Kleidergröße	
tailleur *m*	L8, 1	Damen-Kostüm	
talentueux/-se	CL	talentiert, begabt	
Tant pis !	L6, 3	Was soll's!	
tante *f*	L2, 3	Tante	
taper	L8 Pro	*hier:* tippen	
tard	L6, 3	spät	
tard (plus ~)	CE 6, 12	später	
Tchin, tchin ! (*fam*)	CE 3, 3	Prost!	
technique *f*	CE 1, 3	Technik	
télé(vision) *f*	L4, 4	Fernseher	
télé (à la ~)	L3, 4	im Fernsehen	
télé *f* (regarder la ~)	L3, 3	fernsehen	
télécharger qc	L4, 4	etw herunterladen	
téléphone *m* (au ~)	L7, 2	am Telefon	
téléphoner	L2 I	telefonieren	
temps *m*	L9, 3	Wetter	
temps *m* (ne pas avoir le ~)	L4, 2	keine Zeit haben	
terrasse *f*	L1, 4	Terrasse	
terrine *f* de campagne	L7, 3	Landpastete	
thé *m*	L3, 1	Tee	
théâtre *m*	CE 4, 2	Theater	
tisane *f*	L6, 2	Kräutertee	
toi (à ~ aussi !)	L2, 1	dir auch!	
toilettes *fpl*	L3, 2	Toilette	

Alphabetischer Wortschatz

tomate *f*	L5, 2	Tomate
toundra *f*	L9, 3	Tundra
tour *m* (faire un ~)	L9, 1	einen Rundgang machen
tourisme *m*	CE 1, 3	Tourismus
tourner	CL	*hier:* drehen (*Film*)
tourner	L5, 3	*hier:* abbiegen
tournoi *m* de foot	CE 4, 7	Fußballturnier
tout	L3, 3	alles
Tout de suite !	L7, 4	Sofort!
trafic *m*	L8, 4	Verkehr
train *m*	CE 6, 8	Zug
traîner (*fam*)	CL	*hier:* herumlungern
tranche *f*	L5, 2	Scheibe
transporter	CE 3 H	transportieren
transports *mpl*	CE 1, 3	Transportwesen
transports *mpl* en commun	L8, 4	öffentliche Verkehrsmittel
travail *m*	L6, 1	Arbeit
travail *m* au quotidien	L6 Pro	Arbeitsalltag
travailler	L1, 6	arbeiten
traverser	L5, 3	überqueren
très *adv*	L1, 6	sehr
tricoter	L4, 4	stricken
tristesse *f*	L9, 1	Traurigkeit
troisième	L5, 3	dritte/r/s
trop	L7, 4	zu sehr
trottoir *m*	CE 1, 8	Gehsteig
trouver	L5, 3	finden
tulipe *f*	CE 9, 1	Tulpe
turbulent/e	L5 I	ausgelassen, turbulent, wild
type *m*	L8, 3	Typ

U

université *f* populaire (à l'~)	CE 4, 2	an der Volkshochschule
utile	CL	nützlich

V

vacances *fpl*	L9, 1	Ferien
vacances *fpl* (Bonnes ~ !)	L9 I	Schöne Ferien!
vélo *m*	CE 4, 2	Fahrrad
vendre	L8, 1	verkaufen
vendredi *m*	L4, 3	Freitag
venir	L6, 2	kommen
vent *m*	L9, 3	Wind
véritable	CL	echt, wahr
verre *m*	L7, 4	Glas
verre *m* (prendre un ~)	CE 8, 15	*hier:* etw trinken
verre *m* de l'amitié	L4 Pro	*hier:* Abschlussumtrunk
vers	L6, 1	gegen
verser	CL	schütten, gießen
veste *f*	CE 6, 12	Jacke, Jackett
vêtement *m*	L8, 1	Kleidungsstück
vêtements *mpl* d'occasion	L8, 1	Second-Hand-Kleider
viande *f* hachée	L5, 1	Hackfleisch
vie *f*	L3, 4	Leben
vieux/vieille	L8, 2	alt
village *m*	CE 8, 9	Dorf
ville *f*	L4, 5	Stadt
ville *f* d'origine	L1, 6	Herkunftsort
ville *f* natale	L5, 3	Geburtsstadt
vin *m*	L3, 1	Wein
vin *m* blanc	L3, 1	Weißwein
vin *m* rosé	L3, 1	Roséwein
vin *m* rouge	L3, 1	Rotwein
visite *f*	L4 Pro	Besichtigung, Besuch
visite *f* guidée	L9, 1	Besichtigung mit Führung
visiter	L5 I	besichtigen
vitamines *fpl*	CE 5, 3	Vitamine
vite	L9 I	schnell
vitre *f* teintée	CL	getönte Scheiben
vivant/e	CE 7, 3	lebhaft
vivre ensemble	L8, 1	zusammenleben
vocabulaire *m*	CE 3, 4	Wortschatz
voici	L1, 3	hier ist/sind …
voilà	L2, 4	bitte (sehr), bitte (schön) (*wenn man jdm etw gibt*)
voile *f*	CE 4, 2	Segeln
voir	L7, 5	sehen
voisin/e *m/f*	L8, 3	Nachbar/in
voiture *f*	L3, 3	Auto
voiture *f* (en ~)	L6 Pro	mit dem Auto
voitures *fpl* de sport	L3, 3	Sportwagen
voix *f*	L8, 3	Stimme
voudrais (je ~ …) (vouloir)	L3, 2	ich hätte gerne …
vouloir	L7, 5	wollen, mögen
vous (à ~ aussi !)	L2, 1	Ihnen auch!
voyage *m*	L3, 4	Reise
voyager	CE 4, 4	reisen
vraiment	L5 I	wirklich, tatsächlich

W

week-end *m*	CE 1, 7	Wochenende
week-end *m* (le ~)	L4, 4	*hier:* am/jedes Wochenende

Y

yoga *m*	L4, 1	Yoga

Z

zones *fpl* géographiques	L2 I	geographische Zonen
Zut !	L6, 3	Verflixt!

Quellenverzeichnis

S. 9: © Nicole Laudut, Freiburg
S. 10: alle Fotos © MHV-Archiv
S. 12: oben © MHV-Archiv; unten © Creatas/IT Stock Free
S. 13: links © Cave coopérative oléicole La Catalane; Mitte © Lea-Sophie Bischoff, München; rechts © Agnès Roubille, München
S. 14: 1 und 3 © MHV-Archiv; 2 © Superjuli; 4 © Thinkstock Images; 5 © Agnès Roubille, München
S. 19: 1 © Superjuli/ John Powell; 2 © Superjuli; 3 © Photodisc
S. 23: © Nicole Laudut, Freiburg
S. 26: © MHV-Archiv
S. 31: Clément Baruteau, Paris
S. 37: © Superbild/ Werner Wulf
S. 40: A © Catherine Patte-Möllmann, Emmendingen; B © Nicole Laudut;
S. 41: C © Image Shop/Corbis; D © panthermedia/ Werner H.; E © Photodisc grün/Getty Images
S. 42: 1 © Bildagentur Online/TIPS/Nancy Brown; 2 © Gerd Pfeiffer; 3 © Irisblende; 4 © MEV; 5 © Peter Widmann, Tutzing
S. 57: © Roy/Andia.fr
S. 59: links © Agnès Roubille, München; Mitte © Nicole Laudut, Freiburg; rechts © Agnès Roubille, München
S. 63: links oben © Rock'n Roll Club Varois, www.rcv83.fr; rechts oben © Chateau Angelus, www.chateau-angelus.com; Mitte © La Belle Epoque, Mulhouse
S. 66: Rugby © panthermedia/ Leander S.; Pétanque © Agnès Roubille; Radfahren, Bowling, Fußball © Irisblende
S. 67: © ImageSource
S. 70: Aspirin © Bayer HealthCare AG; Bus © panthermedia/ Peer Berger; Dusche © GROHE AG; Cognac © F. X. Nachtmann Bleikristallwerke GmbH; Taxi © Bildunion/ kh/sp; Kaffeetasse © Bildunion/ Florian Köhler; Eis © MHV-Archiv
S. 72: links © Photodisc; rechts © panthermedia/ Anna R.; unten © Agnès Roubille, München
S. 75: © Bildagentur-online/ Lescourret
S. 76: Vollkornbrot, Milch, Butter, Rotwein, Sekt, Baguette © MHV-Archiv; Zucker, Olivenöl, Wurst © Nicole Laudut; Schinken, Shrimps, Bananen © Agnès Roubille; Hackfleisch © panthermedia/ H. Spona; Roastbeef © Catherine Patte-Möllmann, Emmendingen; Salat © Thomas Spiessl, München; Orangen © Bildunion/Christian Köhler; Kabeljau © MEV; Eier © MEV; Käse, Kartoffeln © Lea-Sophie Bischoff
S. 77: Karotten, Gurke, Schinken, Bohnen, Tomaten, Champignons, Bananen © Agnès Roubille, München; Pfirsiche © Nicole Laudut, Freiburg; Leberpaté, Frisée © MHV-Archiv
S. 78: Käse, Tomaten, Schinken © Agnès Roubille, München; Geldbörse © W. Pilsak; Kaffeetasse © Bildunion /Florian Köhler; Äpfel, Camembert © MEV
S. 79: Kirche © Nicole Laudut, Freiburg; Schule, Flughafen, Schwimmbad © Irisblende; Polizei © Delmarty/Andia; Bushaltestelle, Park © Agnès Roubille; Kreuzung, Bahnhof © Nicole Laudut; Diskothek © panthermedia/ Theresa M.
S. 81: Stadtpläne © Emanuelle Teyras
S. 93: © Richard F/Andia.fr
S. 98: links © MEV; Mitte © Catherine Patte-Möllmann, Emmendingen; rechts © Digital Vision/ Art Vandalay
S. 102: links © MHV-Archiv; Mitte oben © MEV; Mitte unten und rechts oben © MHV-Archiv; rechts unten © panthermedia/ H. Zieger
S. 113: © Jean Jacques Ceccarini/ Laif
S. 114: links © panthermedia/ A. Suendermann; Mitte links © panthermedia/ M. Schoffelmann; rechts © panthermedia/ G. Graziano
S. 122: © Irisblende
S. 111: Frau © Photodisc; Orangen © Bildunion/ Christian Köhler
S. 129: © Aucouturier/ Andia.fr
S. 130: alle Fotos © MHV-Archiv
S. 133: „Les Voisins", Musik & Text: Daniel Seff, Richard Seff © Banlieue Sud Productions Et Edition*/ Delabel Editions, Alle Rechte für Deutschland, Österreich, Schweiz bei Sony ATV Music Publishing (Germany) GmbH, © 1994 by Delabel Editions/ Editions Banlieue Sud , Rechte für Deutschland, Österreich, Schweiz und Osteuropa (außer Baltikum): EMI Music Publishing Germany GmbH & Co. KG
S. 134: alle Fotos © Nicole Laudut, Freiburg
S. 139: 1-5, 7-9 © MHV-Archiv; 6 © Canon Deutschland GmbH
S. 143: © Catherine Patte-Möllmann, Emmendingen
S. 144: Plakat « La fête des voisins » © European Neighbours' Day Association, www.immeublesenfete.com ; Text « Le 30 mai, apéro sur le palier » de Femme actuelle No. 1131, 29.05.2007; Foto © MHV-Archiv
S. 147: © Montarges/ Andia.fr
S. 148: Texte und Fotos aus dem Katalog « Balades citadines – Europe »/Èdition Été 01/11/2006 – 31/10/2007 © transeurope, Lille, www.transeurope.fr
S. 149: Bett © Irisblende; Badewanne © panthermedia/ Helmut H.
S. 150: © Irisblende
S. 160: beide Fotos © MEV; Text « Bienvenue sur le site officiel de Montreux-Vevey Tourisme! » © www.montreux-vevey.com
S. 165: alle Fotos © Carlo Schmieder, Umkirch
S. 167: Mitte © Irisblende; unten © picture-alliance/ dpa
S. 170: nach « On bouge sans y penser » von Christelle Mosca und Charlotte Moitessier in « Femme actuelle », No. 1134 (19 –25 juin 2006)
S. 171: nach dem Beitrag « L'usage » von Nikola Obermann in « Karambolage » (ARTE) am 20. Mai 2007 , www.arte.tv/karambolage
S. 172: « Refrains enfantins » aus « Spectacle » von Jacques Prévert © Éditions Gallimard ; « Ketchup » aus « Histoires minute » von Bernard Friot © Editions Milan
S. 178: © MHV-Archiv

226 | deux cent vingt-six

Europakarte

deux cent vingt-sept | 227

Inhalt der CDs

Die CDs enthalten alle mit dem Symbol 🎵 gekennzeichneten Dialoge und Hörtexte.

CD 1 / Track	Aktivität	Seite
Leçon 1		
1-3	1 a / b	S. 10
4	2 a	S. 11
5-6	3 a / b	S. 12
7-9	4 c	S. 13
10-11	6 a	S. 14
12	7 a	S. 15
13	Grammaire 1	S. 16
14	Prononciation a / c	S. 17
15	Dialoge mit Nachsprechpausen	S. 18
16	CE 7	S. 19
17-19	CE 9	S. 19
20	CE 13	S. 21
21	CE 14	S. 21
Leçon 2		
22-25	1 a / b	S. 24
26	2 a	S. 25
27	2 b	S. 25
28	3 c / d / e	S. 25
29	5 b	S. 27
30	Grammaire 1	S. 28
31	Prononciation a / b	S. 29
32	Prononciation c	S. 29
33	Les nombres de 70 à 100	S. 30
34	Dialoge mit Nachsprechpausen	S. 31
35	CE 3	S. 31
36	CE 4	S. 31
37	CE 12	S. 34
Leçon 3		
38	1 c / d	S. 39
39-41	2 a / b	S. 39
42	3 a	S. 40
43	Grammaire 2	S. 43
44	Grammaire 3	S. 44
45	Prononciation a	S. 45
46	Prononciation b	S. 45
47	Prononciation c	S. 45
48	Objectif « Profession » 1 / 3	S. 46
49	Objectif « Profession » 2	S. 46
50	Dialoge mit Nachsprechpausen	S. 47
51	CE 5	S. 48
52	CE 13	S. 50
Leçon 4		
53-55	2 a / b / c	S. 59
56	3 a	S. 60
57-58	3 d	S. 61
59	Grammaire 1	S. 64
60	Grammaire 2	S. 64
61	Grammaire 3	S. 65
62	Prononciation 1 a	S. 65
63	Prononciation 1 b	S. 65
64	Prononciation 2	S. 65
65	Objectif « Profession » b	S. 67
66	CE 7	S. 70
67	CE 8	S. 70
Leçon 5		
68-69	2 a / b / c	S. 77
70	3 a	S. 79
71-73	3 e / f	S. 80
74	Grammaire 4	S. 83
75	Prononciation a	S. 84
76	Prononciation c	S. 84
77	CE 5	S. 87
78-80	CE 10	S. 89

Inhalt der CDs

CD 2 / Track	Aktivität	Seite
Leçon 6		
1	2 a	S. 95
2	Prononciation a	S. 101
3	Prononciation b	S. 101
4-7	CE 11	S. 106
Leçon 7		
8	2 a / b	S. 115
9	3 b	S. 116
10	Prononciation a	S. 121
11	Prononciation c	S. 121
12	Objectif « Profession » a	S. 122
13-15	CE 8	S. 125
16-20	CE 13	S. 127
Leçon 8		
21	2 a / b	S. 132
22	3 a / b / c	S. 133
	Axelle Red : *Les voisins*	
23	Prononciation a	S. 138
24	Prononciation b	S. 138
25	CE 6	S. 141
Leçon 9		
26	2 b / c	S. 149
27	Prononciation a	S. 155
28	Prononciation b	S. 155
29	CE 3	S. 158
30	CE 8	S. 159
Avant d'aller plus loin… III		
31	2 a	S. 164
Coin lecture		
32	Bernard Friot : *Ketchup*	S. 172
Test A1		
33	2 Partie A 11	S. 174
34	2 Partie A 12	S. 174
35	2 Partie A 13	S. 174
36	2 Partie A 14	S. 174
37	2 Partie B 15	S. 175
38	2 Partie B 16	S. 175
39	2 Partie B 17	S. 175
40	2 Partie B 18	S. 175
41	2 Partie B 19	S. 175
42-44	3 Partie A 20-22	S. 175
45-48	3 Partie B 23-26	S. 175

Gesamtlaufzeit: 70 Minuten
CD 1: 42 Minuten
CD 2: 28 Minuten

© Hueber Verlag, 85737 Ismaning, Deutschland
Alle Rechte vorbehalten.

Sprecher: J.C. Alexandre, H. Cohen,
A. Dautzenberg, N. Laudut, I. Pounembetti,
C. Sireysol, F. Souterel, A. Terriot, C. Vanderbeck

Produktion: Editions Pilick Production, Cergy le Haut
Tontechnik: J.P. Millier

Wir danken Herrn J.P. Millier für die Komposition und Interpretation der Instrumentalmusik und des Jingles.

Les Voisins, Axelle Red, emi music Germany
Musik & Text: Daniel Seff, Richard Seff © Banlieue Sud Productions Et Edition*/ Delabel Editions, Alle Rechte für Deutschland, Österreich, Schweiz bei Sony ATV Music Publishing (Germany) GmbH, © 1994 by Delabel Editions/ Editions Banlieue Sud , Rechte für Deutschland, Österreich, Schweiz und Osteuropa (außer Baltikum): EMI Music Publishing Germany GmbH & Co. KG

Notes

Notes

Notes